南京艺术学院美术学学科
名师研究
李长白 卷
孔六庆 著
东南大学出版社
·南京·

图书在版编目(CIP)数据

李长白/孔六庆著. —南京：东南大学出版社，
2012.11
（南京艺术学院美术学学科名师研究）
ISBN 978-7-5641-3807-3

Ⅰ.①李… Ⅱ.①孔… Ⅲ.①李长白（1916～
2005）－人物研究 Ⅳ.①K825.72

中国版本图书馆 CIP 数据核字（2012）第 247301 号

装帧设计　谢燕淞　夏媛媛
版面设计　刘庆楚
责任编辑　刘庆楚
责任印制　张文礼

李长白

出版发行：东南大学出版社
社　　址：南京四牌楼 2 号　邮编：210096
出 版 人：江建中
网　　址：http://www.seupress.com
经　　销：全国各地新华书店
印　　刷：江苏凤凰盐城印刷有限公司
开　　本：787mm×1092mm　1/16
印　　张：16.75
字　　数：418 千字
版　　次：2012 年 11 月第 1 版
印　　次：2012 年 11 月第 1 次印刷
书　　号：ISBN 978-7-5641-3807-3
定　　价：185.00 元

本社图书若有印装质量问题，请直接与营销部联系。电话：025-83791830

总　　序

毋庸置疑，名师与高徒是检验一所大学、一个系科之历史与成就的最为有力的标尺。名师不乏高徒，而高徒则又往往成为名师。自 1912 年刘海粟创办"上海图画美术院"（后更名为上海美术专门学校）始，到 1952 年由上海美专、苏州美专、山东大学艺术系于无锡合并为华东艺专，再到 1958 年迁址南京、次年升格更名为南京艺术学院，几经沧桑变迁，南京艺术学院的美术学学科文脉已逾百年之久。我们之所以在全国同类艺术教育院校中备受瞩目和关注，其重要缘由正在于名师汇聚，文脉的薪火相传有序而得力。

在南京艺术学院美术学学科百年的历史沧桑中，无数人的人生和命运与其发展互为纠结、血脉相连，南艺为他们提供了施展才华的舞台，而他们在美术学上的成就以及人格魅力则成为南艺的百年文脉中不可或缺的重要组成部分。张大千、黄宾虹、潘天寿、潘玉良、陈之佛、谢海燕、朱屺瞻、吕凤子、丰子恺、关良、刘抗、郑午昌、倪贻德、傅雷、颜文樑、吕斯百、蒋兆和、罗尗子、汪声远、李超士、常书鸿、俞剑华、刘汝醴、温肇桐、陈大羽、李长白、苏天赐……，正是这一大批现当代美术史上显赫的身影构成了南京艺术学院这百年老校的动人华章，也印证了"所谓大学者，非谓有大楼之谓也，有大师之谓也"的著名论断。

艺术对于一个人乃至对于一个时代、一个民族的作用不容忽视，然而在我国现当代功利主义思想对艺术教育的冲击同样尤为明显。刘海粟先生早在 1936 年《艺术的革命观——给青年画家》一文中便指出："看现在的教育组织法，专提倡工科、理科及生产科（即职业教育），觉得文艺没有用的。诸如此类，可证明当道者并不明白艺术教育的重要性。我不反对理科，也不反对工科，更不反对职业教育。不过这些都属于物质的。但精神的也非要注意不可。一个人生活在世界上，不仅光为了吃饭，有时他的精神生活比物质生活更重要。一方面要解决口,一方面也要解决耳朵和眼睛。耳眼完全根据于感官方面的,换言之,就是精神生活的工具。故不仅是吃饱穿暖就算了。在这里我们尽可以简单的明了艺术是什么东西了。艺术反映了一个时代的精神,体现了一个时代的思想结晶,同时表达了一个民族的文化特性。凡是一个民族的强盛和衰落,一定客观地反映在它的艺术上。我国近百年来文艺的盛衰交替,正是反映了这个客观的现实。"时过境迁,刘海粟先生的话似乎更具现实意义。不过人们对艺术的精神需求较之以往显然是大大提高了,尤其是当人们沉浸于物质盛宴的浮华表象下,我们更是感受到一些艺术大家以及艺术教育名师的重要价值。欣慰的是,我们南京艺术学院拥有着如此众多的已进入史册的画家、美术理论家、美术教育家。应该说,他们作为一种最珍贵的艺术资源不仅属于南艺,更属于我们整个中华民族。

故而,值南京艺术学院即将迎来百年华诞之际,我们决定出版这套"南京艺术学院美术学学科名师研究"系列丛书。基于历史上在南京艺术学院工作过的名家数量众多,因此我们这套丛书所选的研究对象仅限于一些长期执教我校的成果卓著、影响深远的美术名家。第一批我们率先推出他们中的十二位:刘海粟、陈之佛、谢海燕、郑午昌、颜文樑、罗尗子、俞剑华、刘汝醴、温肇桐、陈大羽、李长白、苏天赐。他们不仅碑留艺坛、籍著我院史册,而且在美术创作、美术理论和美术教育等几个主要方面对构筑我院美术学学科具有突出的奠基和引导作用。我们研究的指向和涉面在于,追溯名师的生平和事艺轨迹,揭示名师的创作和教育思想,评析他们的学术成就,诠释他们的治学风范。我们期望在研究中尽量避免只是停留在史料的钩沉、资料的编辑上,而是能向纵深推进,由表及里地作立体性的观照,让我院在美术学学科的建设过程中一直融汇着名师们的教育思想、学术精神,在时代的光照下,面貌日新!同时当我们追忆他们非凡的人生以及杰出的艺术贡献的时候,更希望在他们灿烂光辉的映照下能产生新的名师与高徒。这也正是我们编辑出版这套丛书的主旨所在!

南京艺术学院美术学院院长　张友宪
2011年10月31日于二乾书屋

目　　录

第一章　生平概述 …………………… 1
　第一节　兰溪早岁(1916—1933) …………… 1
　第二节　求学杭州国立艺专(1933—1939) …… 3
　第三节　颠沛流离(1939—1953) …………… 8
　第四节　任教华东艺专、南京艺术学院(1954—1998)
　　　　　………………………………………… 11
　第五节　苏州晚居(1998—2005) …………… 14

第二章　工笔花鸟画教学体系 ………… 18
　第一节　艺术教学思想 ……………………… 18
　　一、学习途径之辨 ………………………… 19
　　二、"外师造化，中得心源"的理念 ……… 20
　　三、理解"以形写神" ……………………… 22
　　四、"写生处理"主张 ……………………… 25
　第二节　白描花卉写生 ……………………… 27
　　一、观审物象 ……………………………… 27
　　二、片叶、朵花写生 ……………………… 28
　　三、小折枝写生 …………………………… 37
　　四、大折枝写生 …………………………… 40
　　五、构图写生 ……………………………… 44
　　　1. 构图规律总结 ………………………… 44
　　　2. 构图之病与对治方法 ………………… 52
　　　3. 构图法则归纳 ………………………… 55
　第三节　鸟禽写生 …………………………… 59
　　一、认识鸟禽 ……………………………… 59
　　二、理解结构 ……………………………… 60
　　三、写生与整理 …………………………… 64
　第四节　技法表现基础 ……………………… 73

　　　　一、白描勾线 ……………………………………… 73
　　　　二、花卉晕染法 …………………………………… 78
　　　　三、鸟禽设色 ……………………………………… 85
　　第五节　创作指导理念 ………………………………… 92
　　　　一、感受生技法 …………………………………… 92
　　　　二、"景、情、意、境界" ………………………… 94
　　第六节　评价李长白工笔花鸟画教学体系 …………… 97

第三章　李长白的艺术成就 …………………………………… 99
　　第一节　工笔花鸟画 …………………………………… 99
　　　　一、作品概况 ……………………………………… 99
　　　　二、三个阶段 ……………………………………… 101
　　　　　1. 1939—1959 年 ………………………………… 101
　　　　　2. 1960—1987 年 ………………………………… 105
　　　　　3. 1987—2005 年 ………………………………… 120
　　　　三、代表之作 ……………………………………… 123
　　　　四、评价李长白工笔花鸟画 ……………………… 142
　　第二节　李长白的山水画 ……………………………… 148
　　　　一、作品概况 ……………………………………… 148
　　　　二、三个时期 ……………………………………… 149
　　　　　1. 临摹写生 ……………………………………… 149
　　　　　2. 风格新创 ……………………………………… 152
　　　　　3. 巅峰状态 ……………………………………… 165
　　　　三、评价李长白山水画 …………………………… 170
　　第三节　其他方面 ……………………………………… 171
　　　　一、人物画 ………………………………………… 171
　　　　二、写意花鸟画 …………………………………… 175
　　　　三、书法 …………………………………………… 176

第四章　李长白的历史地位与影响 …………………………… 177
　　第一节　历史地位 ……………………………………… 177
　　第二节　影响力 ………………………………………… 178
　　第三节　艺术传薪 ……………………………………… 179
　　　　一、"李家样"的李家人 ………………………… 179
　　　　二、张晓星、张桂徵、江宏伟、孔六庆 ………… 182

附录一：李长白年表 …………………………………………… 185

附录二：回忆李长白 …………………………………………… 209

1. 云之外 ……………………………… 李霖灿 209
2. 纪念我的老师 …………………………… 朱修立 210
3. 画音传说 ………………………………… 李小白 212
4. 回忆父亲 ………………………………… 李采白 214
5. 忆父亲教画点滴 ………………………… 李莉白 216
6. 淡泊人生 丹青永驻 …………………… 张晓星 218
7. 乐观的精神,通达的人生 ……………… 张桂徵 221
8. 轻轻地推开窗 …………………………… 江宏伟 227
9. 最后的微笑 ……………………………… 孔六庆 231
10. 李长白和他的画 ……………………… 章西崖 234
11. 李家样 李家人 ……………………… 许星、廖军 236
12. 琴音画魂 ……………………………… 丁 方 240

附录三:评论李长白 …………………………… 241
1. 李长白工笔花鸟画作品集·序 ……… 周积寅 241
2. 体验与表现的双重超越 ……………… 聂危谷 246
3. 站在巨人的肩上 ……………………… 吴 东 253
4. 吴冠中与李长白 ……………………… 尹苏桥 256

后 记 …………………………………………… 259

第一章 生平概述

第一节 兰溪早岁(1916—1933)

兰溪,位于浙江中西部,衢江、婺江、兰江在此汇合,风景秀丽而历代名人辈出。1916年5月1日,李长白出生在这里的水亭镇夏李村(图1.1.1,图1.1.2)。300年前(1610年),他的祖上、明代戏剧家、文学家李渔也出生在该村,李长白是李渔之后的第十二代孙。

图1.1.1 李长白故里:浙江兰溪夏李村祠堂

图 1.1.2 李长白故里：浙江兰溪夏李村李渔坝

李长白初名"辅臣"。祖父是贫农，去世很早，死后留给祖母一亩半田和三间平房。父亲李松林，从小在金华天德堂中药铺当学徒，20岁时被老板看中，把大女儿刘氏嫁给了他。由于夫妇俩节俭勤劳，当李长白10岁时，家里已有了近30亩田的资产。然而也就在该年，生母得肺病辞世了。不久，父亲娶徐东凤为李长白的继母，亦因勤劳而家底不断积厚，10多年后家里的田产达到了50亩左右。这样的家庭经济条件，很大程度上保证了李长白的艺术学习。

李松林夫妇的最大愿望，就是希望儿子成为读书人。李长白7岁时，被送到夏李龙门小学读书，这是废八股、兴学堂的新式学校，孩子们能天真活泼地读书。不过，传统的童蒙之学也让李松林夫妇留恋，所以李长白11岁时又被转到邰家村私塾并寄宿在那里专读诗书。一年后，再度进入新式学校的兰溪著存高小学习。接着14岁考入浙江省金华中学，17岁肄业。

他回忆上金华中学时，有两件往事印象深刻，一是英语考试不及格，二是爬上学校的枇杷树采枇杷吃曾被记两个小过处分；那也就是他为什么没有拿到金华中学毕业证书的原因。学习之余，李长白常做两件事：一是参加农活，干得最多的是到山上或田野里割扒柴草，这种劳动持续到大学阶段,由于抗战爆发去了重庆后不能回家才停止。二是画画,小时候喜欢画钟馗,村里人都说他画得像而过年时总有很多人来请他画,或中堂,或门画;父母给他做了张画桌安放在三间两厢房式的楼上,空余时间不太下楼,总沉浸在绘事里(图 1.1.3 为夏李村李长白故居遗址)。

在兰溪夏李村,先祖李渔留给李长白的影响至深。从小起,不但听父母长辈说,还在学校常听老师说,于是心灵深处的人生榜样,渐渐地树立起来。

第二节 求学杭州国立艺专(1933—1939)

图 1.1.3 夏李村的李长白故居遗址

1933 年 8 月,李长白考入了国立杭州艺术专科学校(图 1.2.1 为李长白在艺专的学生照)。因是初中学历,所以考的是选科生,学制六年。预科上三年基础课后,升入本科绘画系。预科的主科(素描、油画)老师,一年级是吴大羽,二年级是方干民,三年级是李超士。本科的主科老师,油画是林风眠,副科老师国画写意是潘天寿,工笔是张光。在杭州国立艺专学习阶段的后半段时间,正是抗日战争全面爆发、中华民族遭遇生死存亡的特殊年代。在前半段时间(1933—1937),李长白认真学习专业;后半段时间(1937—1939),积极投身于抗日救国的洪流。而就艺术发展来说,林风眠、潘天寿、张光对于李长白的影响很大。

林风眠对李长白影响甚深的,是"林先生的一生醉心于艺术和永不满足自己作品的不断创造精神"①。确实,这种影响在后来李长白的创作中越来越有巨大的作用。在当时则表现为认真的学习,图 1.2.2～图 1.2.4 是李长白在 20 岁左右时西画的临摹习作,其中所临摹达·芬奇《蒙娜丽莎》那双手的微妙精到之画(图 1.2.5),约略能见专心致志、锲而不舍的精神表现之一斑。这虽是起点,却具必不可少的品质意义。从后来李长白的总体作品看,西画讲究的结构、透视、色彩等诸要素,他无不具备而运用娴熟。无疑,那是在杭州国立艺专打下的坚实基础。关于林风眠,李长白有两次刻骨铭心的经历:一是 1936 年在学

图 1.2.1 国立艺专学生的李长白

图 1.2.2 李长白临摹习作之一

---

① 见 1966 年李长白写的文稿。

图 1.2.3 李长白临摹习作之二

图 1.2.4 李长白临摹的《蒙娜丽莎》

图 1.2.5 图 1.2.4 局部

校的军事训练课上,因为没有按照要求剪光头,在集队时被军训教官夏清宇训斥并要开除时,校长林风眠帮说了话把他救了下来。一是在学校的体育运动会上得了长跑第一名,所获得的奖励是林风眠的作品《水墨山水》(图1.2.6)。两次经历虽然都是专业学习以外的事,却对于他艺术的进步有着潜移默化的巨大促进作用;林风眠的那幅作品,李长白一直珍藏着。

至于潘天寿的影响,李长白说:"潘先生对我启发多的是一个画家的品德和文艺修养的重要性"①。1934年,他参加了由潘天寿领导的国画研究会,该会由全校爱好国画的同学组织而成,每星期由潘天寿来教半天课。当时学校的国画每周只有半天课,其他课程都是西画。该会除了课堂学习外,有时也在校内开观摩会。李长白的画常得到潘天寿的称赏,二年级时作品《李铁拐》为潘天寿选刊在《艺风》杂志上。后来,因为抗战而学校一度搬迁到昆明分了西画和国画两个专业后,李长白即入国画专业学习,于是有机会天天与潘天寿在一起,每天不是跟着画画,就是学诗词和下围棋,那段时间零距离接触潘天寿的亲身感受,李长白没齿难忘。他业余爱好的作诗、下棋,就是潘天寿培养的。

张光的影响是在工笔花鸟方面。约在1934年,教工笔花鸟的讲师张光要几个喜欢画工笔的同学组织一个工笔画会加强学习,于是成立了"罗苑工笔画社"(图1.2.7),由张光领导并做课外指导。会员有十多人,曾在杭州湖滨开过一次工笔花鸟画展览会。该会虽只办了一年多,时间不长,但是"张光先生重视工笔花鸟基础技法的训练"②,对于李长白后来能一生致力于工笔花鸟画教学事业起到了奠基的关键作用。

但当时的学习,随着国难的降临不得不中断。1937年抗日战争爆发,李长白与同学们一起加入了"中国青年励志会抗日宣传队"宣传抗日,画"打倒日寇"、"抗日去"、"皇军的暴行"等抗日宣传壁画,唱"大刀进行曲"、"义勇军进行曲"、"游击队歌"、"工农兵学商"等抗日歌曲,演"张家店"、"放下你的鞭子"等抗日戏剧,从杭州近郊到新登、富阳、诸暨、金华及家乡兰溪,处处留下了他们的身影。随后又作为"浙江省抗敌后援会第二抗日宣传队",到青田、温

---

① 见1966年李长白写的文稿。
② 见1966年李长白写的文稿。

图 1.2.6 林风眠《水墨山水》

图 1.2.7 国立杭州艺专罗苑工笔画社留影

州、平阳一带的县城和乡下做抗日宣传工作。1938年8月,由于他的杰出表现,被任命为"浙江省战时文化事业委员会"艺术干事。

这时,他的学校杭州国立艺专已向内地转移了近一年,自1937年10月起出走杭州,由浙江经江西,而到湖南。在湖南,又从长沙奔常德,落脚沅陵。为了适应战时需要,学校的组织也在变化,1938年3月,杭州国立艺专奉命与北平国立艺专合并而统称"国立艺专",改校长制为校务委员制,林风眠任主任委员,原北平国立艺专的赵太牟、常书鸿为委员。但不久,并校后的种种矛盾使林风眠坚请辞职,由滕固继任校长。此时学校在召回参加抗日工作的学生,于是李长白辞去了抗日工作职务,在父亲的资助下赶到湖南沅陵复学。但刚到沅陵,就有消息说日寇飞机将要来轰炸,恐慌之中学校决定搬到昆明。对于那段时期的情景、心情,李长白有一段回忆文字:

> "学校一边派人去昆明接洽,一边就搬。有的坐车,有的步行。同时,还要等昆明的消息,所以决定在贵阳集中,再往昆明。我是坐车到贵阳的,在贵阳等了约三个星期左右,记得是住在一个学校的教室里,一个教室住了十多个人。晚上无事都谈些个人的感受和流浪的生活,大家都有一个相同的情绪,就是对抗日形势的不安和对蒋介石领导抗日无能的失望(这是当时的看法,后来知道是假抗日,是和日本有勾结,要投降帝国主义的)、后方社会的混乱、政治的腐败以及个人生活的动荡,都感到不满、痛恨和失望,觉得前途茫茫。当时流传'前方吃紧,后方紧吃'的话,这是对国民党所谓的抗日和政治的评语。但是我们都很年轻,政治上是幼稚的,同时又在蒋管区,虽然对抗日、政治和社会生活都不满,也不知道怎么办,只是感到空虚、彷徨、痛恨、苦闷。因此,有些爱好文学的同学如鲁野、麦里、朱乃、张枕江、任先进等人想组织一个文学社,写文章发泄心中的苦闷。就组织了一个'高原社',参加的除我外还有其他男女同学十来人。出版过三四期社刊,刊名是《高原》,每期约两三张蜡纸,都是些短文。在贵阳大约出过二期或三期,到了昆明出过一期或二期,后来上课了就无形地散了。记得比较清楚的,是在社初成立时,在开第一次全体社员会时

(也是最后一次),多数人提出要编个社歌,唱出心中的苦闷。当场大家都做了词,最后选了麦里的一首并由鲁野谱了曲(麦里、鲁野是一对爱人,听说后来到解放区去了),歌词内容是'高原高,高原好,高原上的朋友肯向前跑,生活是痛苦和动摇,但我们要笑,谁能说黑暗永远不去,光明永远不到,我们凭着热血斗争呼号,要追逐失去了的自由,只有向前跑'。这首歌词虽然没有指出斗争的方向,但也能表示当时大家的心情,所以都爱唱,其他同学也有学了唱的。"①

就这样,在贵阳大家在歌声中分散,各奔其路去昆明。李长白和李霖灿(后去台湾,为台北故宫博物院学者)、夏明三人一行,背着行李走了20多天终于到达昆明。在昆明入了国画专业学习,尽管内心彷徨、苦闷和疲惫,但能天天与老师潘天寿、吴茀之在一起,画画、学诗词、下围棋,既与潘天寿、吴茀之加深了师生感情,又学了画之外的新东西,也算是苦难的年代给予的收获。1939年9月,李长白在昆明毕业于国立艺专(图1.2.8为毕业证书,图1.2.9为当时毕业生合影)。就这样,在一个国难当头的岁月,李长白结束了学生时代,开始步入社会。

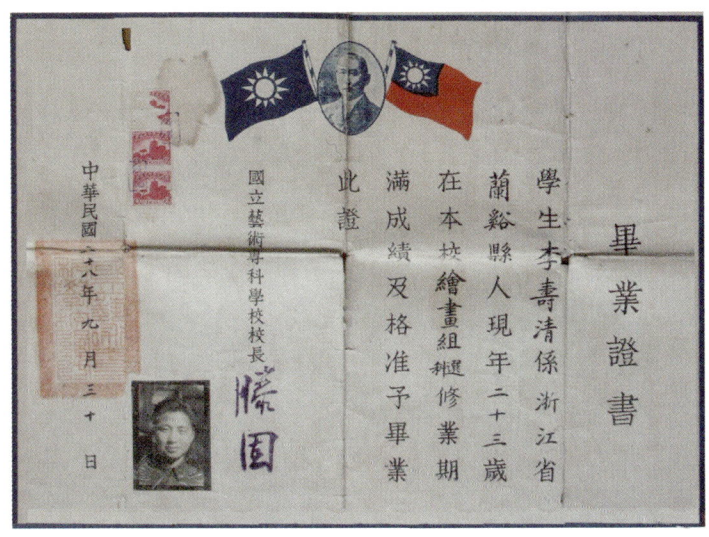

图1.2.8 李长白的国立艺专毕业证书

---

① 见1966年李长白写的文稿。

图 1.2.9　国立艺专毕业同学留影

第三节　颠沛流离(1939—1953)

图 1.3.1　1940年重庆沙坪坝时的李长白

国立艺专一毕业,李长白向潘天寿借了50元钱到了重庆,首先看望了从上海沦陷区来到重庆后方住在"一心花园"的林风眠老校长。其后,便为饭碗进入颠沛流离的工作生涯,在生活的艰难之中磨炼。但无论是怎样的逆境,他都在干着与艺术事业相关的事情。以下一段履历,展示了那个年代生活不稳定的艰辛:

1939年10月至12月:在重庆的中华民国教育部第四巡回戏剧教育队工作。

1940年1月至2月:失业。失业后住当时在财政部钱币司做科员、原杭州艺专同学周恩铭的集体宿舍里。

1940年3月至6月:任重庆国际反侵略大会中国分会艺术干事。

1940年7月至9月:任教育部西北艺术文物考察团团员兼研究组长,但因看不惯负责人的贪污行为而辞职。初尝生活辛酸的李长白记述云:"又失业了,到哪里去呢?重庆一年两次失业、三次变换工作,感到了生活的辛酸了。

想到张枕江、程尚仁、黄世华都在成都，又听说成都是'小北京'，因此就买了船票到栾山换车到成都，离开了多难的重庆。"①

1940年9月至10月：任成都"南虹艺职"教员。"但薪水只能很勉强的吃饭。"②

1940年11月至1941年1月：任"西南美专"教员，教素描、国画和理论。

1941年2月至8月：任"眉山师资训练班"图画、体育教员，但很快因该师资训练班停办而失业。回到成都，住在同学张枕江、程尚仁那里。

1941年9月至1942年1月：任"四川彭县成都女中"图画、劳作教员。期终时解聘。

1942年2月至5月：任"成都师范"图画教员。

1942年6月至8月：任"华阳中学"图画教员。

1942年9月至10月：失业。"从华阳回到成都，住在张枕江、程尚仁那里。不料暑假过了还没有找到工作，到了10月还是失业，连饭钱也是张枕江付了，心里有些急。"③

1942年10月至1943年1月：任"空军士校教育处"绘图员，"原杭州艺专的同学关山月在离成都40里的空军士校教育处做绘图员，因要离职，但该校要他介绍一人方准辞职。他听说我失业，就来问我。我觉得离成都太远，军士学校也不太自由；但又觉得如不去，失业又要一年；对流亡在外的人来说这是不可想象的事，所以就决定去了。"④

1943年1月至3月：失业。

1943年3月至8月：任"重庆杨公桥妇女工艺社"设计员。可以半天设计花样，半天自己作画，但工资低。

1943年9月至1944年8月：任"重庆络绩国立女师"图画教员。因无续聘又失业。

以上将近五年的时间内，换了15次工作并数次失业，生活之难如此。1944年9月，潘天寿任国立艺专校长，聘李长白为国立艺专工笔花鸟课讲师。于是，李长白有了较充分的时间进行绘画创作，1945年初在重庆开了第一次

图1.3.2　1948年李长白杭州结婚照

---

① 见1966年李长白写的文稿。
② 见1966年李长白写的文稿。
③ 见1966年李长白写的文稿。
④ 见1966年李长白写的文稿。

图 1.3.3　李长白全家合影

个展,同年暑假又去昆明开了第二次个展,均有较好的卖画收入,因此开画展为生的信心大为增强。1946 年,国立艺专迁回杭州,他居杭州丁家埠郭庄国立艺专的教职员宿舍,与邓白等同住,除了上课教工笔花鸟外,就是画画或下棋。但这样的好景不长,随着 1947 年潘天寿辞去国立艺专校长、1948 年汪日章的接任,李长白再次遭解聘,"我又失业了"①。

不过这次失业使李长白成熟了一个想法,即"集合一些人办一个比艺专还要全面的学校和汪日章对抗一下"②。于是 1949 年 1 月,由志同道合的一批人共同出资,办起了"孑民艺术研究所"。该所设西画、国画、图案、音乐、语言文学五个系,李长白负责教务和国画系,聘请潘天寿、李超士等国立艺专的老师来上课,教学实力颇强,学生最多时将近 30 人,并且还开过一次实习画展。但随着新中国建立的历史时代之变,结束了办学。

解放以后,李长白进入了浙江干部学校学习,毕业后被文教局调到"杭州女中"教制图课和图画课。

---

① 见 1966 年李长白写的文稿。
② 见 1966 年李长白写的文稿。

第四节 任教华东艺专、南京艺术学院（1954—1998）

1954年2月起，李长白调到无锡华东艺专国画教研组任教。从此，生活和专业都步入了稳定的时期，虽然当时政治运动颇多耽误了许多时间，但总的来说"稳定"还是给予了李长白专业精进的条件。

在华东艺专的初期，他教工笔人物和工笔花鸟两门课程。1958年华东艺专搬到南京后改名为"南京艺术学院"，这一年起，他专门任教工笔花鸟画，由之萌生了一个想法："国画教学，不能把临摹和拼凑这种不全面的教学形式方法永远继续下去，应将历史上工笔花鸟的如何创作、学习，从理论、观点、方法到笔墨技巧、渲染设色，全面地有系统地总结一下，然后结合自己的经验、体会、看法，搞出一套理论、观点、方法并重的教材。这样不但便于教学，还可以给社会和后代学习工笔花鸟的人多一份参考资料。"①他把这个有意义的工作，作为了一个理想与目标去做。

于是经过7年的努力，到1964年他基本上写出了《花卉写生处理》、《花卉设色》、《翎毛表现》、《工笔花鸟画创作》

图1.4.1 李长白全家合影

图1.4.2 60年代李长白在南艺家中

---

① 见1986年李长白写的文稿。

图 1.4.3　80 年代李长白在南艺家中作画

四方面的论述,也画出了大量的图例。可惜,1966 年开始的文化大革命之浩劫,他不但蹲"牛棚"遭批判、劳动改造做木工而不能继续深入下去,而且已经写好了的文字稿难逃丢失的命运。1974 年,他重新进行该工作,至 1976 年,编画完成了《白描花卉写生》,作为工艺美术教材由内部印刷出版,以此为基础,又在论述文字与白描写生图例两方面进行精心充实,1983 年为上海人民美术出版社重新出版。此外,1982 年编写完成的《花卉设色》,也是图文并茂地专论了设色的理论与方法,亦在 1983 年由上海人民美术出版社出版。两著出版后,很快被南京艺术学院、苏州大学艺术学院、中国美术学院、华侨大学美术系等教学单位作为了教材使用。还有两本教材,他在 1986 年写的文稿中说:"目前在进行《翎毛表现》的编绘工作,计划明年完成。接着就要进行《工笔花鸟画创作》的编绘,计划要 5 年。也就是说到 1991 年我 76 岁可以全部完成 1958 年定下的心愿计划。如一切都如愿,那么前后是 33 年。"①现在可以告慰的是,已经成稿的《翎毛表现》一书,天津人民美术出版社以《鸟禽工笔写生设色技法》为书名,于 2009 年 5 月已经出版。数十年来,李长白从技巧表现到思想内涵,基本完整地建树了一个工笔花鸟画教学的体系(详见下一章)。鉴于李长白的成就,也基于对李长白的了解,"文革"前时任浙江美术学院(现为中国美术学院)院长的潘天寿曾邀请李长白去浙美主持工笔花鸟画教学,并且想调李长白到浙美去任教。当然,南京艺术学院是不会放的。

图 1.4.4　李长白在家中抚琴

---

①　见 1986 年李长白写的文稿。

图 1.4.5　李长白执教的工笔花鸟班全体学生

图 1.4.6　李长白带学生在菏泽写生

图 1.4.7　李长白与夫人合影于古林公园

任教华东艺专、南京艺术学院的岁月,是李长白立足教学课程、锲而不舍静心治学的岁月。其治学的静心,是几十年不求闻达不求社会知名度的沉潜,所以他的教学研究与专业创作才能做得深与透。由于李长白的努力,工笔花鸟画的教学展现了科学理性的生机勃勃的崭新局面,同时他自己的工笔花鸟画创作水平也进入了新中国代表画家的行列。另外值得一提的是,1980年他执教了在1978级本科生中成立的工笔花鸟班,这样的专业班是新中国建立以来全国艺术院校的首次,他的工笔花鸟教学体系在这个班上得到了完整的实践。

1987年,71岁的李长白退休了。虽然仍居住在南京艺术学院家属宿舍的七八十平方米斗室,却一改工笔花鸟画创作方向,转入多年来心中一直向往的山水画领域。于是,一整批异出传统、异出时人的山水画作品问世了!那种创造力的迸发,犹如草原上脱缰野马的自由奔驰,犹如天空中展翅雄鹰的傲视飞翔。从中既可以明晰感到杭州国立艺专林风眠教学体系的强大影响力,又可以清晰看到中国的艺术创作理法的个性运用。历史上凡是能够进入后者的,无不卓然成家。退休之后的十年,李长白用全部的人生阅历与艺术修养,在山水画史上耸立起一座丰碑。

"我要跟李渔比"①,这是多少年来深藏在李长白心中的人生抱负。他实现了!

第五节　苏州晚居(1998—2005)

图 1.4.8　2005年9月江苏省美术馆举办李长白师生展

1998年,由于年迈需要子女照顾等的原因,李长白到苏州去定居了(图1.5.1)。苏州,既是他的岳父母家,又是他儿女的工作与居住地。早在约50年前,李长白因失业而在岳父母家住过较长时间,曾在那里"终日在家画画,仍想走卖画为生的道路"②,对苏州积累了深厚的感情。而苏州的人文环境之好,当时房价的便宜,也是吸引他去的因素。加之次子采白是苏州大学艺术学院副院长,女儿莉白也在苏州安了家,他们各自的房子又买在同一栋楼的同一单元内,其实所有这些,都是全家人为李长白晚年居

---

① 据李长白夫人汪采鸾女士口述。
② 见1966年李长白写的文稿。

图 1.5.1　2003 年李长白全家在苏州

住准备好了的条件。

确实,在苏州李长白过着其乐融融的晚年生活。这一生,他有个好妻子,生活上能无微不至照顾他,事业上会在具体环节方面帮助他,而且工笔花鸟的基本功之好,深得李长白的精髓(详见第四章第二节),正如李长白说:"有些工作如抄写,如《花卉设色》中的部分图例都是由我老伴汪采鸾帮助或由她绘制完成的。"①还有,他的儿女都有孝心。

图 1.5.2　李长白画室(苏州)

图 1.5.3　李长白卧室(苏州)

---

① 见 1986 年李长白写的文稿。

图 1.5.4　2001 年孔六庆到苏州看望恩师

这也是李长白夫妇教育子女的成果,其教育观是:"培养劳动观点与独立生活精神。……希望他们努力工作,给人民有更多、更好、更美的享受,做一个正直的、有益于人民的平凡的人。"①所以和睦、平和也一直是他们家庭生活的氛围。值得一提的是,李长白约于 1996 年患了血液方面的病症,不能劳累,从开始的每两月换一次血,到后来甚至每两周换一次血,医疗费用很高,而按规定的报销却只能在一定的比例之内,报销之外的费用以及长年的精心照料均是大家主动担负。因为家庭的爱和孝心,他的生命延长了好几年;晚年过得很幸福。

晚年的苏州之居,李长白还做了一件值得称道的事情,他领导着全家完成了一幅工笔花鸟画巨制《风动绿荷香满溪》。该作 1995 年酝酿,2005 年完成,是由十张四尺熟宣纸组成的连屏,纵 132 厘米,横 660 厘米。画幅之大,

图 1.5.5　2005 年 6 月 30 日中国美术馆举办李长白个展

---

① 见 1986 年李长白写的文稿。

创有史以来工笔花鸟画作品的巨制之最。而寓意之深,表达了内心对伟大祖国在新时代崛起的讴歌之情。经历过旧中国苦难生活的人,有着从抗日战争历史年代走来的痛苦记忆,沉积了"国不富,民不强,生产落后,总要被人侵略的"[①]深刻教训,又有着经历了新中国建立后政治运动不断而风风雨雨的无奈之情,终于,在耄耋之年盼来了祖国的繁荣昌盛,看到了改革开放带来的新气象、新面貌,一生以来的今昔对比,不免激动之情一倾于画,化为满幅风动中欣欣向荣蓬蓬勃勃的各具姿态的荷叶荷花!而荷花数量的"56"朵,暗喻了中华民族大家庭中各民族总合之意,画中鹭鸶数量的"3"之谐音的"三思"以及飞翔的姿态,乃心系国家民族稳步发展的深意,构图形式的"十连屏",乃为希冀人间一切都能十全十美的象征寄寓。显然,这一切的经营,是强烈的时代脉搏之跳动,既是李长白在生命的最后时刻对祖国、时代的礼赞,又是他自己艺术的绝唱;此外还是他们全家对于李长白幸福生活的合唱。

2005年5月21日,李长白与世长辞。这个时间,是他过完89周岁生日的不久之后。学界人士用"长白"之名为他作的挽联分别有:"长研丹青开画坛新风,白玉品德树学界典范","长研丹青画作如霞惊寰内,白璧人生德艺双馨誉永垂","长扬艺道桃李芬芳,白玉人品风范永存",可以说准确地赞誉了他的一生。

---

① 见1986年李长白写的文稿。

第二章　工笔花鸟画教学体系

建立了科学理性的较为完整的工笔花鸟画教学体系,是李长白的突出贡献。其特点,是抓住了"外师造化,中得心源"的传统理念,在大自然中,以强调"尊受立意"为前提,以"写生处理"为主张,用大量亲自写生的图例,具体研究了工笔花鸟画的白描花卉写生、技法表现等基础的各共性元素,为学生获得扎实基本功设计了教程,然后引导学生进入个性化的创作轨道。这套教学体系,在他30多年的工笔花鸟教学实践中倾全副精力打造,理性严密而通俗致用。

第一节　艺术教学思想

李长白工笔花鸟画教学思想之总要,是贵"写生"。这里所言的"写生",与现当代美术教学普遍所持的西式素描色彩之"写生"不同,而是与中国传统绘画传神写形的"写其生气"之意相通。他说:"有的认为'写生'就是把对象的轮廓比例、透视明暗,细致工整画下来而达到目的。这种写生,从形象的外在轮廓比例来说,是对的,然而总让人觉得缺少点什么似的,像在照相馆拍的登记照片一样,总不是味儿。如果用这种方法来表现一对停在树上的春燕,那么你永远表现不出呢喃的情趣,因为没有着眼于有内容的神态,只着眼于轮廓比例的正确,其结果必然是只有外表,缺乏神韵,索然无味。"(《花卉写生概说》,本章所引凡未注明出处的,均出自该书)该认识,是对西式写生的批评,也是对传统"写生"之道的领悟,而成为他工笔花鸟画教学思想的起点。

一、学习途径之辨

李长白成长的时代,一方面是清代摹古之风仍影响画坛,一方面是西式写生正在成为中国艺术教学的主流,前者是临摹代替创造,后者是自然主义实景写生代替创造,究竟应怎样认识绘画途径,正成为一个问题困扰着画坛。对此,李长白认为:"绘画的学习和创作,首先要解决一个途径问题。也就是说,走什么路才是正确的。"他分析的当时绘画途径主要有四种:一是师古人,二是单纯追求形式上的笔墨运用,三是自然主义的倾向,四是得"外师造化,中得心源"的传统之要。

关于师古人,他肯定了那种像古人一样深入生活、提炼生活而反映新的感受,画法新创的表现后,指出了另外一种的"师古人",即自元、明以来,把临摹作为主要方法,在抄袭、拼凑中进行创作,"古人、老师画什么,如何画,他们就依样画瓢,很少发展,很少有自己的思想、风格,并以形象上仿临得像不像为学习好与坏的标准,以乱真,以笔笔有出处为能事。"那些画家,"以'师古人'代替了'师造化',以'临摹'代替了'创造',由此而进入了'顽固不化'的死胡同,因此埋没了很多人的才能。"在思辨"师古人"同时提出的"师造化",成为李长白坚定不移的教学理念。

图 2.1.1 李长白《白描昙花》

关于单纯追求形式上的笔墨运用,他认为"这种不以生活、情意为'经'的学习途径,其创作必然会造成'采滥忽真'、'繁采寡情'、'为文造情',从而失去了真、善、美,也失之虚幻乏情,'味之必厌'了"。关于思想内容与形式美的关系,李长白认为刘勰《文心雕龙·情采》中"经定纬成,理定词畅"说得好,即思想内容好比形式美的"经"线,形式美好比思想内容的"纬"线,如果能够准确理解刘勰《文心雕龙》的这个比喻,那么出好作品就有了认识的保障。

关于自然主义的倾向,李长白认为有两个方面必须注意:一是忽视艺术性作用,二是忽视"中得心源"的重要性。那样的话,"就发挥不出形式与技巧的作用,也会失去情的传移、意的反映。这种作品就像有口无心的小和尚念经——茫无所得。假如你听到一个少女歌念他的情人,一个慈母哀伤她的亡女,前者会使人神往,后者会使人落泪;为什么?因为有'情',情能动人,'真情'才能感人肺腑"。"动情"、"真情"是克服自然主义倾向的唯一良方,他在教学实践中曾多次对学生说过,在大自然中画花卉写生应像谈恋爱那样充满感情地去对待,所画的写生就会有"味"。

"外师造化,中得心源"的传统之要,为李长白一再强调。唐代张璪提出的"外师造化,中得心源"一语,实际上已经是中国绘画经过长期实践后的总结,因为说出了中国绘画创作理念一贯性中的那种真理性,所以唐代之后的画家没有人不奉之为圭臬的。历史也证明:凡是卓有成就的画家,无一不是切切实实走"外师造化,中得心源"画道的。在这条经数千年大浪淘沙后仍然还是的康庄大道面前,其他的那些如"单纯追求形式上的笔墨"、"自然主义"以及停留于画法层面"师古人"等等的途径,无非是些一时障眼的形形色色东西罢了。

所以,学习途径该如何选择,经此比较就十分明确了。

二、"外师造化,中得心源"的理念

学习的途径既明,理念便立。不过,虽说"外师造化,中得心源"的理念是古人的,但能成为李长白的理念,是有他的绘画史认识的。如其思考云:

> "'外师造化,中得心源'是唐代张璪总结了唐代以前学习绘画和创作的一条正确途径。它使许多画家,有所前进,有所创作。翻开我国绘画史来看:唐、五代、两宋,不论是人物画、山水画还是花鸟画,都是一个发展创造的兴旺时期。历代最有成就的画家,也

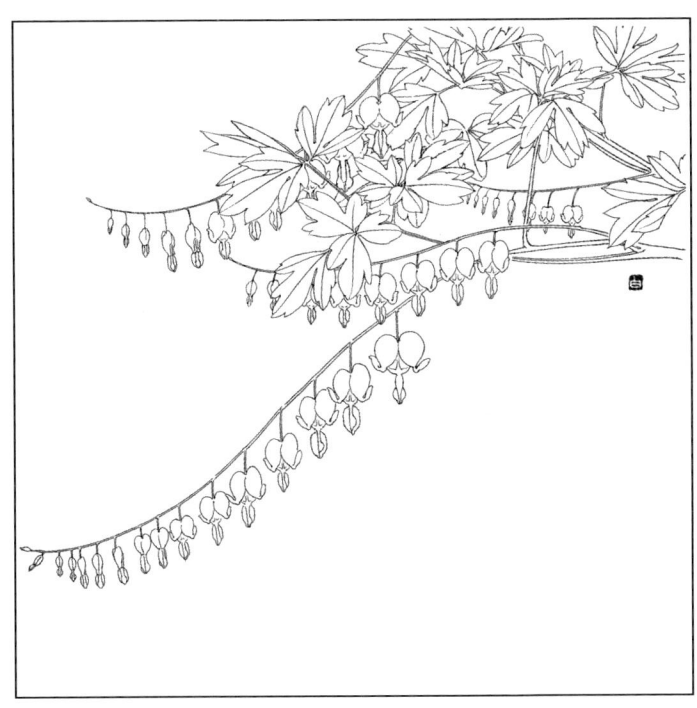

图 2.1.2　李长白《白描荷包牡丹》

以这一历史阶段为最多。如人物画的阎立本、吴道子、张萱、周昉、顾闳中、石恪、武宗元、李公麟、梁楷等；画花鸟走兽的曹霸、韩幹、韩滉、刁光胤、黄筌、徐熙、易元吉、崔白以及宋徽宗等；画山水的李思训、王维、荆浩、关同、董源、巨然、李成、范宽、郭熙、张择端、赵千里以及刘松年、李唐、马远、夏圭等。他们的作品都是'格新貌异，景情并茂'而感人肺腑的。这种师造化的结果，至今还是值得我们学习和追求的。"

宋代以后，因"师古人"渐代替了"师造化"，"只有少数的画家如黄公望、王蒙、王冕、唐寅、林良、吕纪、徐渭、朱耷、石涛等，因能继承'外师造化，中得心源'的学习途径，并能正确借鉴前人的丰富经验，所以他们的创作成就，能达到另一个高峰。"

接着，李长白又从内容与形式的关系上，思考了"外师造化，中得心源"。其云：

"要使艺术有深远的感染力，必须使内容和形式都具有感染人的因素。从形式的感染力来说，必须具有生动、自然、新鲜等因素。从思想内容、情趣意趣的感染力来说，必须具有真、善、美的因素。这样，才能使作品有'引人入胜，耐人寻味'的艺术效果。世界上最生动、自然、新鲜的形式，是产生于事物运动发展的变化之中。最聪明的画家,也只不过能从生活的观察、比较、判断、联想中,巧妙地进行选择、提炼、运用而已。真、善、美育胎于事物的本质,反映在神情气质中,是由作者的深刻感受和高尚的思想情操来塑造完成的。进一步说,艺术的产生,是人对人类对万物生长活动中所形成的形、声、色、味以及其万态千姿、千情万意的感受,在思想感情上达到不可压制的地步,从而创造出各种形式来抒发各种感情,以畅胸怀,于是产生了艺术。用语言文字来反映的为'文学'。用声音来表达的,则为'音乐'。用动作来表示的,称为'舞蹈'。用形、色来描绘的,便是'绘画'了……。由此可见,艺术是万物的生活作用于人们感情的产物。它必须具有能引起人共鸣的景情基础。这是艺术之所以具有感染力所不可缺少的前提。所以'外师造化,中得心源'就必然地成为艺术学习和创作的正确途径。"

"外师造化,中得心源",被李长白演化为生活产生感受及其艺术的思想观念。对于生活与艺术的关系,他认为应如源泉与流动的活水那样:"生活是艺术创作的源泉,离开了生活,就像湖泊失掉了源头的活水,便成了死水。然而艺术又必须是生活的'精华',必须是'美的想象的飞翔';这样,才能有美的感染力,才会有艺术的'生命'。"

三、理解"以形写神"

东晋顾恺之提出的人物画理论的"以形写神",被李长白作为了花卉写生的理论指导原则。该原则有四点具体内容:

(1) 着眼于神。于人物画,往往是"从隐藏在形色状态之中的气质情貌里(如察言观色的色,听话听音的音)去分析,探索内在思想感情的实质。从而反过来判断理解外在精神状态的所以然,再从理解了的精神状态中去捉摸体会形象变化的特有形态与特征特点。只有抓住这种从理解了的形象去处理它、表现它的方法,方能表现出能反映气质情貌的形象,而得其神。得神,才能达到真,才能动人。反过来说,单纯从外在形象去观察描摹,是无法知其所以然,也无法正确判断处理,那么就不可能达到形象上的真。"其实,在大自然物象间,气质、精神在动植之中是相通的。所以李长白说:"同样道理,按此来写生'春花啼鸟'

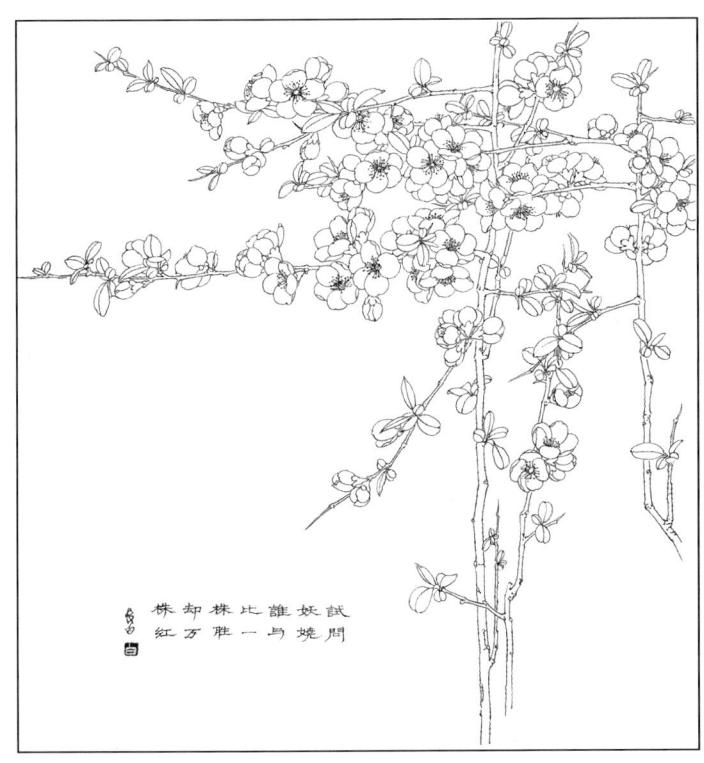

图 2.1.3　李长白《白描贴梗海棠》

这样富有诗意的题材,也是不会有感染力的。所以必须首先着眼于神,方能得神。"同样花卉写生的画出对象"生气",亦是"形无神不活,神无形不存"的道理。

（2）概括提炼。在着眼于神的前提下,"必须对事物生理形象的组织、比例、特征、特点等,进行细致的观察,并根据其神情要求以及表现形式的特点,进行概括提炼地描绘,才能使形态、神情和表现形式得到完美的统一,以达到形神兼备的效果。"注意传神之道的共同性而抓住神态形象的多样性,赋予形象有独到的特点而富于魅力。

（3）立意。"立意"是情意表达的鲜明观点。"作者对事物的爱与憎,褒与贬,美与丑以及取舍、夸张、减弱等,一系列不同的肯定和否定,不同的对待和处理,具有鲜明的倾向性来表现事物的形神情趣。"从而,"对所表现的事物形成一个总的看法,并企图把这种看法,通过形象唤起人们的共鸣,这就是立意"。这种立意,是主观对于客观事物的新认识,是作者经过酝酿形成的完整的思想境界。一幅画的立意越鲜明,越深刻,就越能感染人。不过,他观察到"不同的立意,对欣赏者所起的作用也就不同"的社会影响,特别指出"因此一个画家必须考虑到自己的立意,是不是对人们起良好的作用和富有美的欣赏"。可见思想观点的健康与否,是"立意"的前提。

(4) 为花传神。花神存在于"不同形、色、态的千变万化中,出于花开花谢成荫结籽的生长过程中,发于不同环境与自然斗争的不同景情中"。为此,李长白写有一首颇押韵的诗以个人体会作了表明:"秋叶春花何所爱,风姿彩色动人心。千容万态生机绕,飞舞婆娑自娉婷。雨雪风情明月下,不同景色不同情。含苞怒放因风落,硕果垂枝又绿荫。争斗自然形胜境,深山冰海见花林。谁言草木无灵性,细细观摩自有神。"所强调的自然植物之灵性神情,与古人的认识同。

正如北宋沈括说"书画之妙,当以神会,难可以形器求也。"(《梦溪笔谈》卷十七)《宣和画谱》说"若(赵)昌之作,则不特取其形似,直与花传神者也。"(《宣和画谱》卷十八)南宋邓椿说"世徒知人之有神,而不知物之有神。"(《画继》卷九)明代祝允明说:"或曰,草木无情,岂有意耶? 不知天地间,物物有一种生意造化之妙,勃如,荡如,不可形容也。"(《题画花果》)莫是龙说:"画品惟写生最难,不特传其形似,贵其神似。"(《跋画》)清代杨晋说:"写生家神韵为上,形似次之;然失其形,则亦不必问其神韵矣。"(《跋画》)

图 2.1.4　李长白《白描西府海棠》

图 2.1.5　李长白《白描月季》

现代傅抱石说："中国绘画无论是人物画、山水画或是花鸟画，都不满足于客观的描写，它更高地要求以形写神，形神兼备，以景写情，情景交融，因此在画面上不仅要求表现客观世界，同时要表现主观世界。"(《中国画的特点》)

花神，往往与人的兴奋、愉快、坚强等心志以及有意义的联想相联系。例如，"在那北风呼啸的严冬，当你看到山岭上的红梅，横枝曲节，顽强地举着铁青色的新枝，对着寒风，迎着飞雪，开着红色的花朵，斗争在断崖绝壁之间，无疑会使你意志更坚强，使你激动，使你向往；感到梅花分外地红艳，枝梗分外地刚健，生命的力量是无穷的。"可见，"作者的思想、情操与景情的共鸣融会"之观赏的主观性，是花神的植根处。千姿万态的自然界花卉之客观美，要靠这种主观性去发现。

于是，能够"得于外，成于中，有情有景，意趣鲜明，概括提炼而表现之。"凝聚了李长白对"以形写神"画论的全部理解，并成为了他的画学思想。

四、"写生处理"主张

以上理解的"外师造化，中得心源"与"以形传神"传统画论，所肯定了的文与质的统一，形与神的统一，客观自然与主观认识的统一，奠定了李长白直探艺术造型本质的

"写生处理"主张之基础。"写生处理",是在自然中对具体写生提出的大要求。其中包括了势态、疏密、外形、结构四点内容,也就成为了具体艺术处理的四原则、"造型"的四要素。在自然中依感受产生立意并据此进行取舍而使所画富于美感,既是避免那种"自然主义"的良方,也是培养、树立作者主观审美意识的有力举措。

势态。即抓住你感兴趣的那枝花卉的动态大势,看来是抽象性的寥寥几笔,却是对花卉传神表现的起手与深入刻画的关键。随着大势的枝梗主枝一笔之出,其他枝梗随势而生,接着花、叶亦随势安排,于是势态定,情势出也。所谓"气势贯穿枝梗出,参差动静互为衬。安排宾主分藏露,俯仰呼应始生情"(《花卉写生概说》),是"势态"之道。

疏密。势态既明,大致的疏密即生。其中围绕着主次关系而安排的枝梗穿插之大小留空、枝叶的交互掩映、花叶的聚散错落等具体布置,要精心经营。那样能使画面产生丰富变化而获得美的节奏感。疏密的本质是对比,灵活运用对比的要素如主宾、大小、聚散、多少、长短、繁简、虚实、前后、纵横等,能不断发掘审美的主观能动性。

外形。是势态与疏密留下的外轮廓形状。这亦是美感与否的关键环节,要充分加以重视。外形美感的数理性,即形迹凹凸进出变化幅度的多多少少、长长短短,所产生的节奏感、韵律感,必须牢牢把握。李长白在教材中多次说及"外形",如"绘朵描花重外形","外形处理从神态","外形的起伏变化,要有节奏感、韵律感","处理外形防平乱"等,分别从美感、神态、气韵以及忌讳要点等多种角度的发言,体现了他重视外形的程度。

结构。以画面整体构成为前提,工笔花鸟有仔细描绘的特质,对于所画物象的生长结构及其透视变化有明晰明辨的具体要求。生长结构要合理,花、叶、枝交叉掩映的来龙去脉关系要清晰,各自的结构关系要交代清楚,透视要在结构的不变性中展开生动自然的变化性。

以上四点原则的"写生处理"主张,亦乃工笔花鸟"造型"的理法。虽然这一点在李长白的相关文字中处于散在的状态,没被系统理出,但已实实在在地贯彻在了他的教学实践之中。相信每一位被具体指导过的学生,对此都会有非常深刻的体会。该主张在教学中的可操作性,因思路清晰、明白具体而收效甚好。

第二节 白描花卉写生

一、观审物象

工笔花鸟的细节表现性,使认真深入观察自然的态度成为必备的素质。这样的态度,有画史的传承渊源。从宋徽宗赵佶奖励少年新进的画日中月季花、指出孔雀欲升藤墩先举左脚的范例,到清代邹一桂《小山画谱》"知天,知地,知人,知物"对不同季节、不同地域、不同植物等的详察观审,都为工笔花鸟如何观察物象的认识铺垫了基础。李长白的白描花卉写生,亦在此基础起步。但他与过去有所不同的,是参照了植物学知识去观审物象。为此,在他的《花卉写生概说》中专列了"植物基本知识"一章,对于"植物的形态特征"、"植物的根、茎、叶、花"、"植物的生长因素和运动"分别作了陈述。他认为,画花卉了解其组织、形态特征,对于作画有帮助。

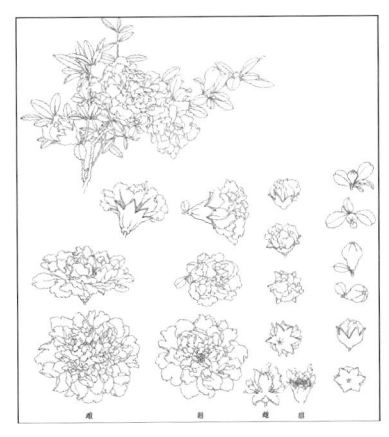

图 2.2.1 李长白《白描复瓣石榴》

归纳植物的形态特征时,他既依据植物学分种子植物为木本、草本两大类的分类法,又参考中国画长期以来把木本和草本中的缠绕茎、攀缘茎植物称为藤本的习惯,将植物形态特征分为木本、草本、藤本三类。木本有如桃、梅、玉兰、樱花、牡丹、芙蓉、山茶等,草本有如水仙、荷花、睡莲、芍药、菊花、百合等,藤本有如紫藤、牵牛、葡萄、凌霄、丝瓜、黄瓜等。

讲述植物的根、茎、叶、花,着重于植物结构。例如茎的形态一般为圆而长的,但也有扁的如仙人掌,三菱形的如沙草,四菱形的如方竹,多菱形的如霸王鞭。茎的组成由节、节间、芽三部分。节之明显的如竹子、南瓜,不明显的如桃、李。节的生长趋势,"均像竹子一样一节一节地细上去,绝不像圆锥那样向上生长"。他强调,认识"这一点很重要",因为"有的人往往把树梗画成锥形,可能同缺乏这种常识有关"。节间指两个节的中间,不同植物的节间长度不同。如竹子、丝瓜的节间就长,水仙、白菜的节间就短,其长短除本身习性外,还与生长条件有关,如肥湿之地的节间较长,反之则短;又生叶枝的枝梗节间较长,生花果的则较短。芽是生长在节上的未发育的枝、叶或花的幼体,有叶芽、花芽的类别,有裸芽、鳞芽、顶芽、腋芽的形态

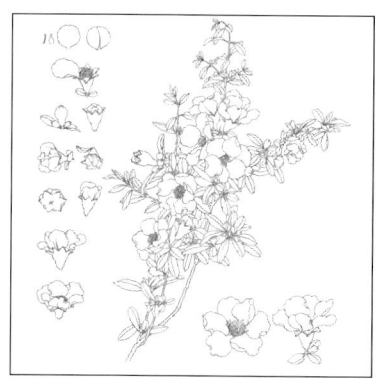

图 2.2.2　李长白《白描单瓣石榴》

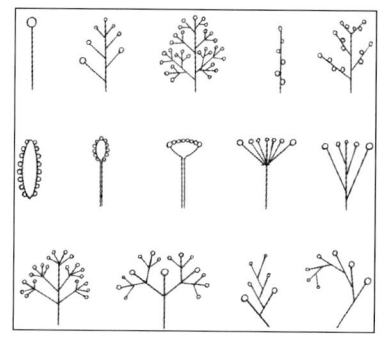

图 2.2.3　李长白《白描花序》

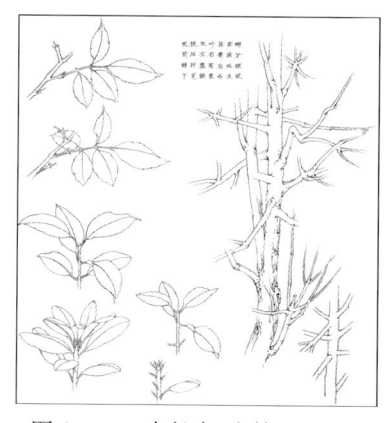

图 2.2.4　李长白《发枝和用笔》

之别。腋芽生于节上,其发育能成为分枝。

叶的组成有叶片、叶柄、叶托三部分的叫完全叶,如桃树;缺叶托或缺叶柄、叶托者叫不完全叶,如莴苣。叶的生长方式有单叶、复叶,叶子生长的排列方式叫叶序,叶序可分为互生、对生、轮生等。

花的组成有花瓣、花蕊、花蒂、花柄;形态有单瓣、复瓣;花朵生于花轴形成的排列方式叫花序,其有单朵花序如荷花,总状花序如芙蓉花,圆锥花序如枇杷花,穗状花序如晚香玉花,复穗状花序如梅花,肉穗花序如马蹄莲花,头状花序如苜蓿花,篮状花序如向日葵花,伞形花序如绣球花,伞房花序如梨花,柔荑花序如胡桃花和杨花等。

花的颜色与形状亦随花而异。如梅花的花色有深红、浅红、白色、白绿色、紫色,形状有单瓣、复瓣。杏花有银红、淡红、白色等,还有黄色之蕊,紫红之托。桃花有桃红、淡红、白色等,黄色花蕊;其复瓣的形态是碧桃花,有粉红、红色、白色、红白相间及白地红点诸色。牡丹的形态有单瓣、复瓣之分,品种多达 370 余种,花色有墨红、紫、深红、大红、粉红、黄、白、红白相间、白绿等色,其叶为二回三出羽状复叶,小叶三裂,色鲜绿。扶桑,叶卵形,花生于上部叶腋,花梗细长,叶色深绿并粗锯齿形,复瓣花很像复瓣山茶花,花色有大红、桃红、橙色、黄色等;单瓣花为漏斗形,单体雄蕊甚长,伸出花冠外,花色有深红、朱红、粉红、白色等;其花开时,一丛之上能日开数百朵,阳光之下疑若火焰,而有"焰焰烧空红扶桑"(苏轼句)的壮观景象。

植物的生长和运动,是适应环境的反应。其向性运动的向光性、向地性、向水性,感性运动的夜感运动、振感运动等,都要认真观察以资画笔。

二、片叶、朵花写生

如果说以上观审物象是处于务虚的状态,那么片叶、朵花写生就进入实实在在的动笔之画了。对于为什么要对叶子做专门的写生研究,《花卉写生概说·叶的写生处理》云:"一幅花卉作品,当然花是主角,但是叶子决不仅是跑龙套,而是一个重要的配角,在某种场合下,这个配角还是位'红娘'呢。如果忽视叶的相辅作用,对叶子不进行观察、研究、刻划,那么画出来的叶子不但不生动自然,有时连基本的形象特点都没有。至于透视转折,更是生硬别扭。有的千花一叶,千叶一面,全局大为失色。此种现象,主要是没有真正认识到叶在花卉作品中的地位和作用所致。因此,必须重视叶子的基础写生处理的训练。"这段话,意谓研究叶子写生后能给予画面生动自由处理叶子的能力。不过,根据笔者受教的亲身体会以及多年来工笔花鸟画教学实践的经验,还觉得写生从片叶、朵花开始的意义是:以最简单的形体为起手体会写生的理法。"写生处理"的观念,即从此入门。

片叶写生,最好选择形态单纯的如冬青叶、桂花叶、樟树叶,因其形象简单,容易理解透视转折。其目标,是以解决透视问题为中心,用"写生处理"方法树立起"势态、疏密、外形、结构"内涵的"造型"意识,从而实现美的形态表现。为此,以下的方法步骤(图2.2.5)值得注意:

(1) 根据片叶对象,用铅笔画出主叶脉的动态线。这根线,因为画的是势态,故以顺畅感的爽快落笔为要。

(2) 接着画出片叶主要转折面的形态线。该线与主叶脉动态线的纵向变化不同,往往表现的是横断面。其与主叶脉动态线的交接处,是透视之变的一个关键点。

(3) 再从片叶外缘的转折线上起笔,画出"显隐"的轮廓。此处重在理解因被叶面挡掉而看不见的远处那根外轮廓线。

图 2.2.5 李长白《片叶写生步骤图》

图 2.2.6 李长白《美人蕉叶、白菜叶处理》

图 2.2.7 李长白《画叶的顺序》

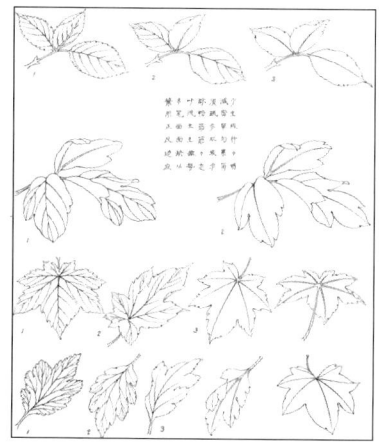

图 2.2.8 李长白《叶脉的处理》

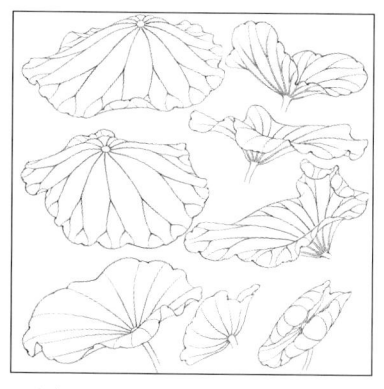

图 2.2.9 李长白《白描荷叶》

（4）毛笔勾线完成。

片叶中有助于透视的叶脉处理，也是应注意的内容。把握两点：一是叶脉要增加转折自然的生动感。例如美人蕉叶、白菜叶等的处理（图 2.2.6）由于画了叶脉而更生动那样，所谓"虽道主筋成转折，莫轻分脉辅相成"（《花卉写生概说·叶的写生处理》），于图例一目了然。叶脉为了区别正反面的勾线处理，一般叶子正面的主脉分脉用单线，背面的筋脉有突起感而勾以双线。写生中对于叶边复杂变化的如锯齿状等的处理，注意外形而以简洁为要。

写生片叶时的观看方法很重要。初学者容易用西式素描的写生方法，把画者置于与所画对象的不变距离、不变角度地位而真实地描摹对象。这样去画，完全可能成为"自然主义"的"无奈"之作；而且人也很累。理想的观看方法，应在看与不看之间。看，是因为所画角度给予了片叶的动态与大势而遵从之；不看，是因为受不变距离与不变角度所囿的画易死，故不如轻松地观看叶子；于是形态美的取之，不美的弃之，为了理想的美还可以离开叶子自由处置之。总之，"写生处理"观念的很大程度的自由性，从起手学习的片叶起，到往后的任何一个环节，都在起主导性的积极作用。

朵花写生的原则与片叶写生一样。不同的是，由于从平扁的片叶到球形的朵花，对象的转换而研究的课题改变而已。

将花朵理解成球形，并依次有半球形、球冠等体积的系列理解（图 2.2.10），是李长白教学的独到亮点。他总结道："花从蓓蕾到盛开，千变万化球形在。胸中若有此观念，写生处理真方便。"确实，用球形及其经纬线、球形及其体积系列的去观察、理解、处理各种朵花的形态，有提纲挈领之要。对于这一点，李长白还有一段长期以来切身体会的文字表述："十多年来，一直持这个观念进行写生。时间长了，对一朵花，不论它是单瓣还是复瓣的，一眼看去，大概的立体形象和花瓣的几个主要势态的透视就出现在眼前。因为花瓣是片片归到花心的，而经线也是归集于南北极的。所以利用经纬线在球形中各个剖开形中的形象透视感，来理解处理有些花瓣的透视转折，就感到方便了。因此借此机会把这个方法介绍给读者。"这段朴素的文字除了透出作者长期钻研精神让人起敬外，说出的花之结构与体积的理解法，让学习者受益匪浅。同时为不少工笔画花之作往往不能得其体积感而"平"的时弊，开出了良方。

图 2.2.10　李长白《朵花体积的理解》

朵花写生依据"写生处理"及"造型"概念,抓住三个要点:

第一,外形处理。前面说过,外形是"写生处理"或"造型"概念的四点内容之一,这里正被首先强调着。李长白认为:"一朵花美不美,外形很重要。"另外不同的花有不同的外形变化特点,应画出其典型形态。例如以牡丹、月季、荷花三种花为例,牡丹花大而花冠茂密,外形在半圆状中起伏多变而有丰满华贵感;月季花的外形在刚健曲折的起伏中简洁流畅,花冠疏密分明而有灵巧感;荷花的外形在下圆上尖、开时含圆展瓣、花冠端庄饱满中有明洁清丽感;写生时就要抓住这些感觉特征去进行处理。处理时,贵外形的节奏感与韵律感。对此他辨析道:"一朵圆形复瓣的牡丹花,如果把它画成像一个球那么圆,外形花瓣的起伏变化很均匀,内外花瓣大小差别也不大的话,这个图像不管它与对象是完全符合,还是不符合,也都是不好的形象,因为没有味儿!为什么?就是缺乏形式上的生动感。如果把这朵花的下部分花瓣,画成有疏密、有大小的向外开展的几片,并按照花的势态,加强动向夸张转折的表现,这样就改变了原来均齐的外形,改变了内外花冠大小的比例,

图 2.2.11 李长白《朵花外形处理》

加强了动静的变化,这种形态上的高低起伏、大小参差、动静转折的变化,就产生了节奏感、旋律感而使人感到美。从而赐予所表现的花朵有神态,且更富有感染力。总之,处理时永远不能忽视绘画须有形式美这一点。"他还用诗句表明了花朵外形处理的思想:"绘朵描花重外形,花冠疏密巧经营。转折反侧处理当,丰满明艳又轻灵。"这些表述,他有写生实例说明。例如图 2.2.11 牡丹花实景与处理相对比的朵花写生,虽然看来白描写生好像如实地反映了客观对象,但是必须指出其中的两个思考点:一是作者在自然中选择对象时贯彻了他的"外形观"。也就是说,只有符合作者审美的对象才是可写生的;反之则不会入画。二是具体写生时强化作者的"外形观"。客观对象具有的美的外形之高低起伏、大小参差、动静转折等的变化,朵花写生悉皆保留。像这样较如实反映客观对象的写生之作,千万不要简单地认为就是照着对象画,应该认识到那是主观审美的理法选择了对象,而画出了其美感的所为。

第二,疏密处理。这里的"疏密",是在朵花范围内花瓣之线、花瓣与花蕊关系的处理。范围虽小,但疏密处理的理法一如。还以图 2.2.11 牡丹朵花写生为例,由于花蕊组成的密与花瓣形成的疏之对比,美感由之生。而花瓣线条组织的由密渐疏、由疏渐密、密中密、密中疏、疏中密、

图 2.2.12 李长白《复瓣牡丹朵花写生》

疏中疏处理,并与花蕊的密线相协调,使朵花在丰富的节奏感中显得生动灵巧。如果对比照片,你不难发现在细节上写生的朵花与照片的颇有不同。写生的花瓣,不是在这里加上了一片,就是在那里去除了一片,经得起推敲的疏密关系就这样建立起来了。由此我们想一下自然中的花朵,虽然不乏花瓣大小层次分明、聚散得当,只需略加处理就美的,但毕竟是用美的理法去发现,并且用美的理法去表现。这里,被强调的主观审美理法既是发现美的本根,又是疏密处理手段的出处。李长白在谈论"花的疏密处理"时举了写生月季与荷花的例子:"盛开的月季,总没有半开的月季好看,原因之一是盛开的月季外形太圆缺少变化,其二是开足了的花瓣都是向外平展而翻卷的,大小形态也都相似。因此,画在纸上的形象会使人感到千篇一律,缺少变化而没有节奏感。所以在处理时,必须密内疏外,在转折形态上须改变其单调感,使花冠有疏密的变化、大小动向的变化。又如盛开的荷花,花冠的开放也往往疏密均匀。因此,处理时必须增一边减一边,或处理一二片斜瓣,或利用正侧面大小面积的不同,来打破齐整的形态。总之,处理疏密,是为了改变画面形象的平板单调,增强形态上的节奏感。"疏密处理要有灵活性,也要有想象力。李长白认为,这要在平时对花朵观察、分析、比较的基础上获得。

第三,结构处理。仍以图 2.2.11 牡丹朵花写生为例,其做到瓣瓣归心,还做到各花瓣的透视转折生动自然,是为结构处理的范例。花朵的生态特点,无论是单瓣还是复瓣都是"瓣瓣归心",是工笔花卉写生把握花卉结构的第一要点。因为常见花瓣不归心的毛病,导致结构松散而别扭,显然那是对花生长结构缺乏观察与了解。花心的生长有两种情况:一是规则地集中生长,多见于单瓣花。如图2.2.11 的图例即是。二是不规则地在一些花瓣之间冒出来,多见于复瓣花。如图 2.2.12 复瓣牡丹朵花写生。但不管是哪一种情况,花心在一露心的花朵中,是最引人注目的东西。处理得好,能起"画龙点睛"的作用。处理之道大致有两种,一是花心繁多杂乱时宜齐整处理;二是过于齐整时宜变化处理,如齐整中处理几根招展的花蕊必定好看。

写生中将每片花瓣的透视转折做到生动自然,是把握花卉结构的第二要点。画花瓣透视转折的基本功,全在片叶写生阶段建立,如果片叶的透视转折解决得好,画花瓣的透视转折处理必然会臻于自如的境地。当然花瓣因其自身特点而透视表现的形态不同,这需要画者仔细观察前后、左右、上下的不同角度之花瓣,运用笔线去微妙地画好。

朵花写生要重视萼片处理,是把握花卉结构的第三要点。花托、花萼(包括副花萼)托着花冠而生长,别忽视了这个结构。该细节表现,对整朵花的精神表达会起积极作用。图 2.2.13 是牡丹花关于萼片处理的图例,可以看到

图 2.2.13　李长白《萼片处理》

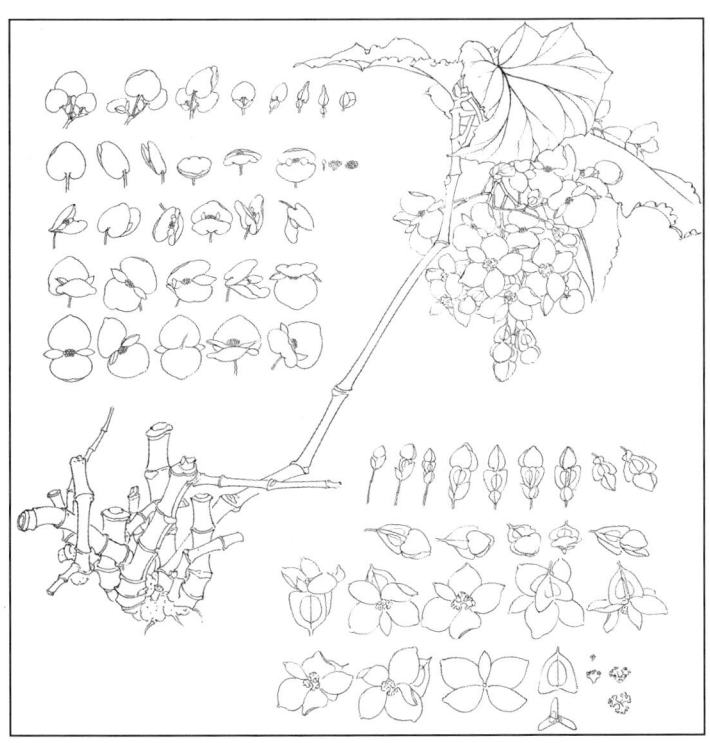

图 2.2.14　李长白《竹节海棠从花苞到盛开的各形态写生》

花朵之美，是因为有了花萼、花托、花柄处理的配合才增加了生动感的。花萼虽是在花托上长出的细长小叶子，但却有效地丰富了牡丹花的表现形态，除加强了势态的生动感、美化了外形的玲珑度外，还起到严整结构的关键作用。从而，不但秀、巧、灵的气息迥然而出，严谨整饬的工笔精神也隐隐站定。这样的萼片处理，给画面带来微妙精到的耐看度。该图例上方题云："萼片穿插疏有密，丰富势态助精神"句，是对萼片处理的生动总结。

写生朵花，研究花从花苞到盛开的种种形态，也是一个教学环节。在李长白写生的不少白描花卉作品中，往往见到一折枝花写生的旁边，还整齐有序地系列展开该花"生长发展史"的各阶段各透视角度的各形态，像《梅花》、《水仙》、《杏花》、《梨花》、《贴梗海棠》、《含笑》、《石榴》、《竹节海棠》(图 2.2.14)等，都有这样的表现。这样做的好处是，因为熟悉了各阶段各形态的花，在处理上容易臻于自由之境。

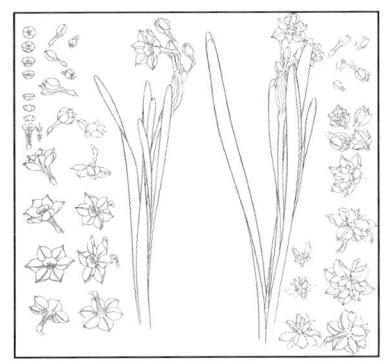

图 2.2.15　李长白《白描水仙》

图 2.2.16 李长白《白描春兰》

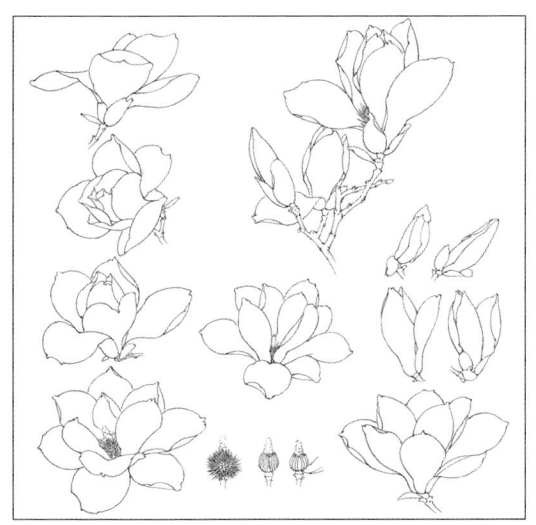

图 2.2.17 李长白《白描玉兰》

图 2.2.18 李长白《白描夹竹桃》

图 2.2.19 李长白《白描大丽菊》

三、小折枝写生

在片叶、朵花写生处理的基础上进行小折枝写生,既是进入了点、线、面处理的层面,又是进入了疏密、聚散等对立统一的美感处理的阶段。

小折枝写生中的枝,有专门研究。除了了解枝梗结构(图 2.2.20、图 2.2.21)和生长势态特点外,画枝的另一关键是枝的穿插组合(图 2.2.22、图 2.2.23、图 2.2.24)。两枝的处理原则是:宜长短曲直之变而要绝对避免交叉。三枝的处理原则是:尽长短聚散交叉之变,避免"三枝无叉恶鸡爪",还要避免结绳、平顶的现象。四枝的处理原则是:疏密聚散长短交叉尽其变,防止平均分散、结网的现象。另外,"四枝好为一三聚"即一与三的疏密聚散之分,很容易得到美感。四枝以上的多枝处理,李长白作诗云:"多枝穿插贵天成,长短参差疏密新,动静聚离观情势,对景量法布新阵。"要点是在长短参差、疏密聚散、动静有序、刚柔相济等方面多加思考。不过理想的思考之道,是到自然中去体会丰富多变的枝梗形态。那样的话,一定会有新鲜生动的处理而不拘一格。

运用"写生处理"原则,在小范围内进行枝、叶、花任意组合的写生,谓之"小折枝写生"。其目的,是要培养对于枝、叶、花形态关系之美的处理能力。这种能力是写生构图和创作的基本功。该基本功的共性要素,能在这课题中得到很好的锤炼。小折枝,在一两个枝加十多片叶的内容中,去推敲研究疏密聚散、大小虚实、前后穿插、向背显隐等的处理要素,既可以积累画面处理的经验,又可以历练审美的敏锐力。

对于小折枝写生,李长白的一首题诗揭示了特点:"小枝势态贵生巧,枝助花态叶相扶。俯仰参差多用意,临风回首始情苏。"其中势态之巧、用意有情的提出,值得注意。对此,他有一段陈述:"画小枝花,由于东西少,所以特别要注意对枝、花、叶的势态处理,只有灵巧,才能生动。对于花态,要从它参差俯仰的形象中,体会耐人回味的风情。借助枝的动向态势,来帮助表现这种风姿。要注意叶的顺势或逆势的描写,以此来调节画面动静,使之富有节奏感。"(《花卉写生概说·小枝的写生处理》)将立意用情确立在小折枝内容中,得花鸟画"传情"之要。花与叶传情、叶与叶传情,在传情中形成情势的连线,为花卉造型的传神之道。由此引起变化的花、叶造型,正因"意"与"情"而

图 2.2.20 李长白《枝梗的形态特征》

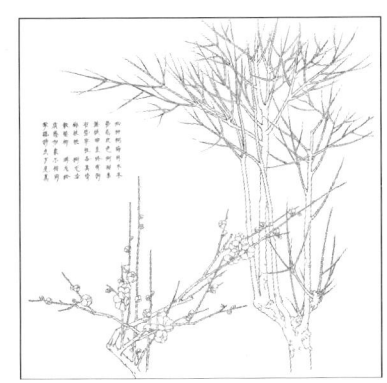

图 2.2.21 李长白《枝梗的形态特征》

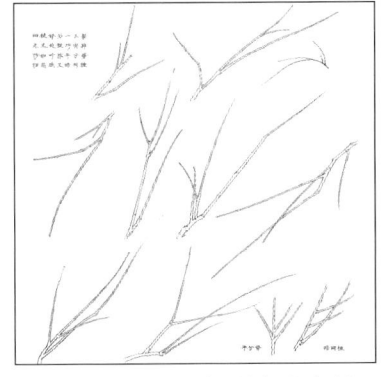

图 2.2.22 李长白《枝梗的穿插》

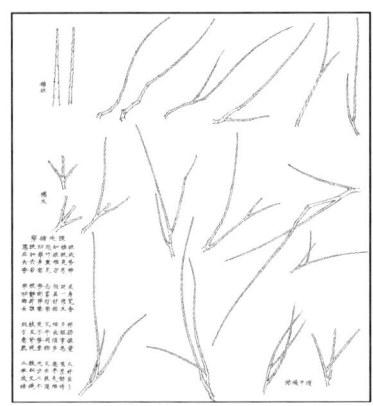

图 2.2.23　李长白《枝梗的穿插》

被赋予了灵魂。

这个教学环节，李长白分外看重而指导得具体而微。以下这段文字是表明：

"一枝碧桃、一枝玉兰、一枝芙蓉，都可说是聚朵枝头。这些花一眼看去，首先让人感受到的是全枝的精神风貌，而决不会是一朵花的形态情趣。因为朵花的形态情趣，是由花蒂、花冠、花心的形象组织形成的疏密、透视及其总的外形来表现的。然而一枝花的疏密、透视及其总的外形，则是由各种大小、前后、左右的花朵，与其枝、叶互相配合，映衬组织而成。从总的形态感觉上来讲，比一朵花要丰满生动得多。在聚朵中花朵的安排处理，要将正面和七分面的花放在主要地位，然后安排几朵侧面、反面的花朵作衬托。半开花朵和花苞，多半安排在散点处，要和聚朵有俯仰呼应的情势。这样才能使整枝花，既有疏密参差，又能气贯神连，使全局浑然一体。若小枝花由几个分枝组成，则就要以每个分枝为单位，观察处理其疏密聚散的关系，如一枝花由三个小枝组成，那么以其中的一小枝为聚密的对象，其他两枝为疏散的对象（当然，每枝上又有它各自的疏密聚散）。在安排处理每一小枝花朵的外形时，必须服从总外形的要求。至于叶的处理，要注意两点：一是使外形形态上起更多变化，二是在动态上要以衬托花态为主。"

这段具体指导的写生示范，见图 2.2.25 的碧桃小折枝图例。图中各小折枝的处理，势态见顺畅挺拔，春天的精神气息蕴涵其中；外形见聚散错落，美感的巧秀灵动外放其表；疏密见对比有致，处理的微妙用心内敛于理。具体花朵的仔细描写，则正侧向背合理，大小形态得当。嫩芽状态的叶子形态虽微，却每根短线都根据外形、疏密的节奏要求纳进总体的势态之中。从而见结构严整，运思严密，处理精微。在这样的小折枝写生中精锤精炼，对于造型能力的提高，有事半功倍之效。而其产生的"小枝势态贵生巧"（图 2.2.26）更是对小折枝写生的高度总结之言。

小折枝写生容易在外形上犯的毛病，李长白指出两种：一是"平头"，如图 2.2.27 所示，该枝月季花的组花外形之平头，还有上面的花与中间的枝所形成的三角形，中间的叶与下面的枝所形成的三角形，上下两个三角形方向一致、大小相等所带来的"平板"之病，也是一目了然的。

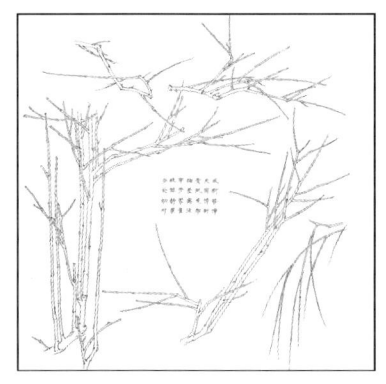

图 2.2.24　李长白《枝梗的穿插》

图 2.2.25 李长白《碧桃小折枝》

图 2.2.26 李长白《小枝势态贵生巧》

图 2.2.27 李长白《外形"平头"病与"枣核"病》

二是"枣核",团状的枣核形之塞实而闷,不能让视觉愉悦。"平头枣核无好感,外形变化要思量",是李长白总结的顺口溜,他认为"平头枣核"的病由是"没有正确理解'平衡'含义的缘故"。平衡,如称东西,称钩上的一大包物品,却在秤杆的作用下,让一定距离外的秤砣平衡,领悟那大包物品与秤砣的体积对比、分量关系之理法,即得对于平衡的理解。李长白说"布置平衡应不均",如果能在大小、多少、轻重之中得势之平衡、力之平衡、量与质之平衡,为"平衡"之道。

四、大折枝写生

在小折枝的基础上扩大范围,如花叶多了些,枝梗粗了些,小枝加了些,是为"大折枝写生"的内容,但继续贯彻"写生处理"理法而锤炼造型能力的目的不变。

大折枝与小折枝的最大不同,是处理时增加了复杂性。在自然中,可能找符合主观美感的朵花、片叶较容易,甚至可以不要怎么处理就能得到完美的形。但是大折枝的情况就不同了,虽然用精神情势的大要求去发现理想的大折枝可谓比比皆是,但具体画时也许问题会接踵而来。最逼人的是:怎样把握大势和取舍细节?

图 2.2.28 的玉兰花写生图例,是对此问题的一个说明。该图例仍以所画对象的自然照片与处理后的白描写生相对照的方式启悟后学。看照片想实际景象,应是玉兰花开时,蓝色天空映衬着靓丽洁白之花的颜色之美、欣欣

向上玉兰花的动态之神吸引了人,激发了写生的兴趣。李长白强调,画该图是要让学生领会写生是不能依样画葫芦的,"而必须贯彻欣赏、穷理、生像的步骤。对描写对象的精神势态,必须要有所感受,并酝酿成明确的景象情趣。然后对景象的形态,进行取舍,夸张,想象等艺术处理"。他的所谓"欣赏",是"细细观摩细细吟,方能悟花神"的"悟神成意"。所谓"穷理",是深入观察研究物象的组织结构、形态特点、细节特征。所谓"生像",是指经主客观统一的新景象、新形象的创造。在他玉兰花写生中的"生像",第一体现为势态更加向上挺拔,特别是清晰了主枝的势态之后,这种感觉就特别明显。而照片上,向上挺拔的主枝并不明显,被淹没在杂乱的小枝之中。第二体现为玉兰花的疏密聚散有条理,特别是确立了花的主次关系后,以后衬

图 2.2.28 李长白《玉兰花写生》

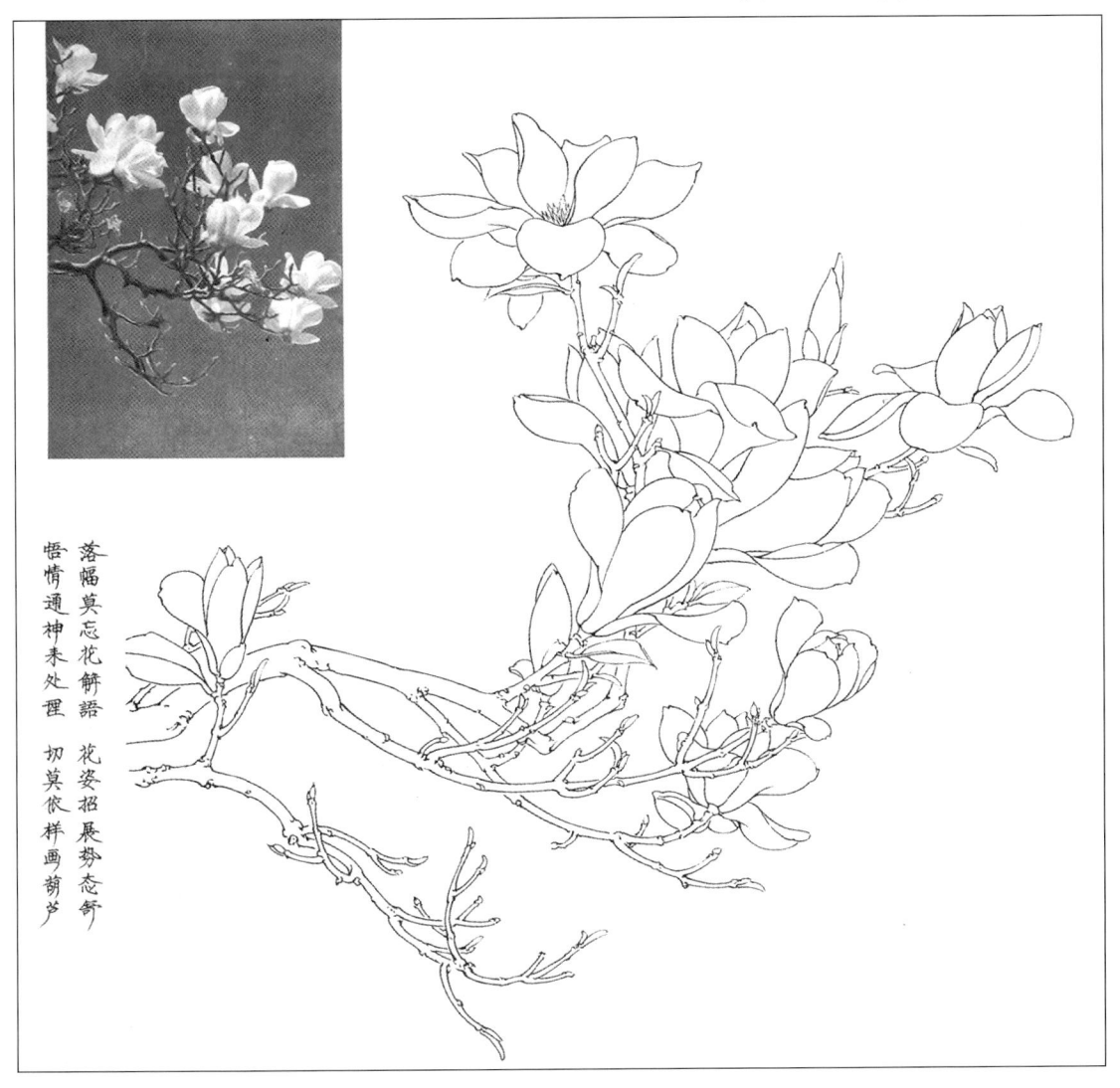

图 2.2.29　李长白《白描牡丹》

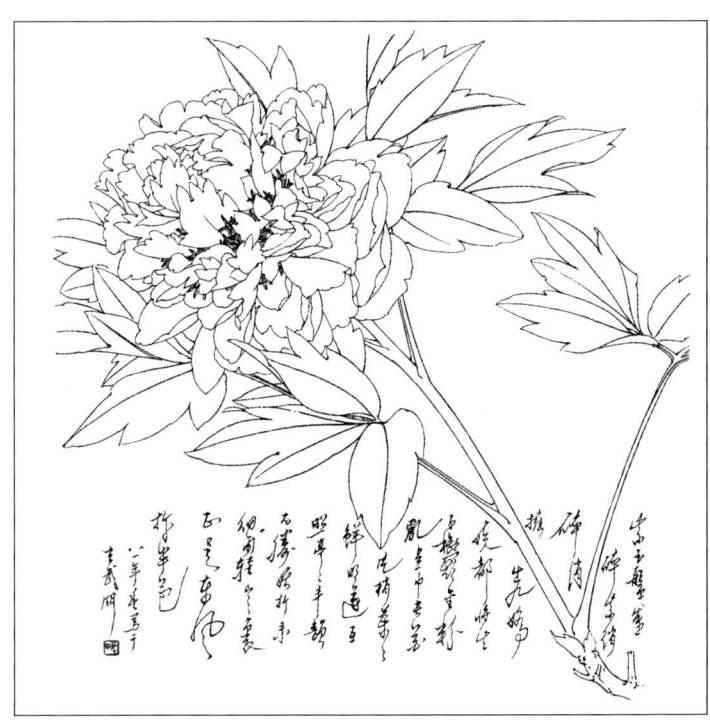

图 2.2.30　李长白《白描牡丹》

图 2.2.31 李长白《白描含笑》

图 2.2.32 李长白《白描月季》

前,以密衬疏,大小相应,上下相和的处理层次亦为明确。而照片上,那些对比关系处于较为自然无奈的状态。这样的"生像",因为有取舍,有夸张,有想象,而体现出"写生处理"的主观价值。图例表明,把握大势、取舍细节必须在"欣赏"处务虚,在势态、主次、疏密等处理要素中求实,在取舍、夸张、想象的基础能力方面下工夫。

图例的画面上有四句题诗,表明了主观感受把握客观形态的思想:"落幅莫忘花解语,花枝招展势态舒。悟情通神来处理,切莫依样画葫芦。"可以看作是包括了大折枝写生在内的总的花卉写生思想。

五、构图写生

构图,是花卉大折枝写生必然进入的层面。构图的别称,有"章法":因为就像是有条不紊的文章思路;有"布局":因为好比是全局工作的具体安排;有"置陈布势":因为有如战场上布置兵力的攻势或守势;有"经营位置":因为位置的恰当必得苦心经营。可见构图的目的与任务,是要掌握全局地去做好画面的具体设计。故构图得当,是景、情、意的主客观审美中情景、情意交融的构思之完美体现,也是内容与形式统一的视觉实现。

1. 构图规律总结

关于花卉构图,李长白从历代作品中总结出的几个主要格式,很有简单适用便于学习的意义。

他认为,折枝花卉的构图不论在长方形、正方形、圆形、扇形等怎样的画面形状上,出枝地位一般来说不外乎是从下向上、从上向下、从左及右、从右及左或两个以上位置出枝的结合,虽然也有不在此限的"非位"出枝,但总的来说,可以提炼出四个方面八个出枝位置和四个主花安排的构图规律;并作了研究性的示意图(图 2.2.33)供学习理解。

首先,长方形纸面自然状况的上、下、左、右就是"四个方面";然后分别于横、竖对折,形成"十"字形的等分,再依据四个角做对折,得到的八个三角形就是"八个出枝位置"(见阿拉伯数字的"1、2、3、4"等);又于对折线的适当位置找准四个间距相等的圆心,再以适当的半径画圆,所得到的四个圆就是"四个主花安排"的位置(见中文数字的"一、二、三、四")。而所谓的"非位出枝",是在"十"字形范围的上、下、左、右四个中间位置的出枝,例如图 2.2.34 牡丹花写生即为非位出枝的图例。

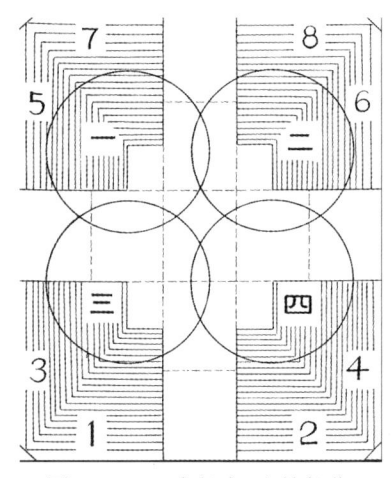

图 2.2.33　李长白《出枝部位示意图》

 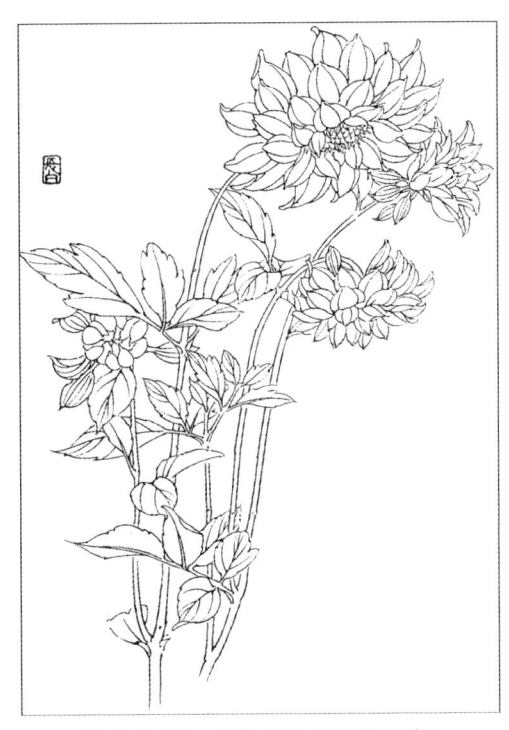

图 2.2.34　李长白《非位出枝》　　　　图 2.2.35　李长白《1 位出枝示意》

据此规律,李长白一一用白描写生图例作了展示。

图 2.2.35 是 1 位出枝的示意。枝从 1 位出向中间上升,主花部位则落在对角线的"二"号位置。其疏密处理,密于"二"与 1、3、5,疏于 2、4、6、7,由之形成清秀空灵的画面感觉。

图 2.2.36 是 2 位出枝的示意。枝从 2 位出向中间上升,主花部位落在"十"字形竖线位置的顶端。其疏密处理,密于 2、4、8,疏于 1、3、5、7、6,画面感觉亦清秀空灵。

图 2.2.37 是 3 位出枝的示意。枝从 3 位出向中间上升,并向"5"作回势,主花部位大致落在"二"号位置。其疏密处理,密于"二"与 6、8、5,疏于 2、4、7,画面感觉亦清秀空灵。

图 2.2.38 是 4 位出枝的示意。枝从 4 位出向中间上升,主花部位落在"一"、"二"、"四"的三处位置。其疏密处理,密于"一"、"二"、"四"与 4、6、8、5,疏于 1、3、7,画面感觉是在浑朴沉厚中出清秀空灵。

图 2.2.39 是 5 位出枝的示意。枝从 5 位出向"二"、"四"回旋并探向底线的中间,主要部位落在"四"号位置。其疏密处理,密于"四"与 5、7、6、4,疏于 1、3、8、2,画面感觉清秀灵动。

图 2.2.36 李长白《2 位出枝示意》

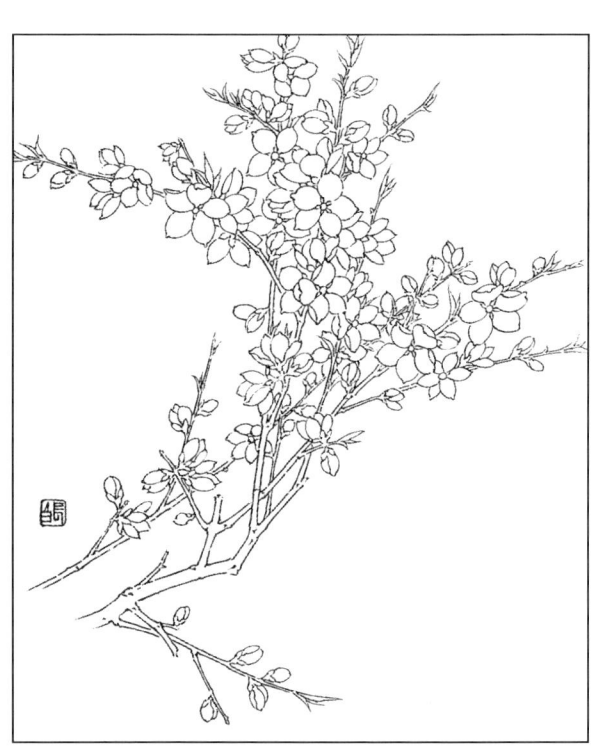

图 2.2.37 李长白《3 位出枝示意》

图 2.2.38 李长白《4 位出枝示意》

图 2.2.39 李长白《5 位出枝示意》

 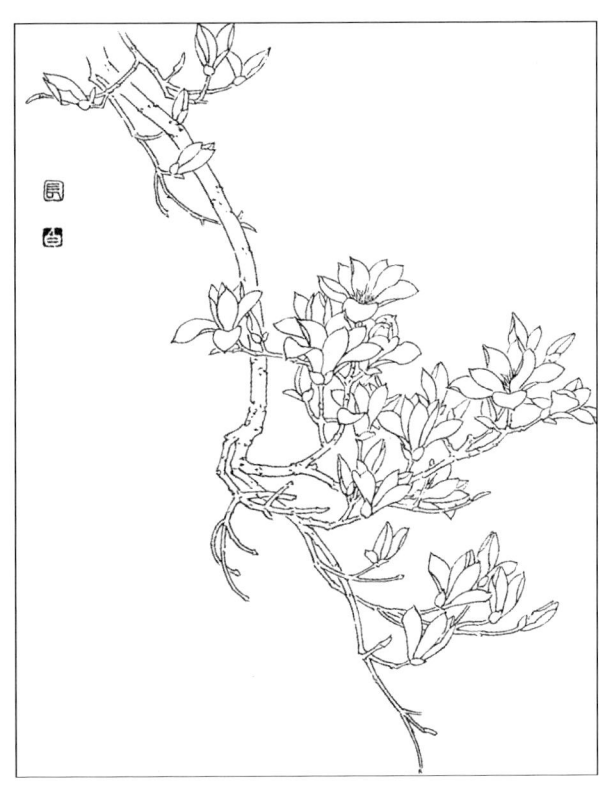

图 2.2.40　李长白《6 位出枝示意》　　　　图 2.2.41　李长白《7 位出枝示意》

图 2.2.40 是 6 位出枝的示意。枝从 6 位出向 3 伸展，主花部位落在"三"号位置。其疏密处理，密于 6、8、"二"和"三"，疏于 1、2、4、5、7，画面感觉空灵。

图 2.2.41 是 7 位出枝的示意。枝从 7 位从上而下对角线下垂，主花部位落在"四"号位置。其疏密处理，密于"四"与 7、4，疏于 1、3、5、8、6，画面感觉清秀空灵。

图 2.2.42 是 8 位出枝的示意。枝从 8 位下垂，向 1 位方向运动，密于"二"、"四"而疏于 1、3、5、7、4、2，画面感觉清灵。

以上八个位置的单向出枝，因为容易产生上密下疏、下密上疏、上实下虚、下实上虚、左密右疏、左疏右密、左实右虚、左虚右实那样的明显对比关系，所以一下子就能获得好的画面处理效果。而且总感觉的清秀空灵，能有效避免平板、塞实、局促等弊病。发展该原理的复位（两个以上位置）出枝，则容易增加画面的丰富感。例如：

图 2.2.43 是 1、2 两位出枝的示意。枝从 1、2 位出，而以 1 位为主，2 位为辅。1 位直线向上，主花部位落在"一"号位置；其与 2 位出枝的正好形成长短对比的状态，从而有主次相从、上下相应、大小相倾的呼应关系。其疏

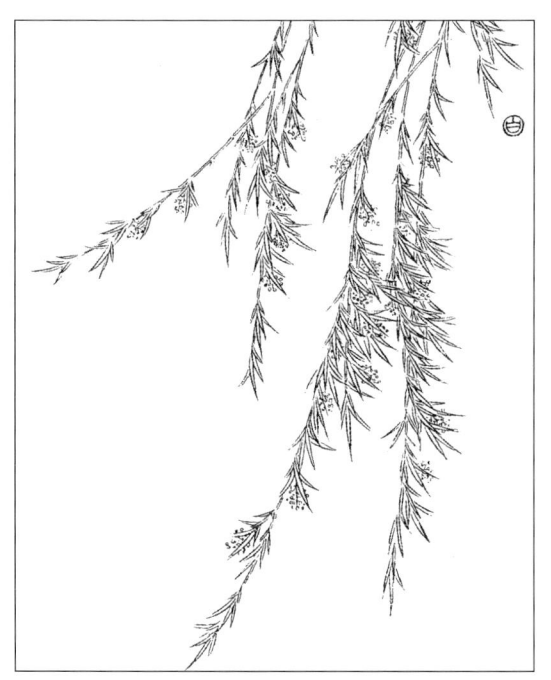

图 2.2.42 李长白《8 位出枝示意》

图 2.2.43 李长白《1、2 位出枝示意》

密处理的密于"一"、"二"与 1、2，疏于 3、5、6、4，使画面产生清灵洒脱的感觉。

图 2.2.44 是 4、2 两位出枝的示意。2 位向上与 4 位斜出的枝一起合成直线的一组，挺立上升而枝梗聚集在 2、4、6、8 的部分形成了密，又上部枝横穿于 6、8、7、5 的部位，主花也安排在以"一"为主的该位置，从而形成横、直转折分明的直角形构图。所留下的左下 1、3 以上的大面积空白之对比，画面有空灵而峻拔的感觉。

图 2.2.45 是 3、1 两位出枝的示意。芍药花枝从 3、1 两位往对角线斜冲，其中以 3 位为主的一枝盛开芍药花安排在"二"的主花位置，以 1 位为辅的含苞待放一枝起呼应作用，顺势的以密衬疏把主花衬托了出来。疏密关系则形成从"三"到"二"是由密渐疏的渐变关系，2、4 两位与 5、7 两位对角相等的空白，正对这种疏密关系起到衬托作用。画面在清秀空灵中有大势相倾的感觉。

图 2.2.46 是 4、1 两位出枝的示意。主枝从 4 位伸出，次枝从 1 位伸出；主花部位落在 4 位对角线的"一"位置。疏密关系的处理是：4 位主枝叶大，1 位次枝叶小，从而以小叶衬大叶地以密衬疏烘托主枝。画面在清秀空灵中有泰山压顶的感觉。

图 2.2.47 是 5、2 两位出枝的示意。主枝从 5 位伸出

向对角线的 4 位斜出,主花部位落在"四"号位置。次枝从 2 位伸出往 4 位方向,虽小而短却亦以密衬疏地烘托了主枝。由于 1、3 两位与 6、8 两位的空白作衬托,全画在清秀空灵中呼应有情。

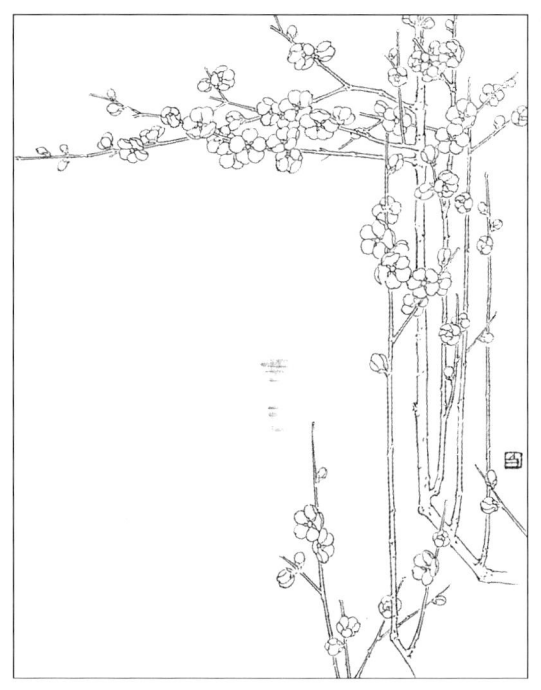

图 2.2.44　李长白《4、2 位出枝示意》

图 2.2.45　李长白《3、1 位出枝示意》

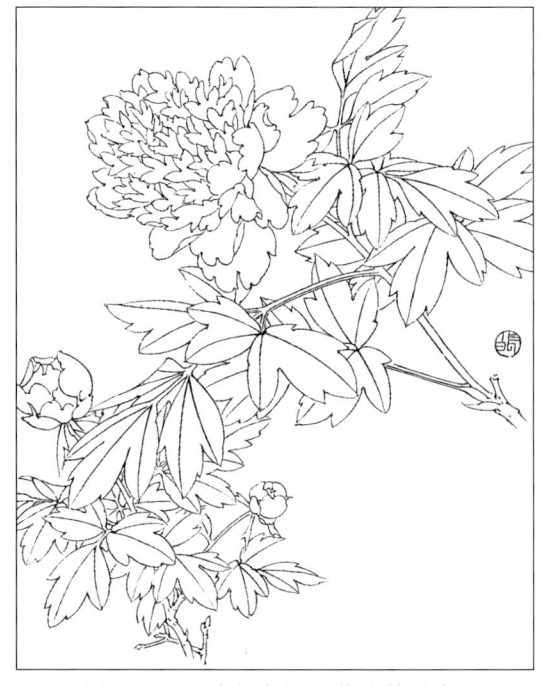

图 2.2.46　李长白《4、1 位出枝示意》

图 2.2.47　李长白《5、2 位出枝示意》

图 2.2.48　李长白《6、8 位出枝示意》　　图 2.2.49　李长白《4、7 位出枝示意》

图 2.2.48 是 6、8 两位出枝的示意。主枝从 6 位伸出，对角线冲向 1、3 位方向，主花部位落在"三"位置。8 位出枝的同势而往小枝，起衬托主枝的作用。疏密关系在"三"与 1、3 位，"二"与 6、8 位形成的斜线上变化，以前者为主，以后者为辅。围绕了的大片空白之衬托，全画灵动空纵。

图 2.2.49 是 4、7 两位出枝的示意。碧桃花主枝从 4 位伸出凌空向上而婀娜有情，主花部位在画面中心位置。次枝的杨柳自 7 位伸出，杨柳的密衬托了碧桃的疏，又与主枝的交叉处理犹如寄寓了拂面而过的情意。全画外形变化丰富，花枝穿插灵活，所留空白的大小变化增强了节奏感，故感觉灵气清新。

图 2.2.50 是 8、5 两位出枝的示意。主枝从 8 位伸出而垂挂向下，主花部位在紧靠 8 位出枝的"二"位置。次枝 5 位伸出横向搭上 8 位，次花部位则在紧靠 5 位出枝的"一"位置。由此造成的紧上松下感觉，成为独到的处理方式。此也是直角式构图，大片空白挤压的直角之密，给画面带来另一种空灵之感。

以上两位出枝的处理思路，有一为主、一为次的处理规律。一主一次带来的一长一短、一直一曲、一刚一柔、一大一小、一多一少等的分量对比，既容易获得良好的处理效果，又能给画面带来种种趣味的变化。

图 2.2.50　李长白《8、5 位出枝示意》　　　图 2.2.51　李长白《1、3、5 位出枝示意》

接着再研究三位出枝。

图 2.2.51 是 1、3、5 三位出枝的示意。主枝由 1 位出枝向中心伸展,辅枝在 3、5 两位伸出,并与主枝适当交叉。从而分割空间的大小空挡之丰富,成为该画面的特点。多位出枝易形成掩映关系的前后层次,也为丰富画面起到良好的作用。

图 2.2.52 是 1、2、8 三位出枝的示意。杏花主枝由 1 位出,主花部位在"三"位置,另同为杏花的辅枝在 2 位出枝向上,与 1 位出枝的主花形成呼应关系。接着 8 位出枝的下垂杨柳条,与杏花形成前后层次的交搭关系。可能由于杏花与杨柳的出枝皆为直势的原因,产生了对比不太明显的弊病而形式美不足。如果 8 位出枝的杨柳条不变,杏花在 2、4 两位或 4、6 两位,再或 1、4 两位出枝的话,画面必然会生动不少。

图 2.2.53 是 1、3、6 三位出枝的示意。碧桃花的 6 位出枝虽然不大,却因为居前和被后面密线衬托之故而成为了主体。竹子在 1、3 两位出枝,3 位往对面 6 位的斜冲,与碧桃花成对应之势,1 位出枝的直线向上,与那斜势成对比的交叉关系,意在加强构图的动势与节奏感。不过如果取 1、6 两位出枝的话,或许效果会更好,因为直势与斜势的对比,容易获得生动的效果。

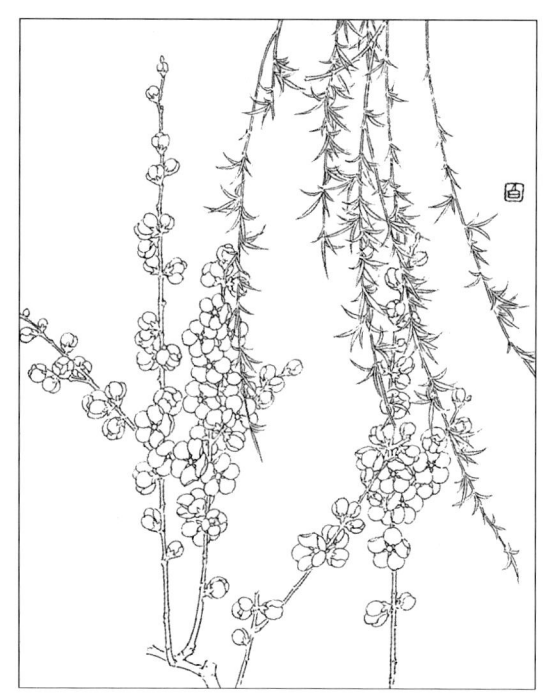

图 2.2.52　李长白《1、2、8 位出枝示意》

图 2.2.53　李长白《1、3、6 位出枝示意》

图 2.2.54 是 7、8、6 三位出枝的示意。由于无论哪位出枝都取下垂的态势,所以势态较单纯统一而富有意境。在单纯统一的势态中,由于出枝位多而增进了变化的因素而获得生动感。

综合以上三个层次的构图研究,观其最大的好处是,只要牢牢把握出枝位与主花位置的规律,就能把握花卉写生的构图。同时围绕着主次关系的疏密等处理手段之运用,也就有了有条不紊的章法。其中的一位出枝与两位出枝,由于较单纯而最容易获得好的效果。三位出枝的成功率不太高,是因为东西多了易杂乱。不过,如果能够时时把握对比关系中的对立统一矛盾的话,多位出枝中容易出现的问题也就不难处理好。

2. 构图之病与对治方法

对于写生构图之病,李长白指出两点:"一是疏处空洞,密实处迫塞",如图 2.2.55 所示,沿着 2、1、3、5、7、8 的各位出枝并加以塞实的无"密中疏,密中密"处理,疏处无"疏中疏,疏中密"处理而让空白处突兀,为缺少处理方法所致。"二是平均对待,虚实相等,疏密相近",如图 2.2.56 所示,于 2、4、6、8、7 各位出枝的太多,疏密布置的平均,加之内容较繁杂的因素等,使画面产生处理"平"、"杂"而格调"俗"的倾向。

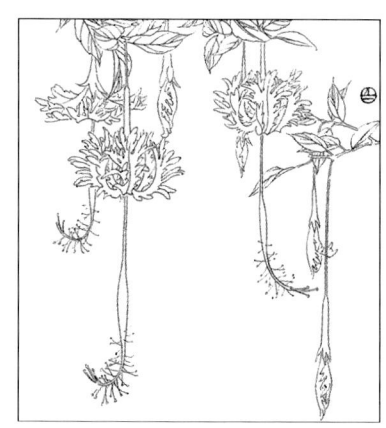

图 2.2.54　李长白《7、8、6 位出枝示意》

图 2.2.55　李长白《疏空洞、密迫塞病》　　　图 2.2.56　李长白《填塞满画病》

　　构图中如何处理多的"满密"与少的"简单",李长白专门画了两幅写生作示范说明。一是《万朵千枝不厌满》(图2.2.57),不但是 1、2、3、5 多位出枝,而且还占领了比"一"、"二"、"三"、"四"全部主花位置面积还要大的画面空间,其满其密的程度是如此,却不但没有迫塞感,反而觉得透气清拔。因为其处理,掌握了"密中有密、密中有疏"的理法,使密处"密不通风",疏处"疏可走马";所以得节奏美、气韵美而视觉愉悦。二是《朵花摇枝不觉稀》(图2.2.58),单纯的 6 位出枝由右上向左下的凌空一枝,下有一朵花,上有三五片叶,在大片空白之中显得至简而至清。其要领,是大块空白与小块空白的关系处理得当,于是清灵可爱的感觉产生了。以上两幅图例上各有题句,分别表明了构图意识,前者为"万朵千枝不厌满,新枝老梗竞精神",后者为"朵花摇枝不觉稀,势态玲珑自可人"。所题与所画,展示了李长白从景、情的内在把握到形式美的恰当表达之写生功力。

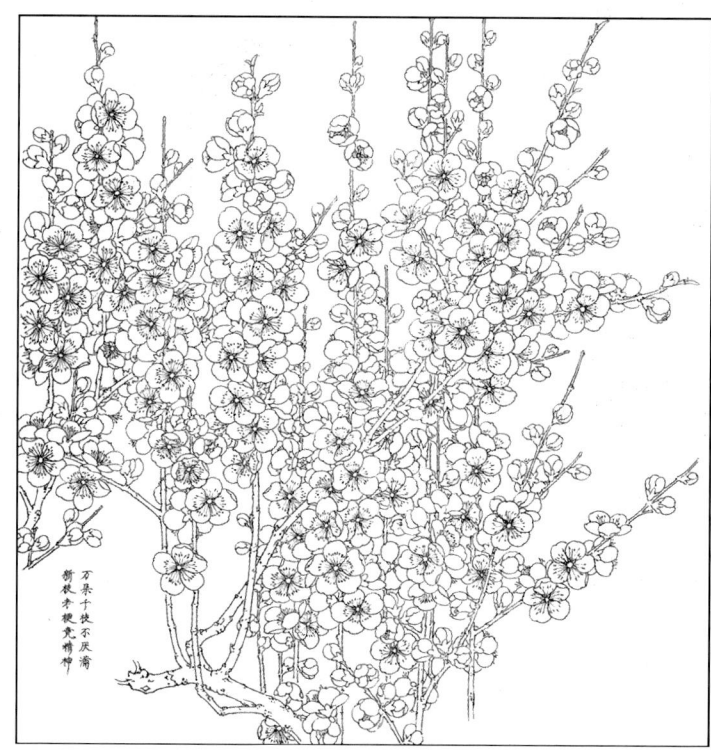

图 2.2.57 李长白《万朵千枝不厌满》

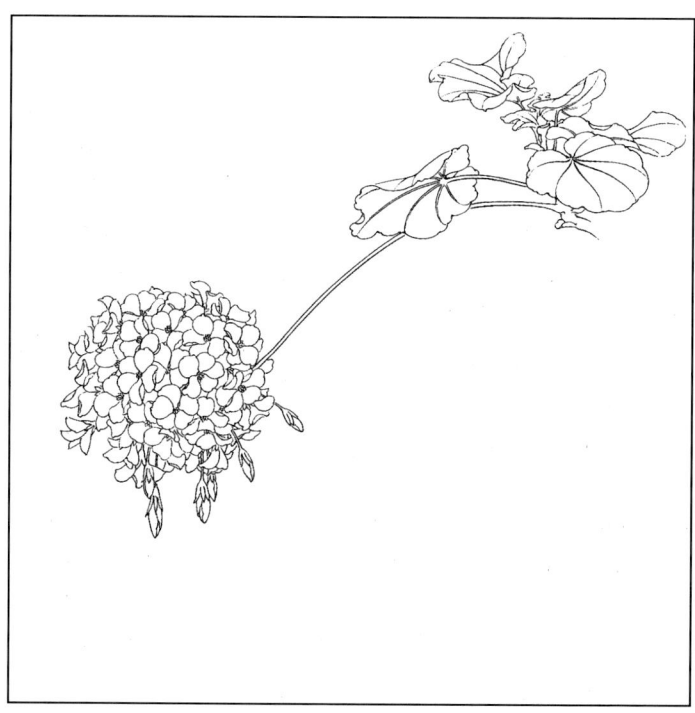

图 2.2.58 李长白《朵花摇枝不觉稀》

3. 构图法则归纳

构图法则的总要是前面一再提及的"对立统一"。研究之,是为了保证在构图处理的各环节保持清晰的思路。因为只有牢牢把握统一中的各对比要素如虚实、疏密等的运用理法,才能产生美的表现。由之李长白归纳的构图法则有"三要素"、"六要求"、"七任务"以及形式处理的"七要点"。

三要素是:一为境界,要深远明确,意趣坚定;二是构思,要出奇制胜;三是技巧,要娴熟生巧。三者是相辅相成、相互依存的关系。

六要求是:

一为气贯神连,"气势贯穿,神情归一,若山峦之一脉相承,如江湖之贯穿如一"。

二为主题突出,"定位运彩,突出主体,虚实衬托,显现情境;尤如月挂中天,尤如白雪红梅"。

三为对比调和,"运用对比处理形式,以求气韵丰富,形有节奏;运用调和处理形色,以求色有情调,形有旋律"。

四为单纯丰富,"内容、形色、神态多样,需统一于一个情趣,一种色调,一个形式风格中。内容、形色、神态单一,则求形态有风姿,意趣多韵味,神情有深度"。

五为旋律节奏,"对形象、色彩、势态、情趣处理,在局部中要有节奏感;在全局中要有旋律感,才能生动统一"。

六为平衡稳定,"布局要平稳,不能相对称,轻重自有分,必须求稳定。平衡有量的平衡、质的平衡以及力的平衡。"

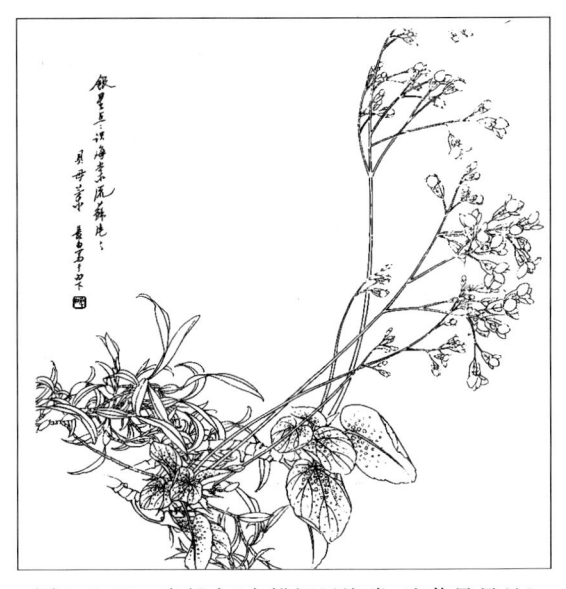

图 2.2.59 李长白《白描银星海棠、流苏贝母兰》

图 2.2.60 李长白《白描八仙花》

图 2.2.61 李长白《白描山茶》

图 2.2.62 李长白《白描日本瓜》

七任务是：

一为大势，"如房之屋架，船之龙骨，要气势贯穿，势情有变，节奏分明，动静有序，开合自然"。

二为宾主，"先按主体，后置宾从"而"从情从意"，"宾从任务在衬托"。

三为开合，"开即起，有平起、骤起、实起、虚起之别"，而开"高低偃仰之情"；"合即收，有实收、虚收之分"，而形收情未收，画尽意无尽。

四为虚实，"虚能走马，不落空泛；实不通风，莫使迫塞。虚中见实，此时无声胜有声；实中含虚，实景清而空景现"。

五为疏密，"要疏处疏，密处密；疏处全神全貌，密处就理就法。疏有清虚潇洒之意，而不嫌空松；密有层层掩映之情，而情趣自存。要防疏不见密而失神，密不见疏而气结"。

六为穿插，"穿其宽处，理其密处"是谓"穿插"，"上下接应，向背相顾；俯仰有情，参差有绪。大处结实，小处宽余；密处不犯，宽处不离。顺势藏变，逆势气顺；势过回之，势失补之。整中有动，乱中规矩，增减不得，精心审度"。

七为层次，"画无层次不见空灵，空灵不在，神情俱失。欲求空灵，要在虚实、浓淡、远近、疏密中苦心捉摸，细心经营"。

形式处理的七要点是：

图2.2.63 李长白《白描仙人掌》

图2.2.64 李长白《白描菠萝》

一为长短高低。"长见气,短见情。有长有短势不平,过长过短不相称;众短齐长都不好,量情合理求新巧。高低布置,上下气连,拒防失气,近防失势,求奇存理,制胜变法。"

二为远近宽狭。"近大远小,见情见理。主近宾远,近浓远淡,艳前素后,近实远虚,虽非绝对,亦是常法。宽宜厚实,狭宜灵秀,宽中防空,狭中防弱,宜在理中求,莫在怪中取。"

三为大小多少。"大小相称,不空不碎。多少得宜,不乱不稀。大处多处,厚实生灵;小处少处,精巧有神。"

四为向背隐显。"主向宾背,宾藏主显,向背互存,隐显互见。画无隐藏不耐味,画无显要不引人;莫谓景象有隐显,更有情意露与藏。"

五为俯仰呼应。"花有俯仰,花始解语;鸟有呼应,方见鸟情。势有偃仰,节奏动人;情有呼应,意趣自成。俯仰呼应,画之精灵。"

六为明暗浓淡。"平光之下看明暗,晓雾之中观浓淡。明和暗、浓和淡,随景情,来处理;浓中有淡淡含韵,浓浓淡淡来相衬。"

七为色彩配合。"随类赋彩,妙超自然。调和统一,趣归境界。主辅分明,方生美感。同度统一,模糊乏味。对比过强,火辣刺激。淡不显彩,无味神失。浓艳不和,谓之失俗。画情不同,色调有别,如何是好,实践掌握。"

以上几种归纳,出自他写生实践的真知。例如"三要素"的境界之深远明确,构思之出奇制胜,技巧之娴熟生巧,而明标"境界"为第一,乃一下抓住艺术表现本质的体现。确实,绘画表现如果缺了境界、立意,会如无头苍蝇般没有头绪。确立境界、立意的统领地位,则一切纲举目张。艺术实践告诉我们:境界定、立意明,如何画就自然产生,绘画的所有元素该怎样安排,就是很有谱的事。"六要求"的气贯神连、主题突出、对比调和、单纯丰富、旋律节奏、平衡稳定,是境界、立意下一气呵成表现中的具体要点,既是写生中的自然流露,又是审视写生画的大纲要领。关于"任务"与"形式处理"的各七点,其实都是对立统一之中各对矛盾的具体展示,为具体的构图法则。经李长白逐一阐释后,无一不成为对于花卉构图的心得经验之谈。如果结合他的写生作品一起看,能切实感受其无虚言。如图2.2.65 芍药写生,即景生情的境界与立意,画上的题句是说明:"日借轻黄珠缀露,困倚东风无限娇,春处看尽夭红晕,漫语淡妆,偏称泥金缕,不共铅黄争胜负,致后开时故欲寻,春去去,似朝霞,无定所,那堪更著催花雨。"这牡丹

图 2.2.65　李长白《芍药写生》

开后芍药开的暮春心情,取下垂势态而寄寓"困倚东风"、"春处看尽夭红晕"、"春去去"意;密组中的花动态则安排花势相随、花语相对而一寄"漫语淡妆"、"故欲寻"之情,而全图凌空处理的给人"无定所,那堪更著催花雨"悬想,更留下无尽的意味。诗意如此明确,构图的"六要求"以及构图任务及形式处理的诸要点,都在处理的不言之中。大势的"势情有变"也好,宾主的"从情从意"也好,疏密的"疏处疏,密处密"也好,开合的"高低偃仰之情"也好,虚实的"实景清而空景现"也好,穿插的"顺势藏变,逆势气顺"也好,层次的"空灵"也好,颇为妥帖而无懈可击。像这样的白描写生,在他一生亲自写生的白描花卉作品中比比皆是,例如所出版的《花卉写生构图》一书中300余幅花卉白描写生,全是体现。

第三节 鸟禽写生

鸟禽,是工笔花鸟画题材组成的另一壁。多年来李长白经积累而形成的教材系统,在认识鸟禽、研究结构、写生处理、设色方法等方面的研究积淀,特别在教学示范用图方面基本臻于完备,也成为教学的扎实基础。

一、认识鸟禽

认识鸟禽,着重于鸟的外部形态、生存习性、生活神情三点上。关于外部形态,是对于鸟的各部分如羽毛的羽域,还有颈、躯、翼、尾、脚、喙、眼等进行了较细致的生理性、类别性的分辨。例如翼有窄长型、宽槽型、尖长型、适中型、宽圆型、短圆型,各类型有哪些鸟,又各有怎样的生活习惯?关于生存习性,对于鸟鸣、鸟巢、鸟类求爱、鸟的飞行等活动特点进行了关注,例如说鸟巢,其上至天空,下到地穴,林间水上,悬崖海角,山丘沙地等都能各取所需,用料之广几乎与筑巢鸟的种类一样多,形态也各有其妙。关于生活神情,他将前人对翎毛一般生活习性的观察体会作了介绍,因写得如诗一样美,选择摘录如下:

饮:饮鸟如欲下,入喉颈便伸。
食:食鸟势若争,体态有不同。
喜:舒翅鸟心欢,伸颈喜若鸣。
鸣:引首便开口,绿荫传巧音。

飞：欲飞先动尾，展翅便高飞；飞翔势在翅，双足后拳伸。
停：停枝巧安足，必有顾盼情；青青茅草地，稳踏静不惊。
宿：晚风吹宿鸟，误认是雏新；瞑目如初月，嘴爪羽中寻。
栖：叶茂花正好，花好双栖鸟；交喙情意合，依偎态亦多。

像这样了解鸟禽在某一特定状态下的动作及其情趣，是画鸟做到"神情逼肖"的生活基础。学习者知道一点鸟的常识，熟悉鸟的生活习性，对于进入诗情画意以及高尚情趣的花鸟画表现，都是必要的前提。

二、理解结构

图 2.3.1 是李长白根据鸟禽速写的整理稿，能看到由于把握了形态特点，动态之变是那么的自如。由此，我们

图 2.3.1 李长白《鸟禽速写整理》

看到李长白研究鸟禽结构的"鸟形不离球、蛋、扇"（图2.3.2），是对前人理解鸟禽结构的继承与发展。前人理解鸟禽结构，虽然也看到了鸟禽身体的"卵形"特点，如《芥子园画传·翎毛花卉谱》中记录的"画鸟全诀"中云："须识鸟全身，由来本卵生。卵形添首尾，翅足渐相增。"但是，除了鸟禽身体的"卵形"外，进一步将其头部概括为"球"形，尾部概括为"扇形"的，是李长白。这样概括了的最大好处，除了好记外，就是对于画鸟动态的掌握很方便。并且意味着：学习者完全可以像做游戏那样，依据鸟的生理特点任意摆布"球、蛋、扇"之间的关系，从而生动的鸟禽动态可以层出不穷地画出来。特别是画变化不停小鸟的灵动感，只要抓住其球、蛋、扇之间的关节之变，就能做到如神在手地既快又准地画好。图2.3.1中小鸟尾虽变扇形为楔形，但

图2.3.2 李长白《鸟形不离球、蛋、扇》

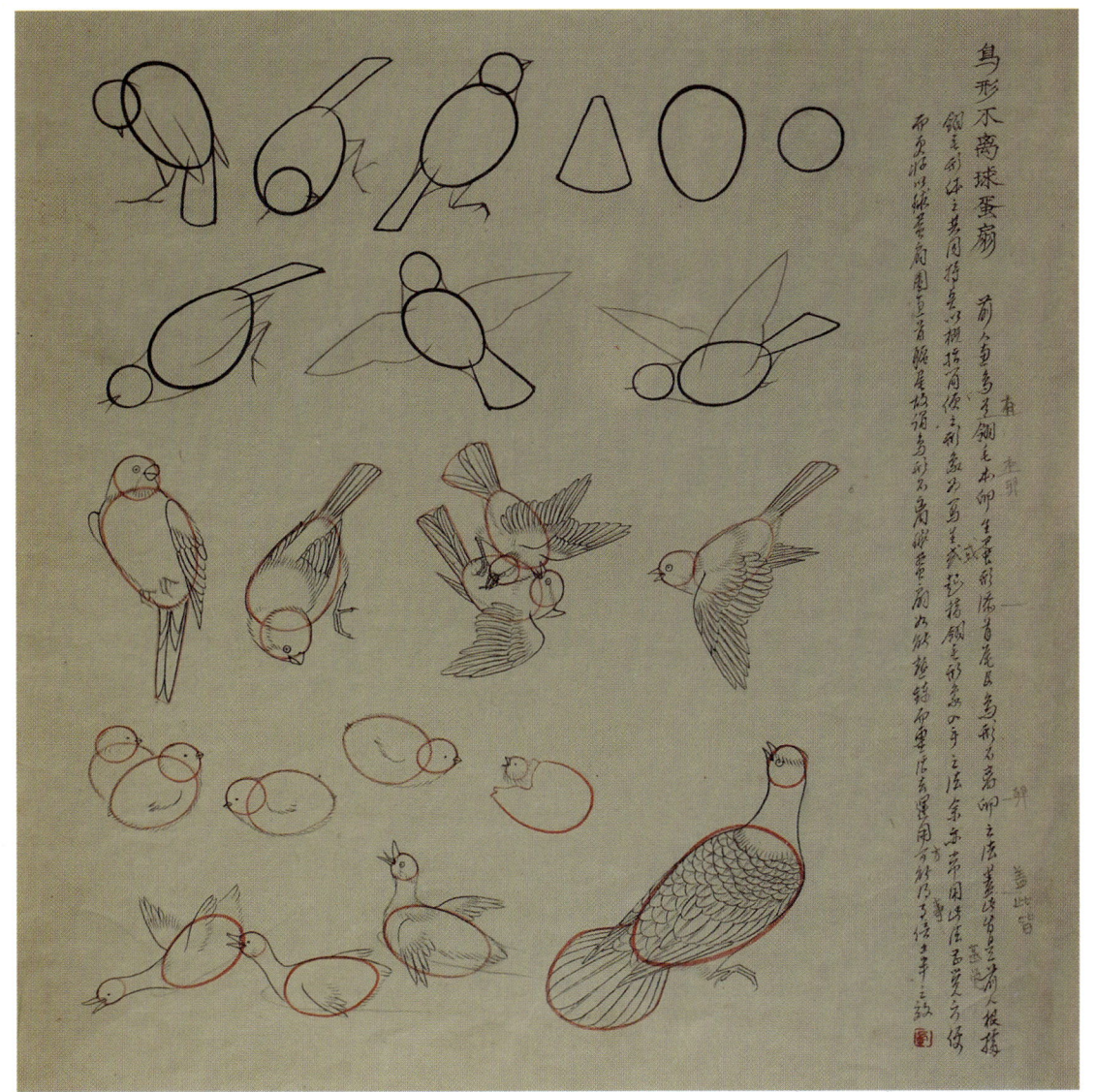

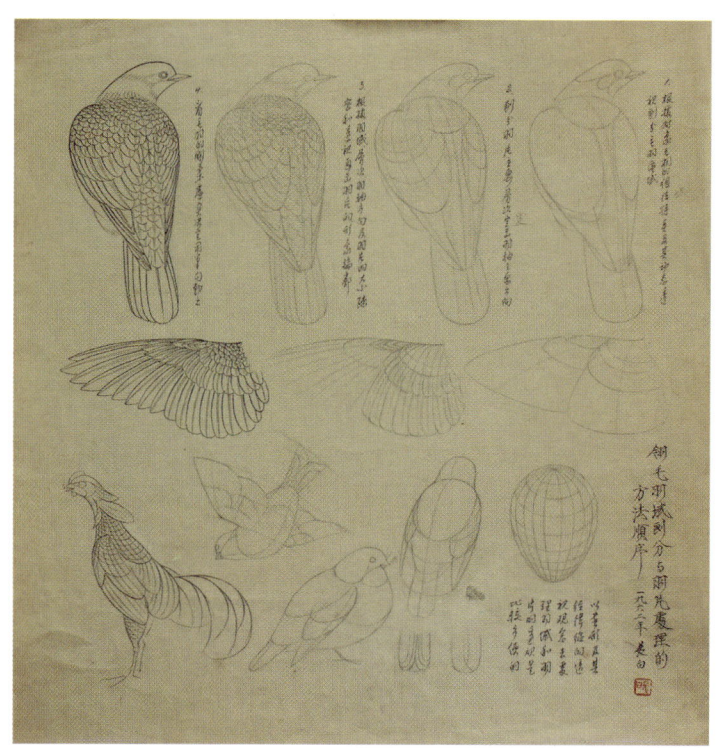

图 2.3.3　李长白《羽毛生长有经纬线的原理》

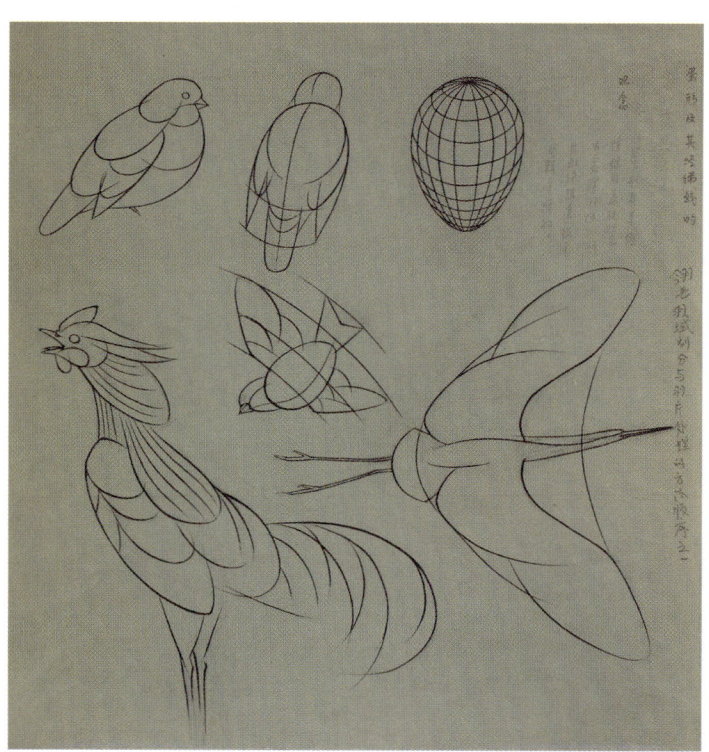

图 2.3.4　李长白《鸟的羽域羽片》

结构关系未变。在躯干的蛋形上，发现羽毛生长的经纬线原理(图2.3.3)，并对处理鸟的羽域羽片(图2.3.4)带来很大帮助，乃李长白理解鸟禽结构的与众不同处。

以外在形态结构的理解为基础，结合鸟禽骨骼结构(图2.3.5)的解剖了解，是他对鸟禽教学的结构理解之道。鸟禽喙、胫、爪的骨外露结构，与动态一起都是传神表现和细节表现的要点。

图2.3.5 李长白《鸟的骨骼结构图》

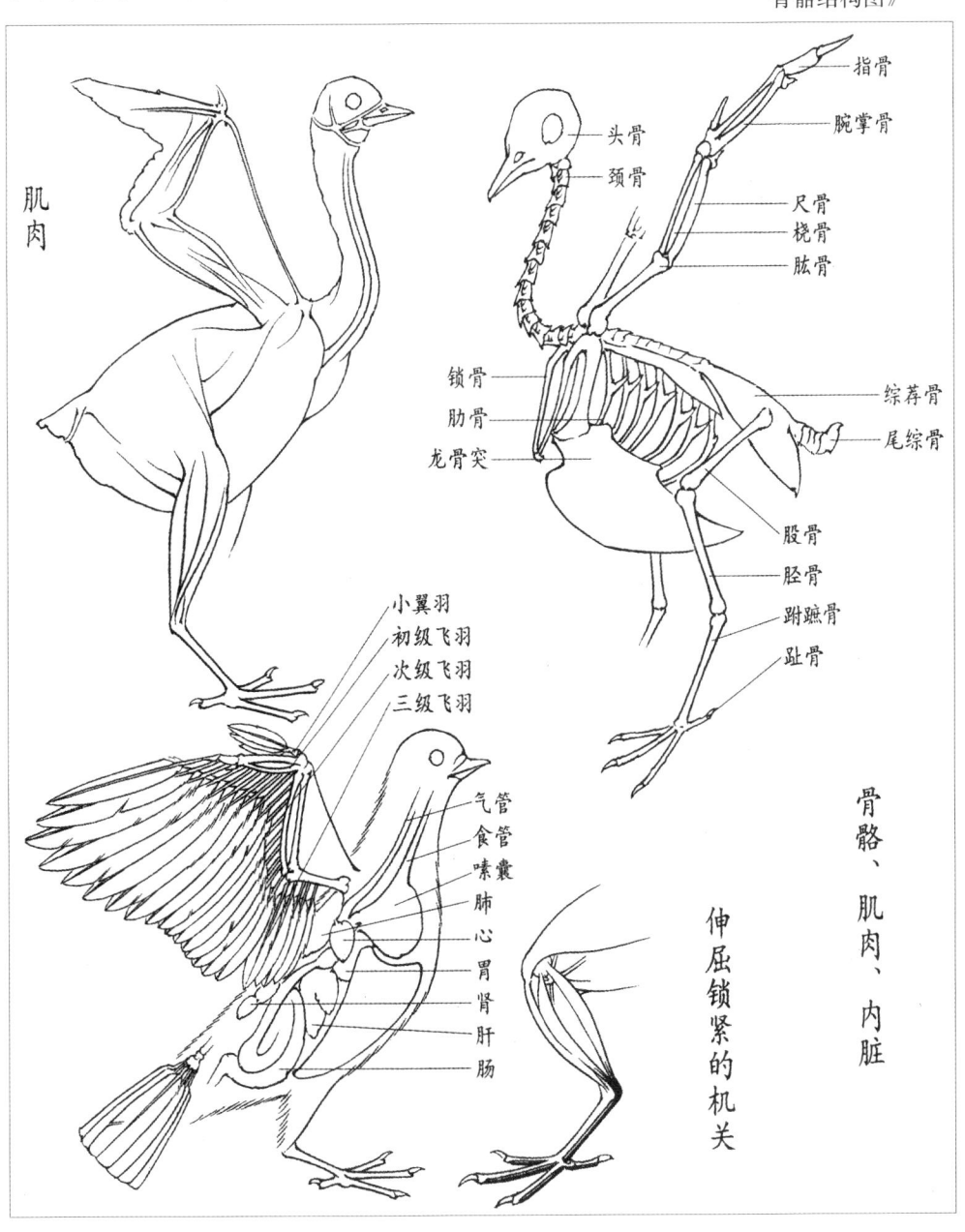

三、写生与整理

要使所画鸟禽永葆生动与美的源泉,惟有牢牢把握"写生"这一关。关于如何把握,在目前李长白留下来的没有发表的有关文字中有两处表述。

其一云:

"写生要抓住七个关键,而以抓住神情意态为中心的抓动态、抓组织、抓特点、抓关系(各部形象在某一生活的动作中变化的关系)、抓角度,最后运用形式美的法则,在总的境界立意指导下来处理美化形象。"①

其二云:

"写生以抓神情为中心的抓动态、抓特点、抓关系等五个方面来进行:

(1) 抓神情。就是首先要从生活的运动中去观察体会神情的感受。什么是神情的感受呢?就是像上面例子中所说的黄鹂儿、画眉儿的'悠然自得,引首高歌'的神态意趣。

(2) 抓动态。就是要从运动过程的不同的动态中,选取在表现形式上能充分体现神情的动态对象。亦例如那黄鹂儿在'悠然自得,引首高歌'的活动过程中,有各种不同的动态对象,更有各种不同角度的动态对象;那么在这许多不同的形象中,我们要选取在表现形式上能充分体现这种特定的神情的动态形象来入画。

(3) 抓特点。就是要分别认识到所描绘的那只鸟,在它习性上、形象上、色彩上、毛羽的形态组织上与一般的鸟有哪些共同点和不同的特殊性,以及在这运动中各方面变化的特点。

(4) 抓关系。就是在一个动态中,它的头、颈、身、翅、尾、足等各方面的变化统一关系。

(5) 抓组织。就是在某一个运动的形态中,各部分形象组织上的变化、毛羽形象组织上的变化,以及因

---

① 李长白关于鸟禽的教材《鸟禽工笔写生设色技法》已由天津人民美术出版社 2009 年 5 月出版,其出版的文字由我整理定稿。此处研究的文献,则依据原稿。这段话摘自李小白整理的李长白鸟禽教材文字稿《翎毛的表现提要》。

透视上的关系引起形象组织上的变化等的关系。"①

要指出,以上的"七个关键"与"五个方面",是李长白生前来不及进一步整理的文字。虽然尚有说法欠统一、表述欠精练的问题,但基本意思还是显而易见的。如果整理一下,是否可以这样表述:

鸟禽写生要抓住五个要点:神情动态、品种特点、关系组织、透视角度、形式美法则。

(1) 神情动态:鸟禽神情要从生活的运动中抓,如画眉"悠然自得,引首高歌"的神态意趣,会有一连串动态反映。动态,变化于鸟禽自身,也变化于画者角度。要为传神尽生动之变。

(2) 品种特点:所画鸟禽的特殊性与具体性,在形象、习性、色彩、毛羽形态组织和运动中的特征。

(3) 关系组织:头、颈、身、翅、尾、足的结构关系要协调。

(4) 透视角度:特定角度有特定透视,让透视增加美感。

(5) 形式美法则:依据虚实、前后、多少等的对立统一关系处理鸟禽造型。

经此整理后,能简明扼要地表达李长白的思想。该思想,具教学指导意义。可能还要补充说明的是,"五个要点"中有两项内容:一是写生,一是整理。而"写生"又包括了速写和慢写,前者是以敏锐力快速记写鸟禽的瞬间动态,后者则以理解力较慢记写动态形体比例、羽域羽毛组织形态及色彩。此外还有默写,以记忆力和想象力去画理想的鸟禽动态。贯穿于速写、慢写、默写的造型能力,一是依据于鸟禽结构的熟悉理解,二是根基于形式美法则的掌握程度。而整理,是造型能力的综合表达。"五个要点"贯彻的精神可以用一个字表达:"活"。即活灵活现地、灵活生动地画出鸟禽的神情意态,是写生的目标。

李长白的鸟禽写生,有一批习作可以作为写生的示范。首先是画在一些信手拈来的纸上的速写,如《麻红山椒鸟写生》(图 2.3.6)。纸是笔记本上撕下来的,用蓝黑墨水的钢笔线信笔勾写了大形及其形内的羽域后,还记录了鸟身上各位置的颜色,如头部的"黑",背羽的"黑",

---

① 摘自李小白整理的李长白鸟禽教材文字稿《翎毛的表现提要》。

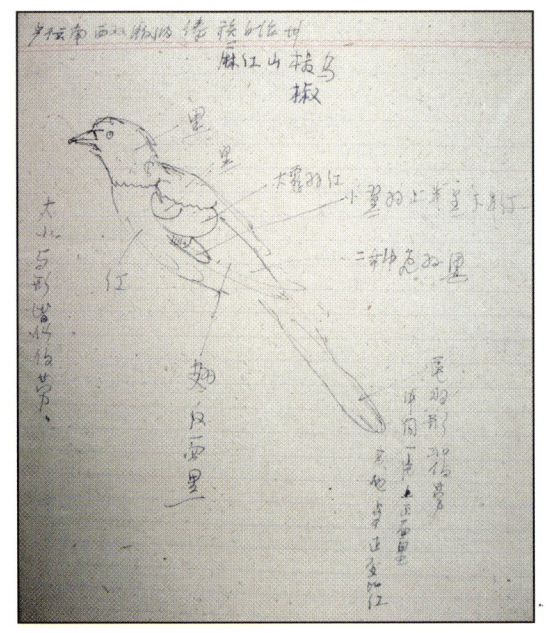
图 2.3.6 李长白《麻红山椒鸟写生》

图 2.3.7 李长白《小绿鸟写生》

翅羽的"大覆羽红"、"小翼羽上半黑下半红"、"翅反面黑"、"两种飞羽黑",腹部的"红","尾羽形似伯劳,中间一片上正面黑,其他与正,反加红"等。上方顶端横写了一句"产于云南西双版纳傣族自治州",右边竖写了一句"大小与形皆似伯劳"。从钢笔线的沉着用笔里能见一种静心,还有科学的态度、严谨的精神、勤奋的习惯。

图 2.3.7《小绿鸟写生》,是结合了水彩色的速写。绿色的头羽、背羽,青色的复羽、尾羽,黑色的翅羽和淡绿色的腹羽,还有土黄色的喙与脚,真实记录了小绿鸟的色彩特点。在画的上下方空白处,也是用蓝黑墨水的钢笔作了有关记写。上为"云南西双版纳傣族自治州小绿鸟,形如黄鹂,大小亦同,尾较长。嘴、足枯黄色,冠及颈石绿色,下颈及胸至尾、下覆羽石绿色由深渐淡,大小覆羽及尾淡孔雀兰,背尾荧青灰"。下为"眼青黑丝织色,次组飞羽及尾尖有银白毛,二种飞羽黑色"。在这张约 32 开大小的纸上,透明水彩色下的铅笔线清晰可见,用线幽柔中的肯定,表明了对鸟禽结构的准确理解。与之大小相同、质地也相同,大概时间亦相近的另一习作《鹦鹉写生》(图 2.3.8),也是对自然鸟禽写生的色彩记录稿,头部色彩由青灰转向青紫灰的变化之微妙,顿生静韵。另外鹦鹉身上绿色调的丰富,在各羽域的明确范围内,极尽淡灰绿、淡紫绿、淡青绿、淡黄绿、淡草绿、淡翠绿、淡橄榄绿、淡水绿等的变化,既整体又耐赏。又在左边记录了的绿鹦鹉的腹部淡灰红

图 2.3.8 李长白《鹦鹉写生》

色,也既是色调真实又是格调高雅的表现。

  对于自然鸟禽的研究,有一组记录了自然鸟禽形态特征与毛羽颜色的写生整理稿(图 2.3.9 是其中之一,图见下页),值得引起注意。画面感觉理性有序、从容不迫,故结构严谨、透视准确,在特征鲜明之中尽动态生动。那种只有在充分时间保证的沉着推敲中才会出现的见方用线,把每个羽域甚至每片羽毛都加以了清晰的表达。特别是,铅笔线条之中不时用水粉色表现的鸟羽色彩之画,因每笔颜色都是在结构准确、色调和谐沉着的前提下的理性用笔,所以甚至把体积感都惟妙惟肖地表现了出来,这应该是他研究鸟禽的结构与色彩特点的一批习作。例如图 2.3.10 白腹锦鸡写生,用铅笔线严谨抓形,羽域之线皆合整体透视,其用线与前面速写图例中爽利用笔不同,是那种因推敲而产生的圆中见方之复线,结结实实地体现了结构。在这基础上的羽毛颜色表达,是遵循了既客观写实又主观处理的原则去画的。如画面上一些红色自头部到尾羽的由红至橙渐变,是色调处理的所为;而生活中的白腹锦鸡尾羽上则是红色。因为尊重客观自然,所画白腹锦鸡

图 2.3.10 李长白《白腹锦鸡写生》

图 2.3.9　李长白《鸟羽色彩写生》

图 2.3.11　李长白《斑鸠写生》

有如图案画,既线条明确又色块鲜明。还如图 2.3.11 斑鸠写生,是一种栖姿的多种角度写生的研究图例,姿态有正背面的、正侧面的、左侧的、右侧的、七分左侧的、七分右侧的、颈微收的与微伸的等。角度虽不同,准确理解结构而划分羽域的线条之运用则相同。另外客观写实记录的色彩,也是据于羽域而详于羽片,如左边的正侧斑鸠翅羽重在羽域部分整体处理,右边的七分背侧者则在整体基础上重在羽片的局部处理。同时非常注意整体色彩变化,如从头部的青灰色到尾部赭灰色的渐变;也非常注意局部色彩变化,如颈羽部分的石青、翅羽上的赭石处理,从而皆具韵律感和节奏感。与上图对比鲜明的白腹锦鸡写生相比较,斑鸠写生则属统一色调的处理。像这样不同的自然鸟

禽色彩,李长白皆曾认真研究过。在他的遗稿中,有一段对鸟羽色彩进行归类总结的文字:

"为什么鸟的色彩同花一样,在自然界中特别使人感到美丽悦目,是否因为具有以下几个原因:

(1) 羽毛的色感干净而有光泽,鲜艳醒目。

(2) 具有简洁明快、繁而不乱带有装饰性的花纹。

(3) 单一色的羽色特别明亮耀眼,白的白如雪(如白鹭),黑的黑如绒(如八哥),红的红闪闪(如红鹦鹉),绿的绿油油(如小绿鸟),黄的黄灼灼(如芙蓉),翠的翠欲滴(如翠鸟)。

(4) 同次色的鸟,它的羽色深浅自然,浓淡得宜,富有柔和和幽美的美感(如伯劳、灰鹤、绣眼)。

(5) 类似色的鸟,它的羽色鲜明统一,深浅有序,闹中有静,静中有闹(如太平鸟)。

(6) 对比色的鸟,它的羽色黑白分明,红绿相对,地位对称,面积适当,大小得宜,明快而突出,鲜艳而华丽(如丹顶鹤、五色鹦鹉、绶带等);丰富多彩,五色缤纷(如孔雀、雉鸡、鸳鸯等)。

(7) 以上各种不同色调的配合,生长在各种灵巧的不同体态上,更衬托在不同景象、不同色调、不同时间和不同气氛的自然环境中,所以更使人觉得美妙悦目,富有诗意。

总括来说有三个原因:一、羽毛干净光泽、富有装饰性的花纹,充分具备整体、变化的美感。二、色彩的单纯明快,丰富调和,具有华丽、素净、明艳、幽美等色调的鲜明性的快感。三、有灵巧体态的配合,有美丽环境的衬托,有诗情画意的境界。这就是鸟的色彩为什么使人感到特别美丽悦目的道理。同时是否亦可以说是'如何使色彩悦目'的'办法'。"①

把鸟羽色彩归类成单一色、同次色、类似色、对比色,而且其色感特点的"干净而有光泽,鲜艳醒目",附着在"各种灵巧的不同体态上",反映了他对客观自然鸟禽的认识理性。鸟羽色彩经他这么总结后,简单、明了、好记而容易掌握,画起来因有明确的色彩秩序感而易把握节奏感与韵律感。

---

① 摘自李小白整理的李长白鸟禽教材文字稿《翎毛的表现提要》。

图 2.3.12 李长白《黄冠白鹦鹉写生》

将写生整理成适应工笔要求的线描稿,是工笔花鸟教学中的重要环节。如图 2.3.12 是写生自动物园的黄冠白鹦鹉,由于这种鸟的体形较笨而动作变化频率不是太大,所以可以比较从容地写生。例图所展示的对于形体羽域结构的理解,工笔整理的羽毛细节表现,头部黄冠的生长结构刻画,表明了工笔整理的思路。培养了一定的基本功后,到生活中去写生鸟禽更重要。图 2.3.13 小鸭写生表明:鸟禽动态来自生活,而毫不含糊的情态细节表现,能加强生活气息。该造型捕捉了小鸭休闲理毛的瞬间,那种惬意的神情体现在扁扁嘴巴伸进腹部绒毛内而眼睛微闭的细节上。因此眼睛与微隙嘴巴的结构与透视描写之细,使每一根虚实相生的线条都刻画得耐看得体。而与此协调配合的是那只在惬意之中不知不觉微微提起的足蹼,小鸭的情态经此又得到自然而然的渲染。于是,眼睛、嘴巴和足蹼既成为了该动态传神的中心,又是外形变化的中心之处。衬托该中心的其他处理如背羽、翅羽、尾羽等部分,亦因透视准确、结构严谨而使该造型臻于完美。

如果说像小鸭这样的造型因与人们视线很近而可近处观察的话,那么离人们视线较远的如鹰隼的高空飞行,就要靠推理进行写生整理了,如图 2.3.14 鹰隼写生,看来是在片片羽毛的细节中完成的鹰隼雄搏刚健的凌空巡视姿态,如果对于鸟禽结构在飞翔中的透视变化没有想象力的话,就没有进行写生整理的可能性。从该图中下面两个画得较小的鹰隼飞翔动态来看,整理的思路,关键是要把握几根主要的动态线如躯干与两翼的前后正转反侧之线,抓好了这几根线其余的就能纲举目张。因为细节的羽域羽毛,全被这大势所统一。上面画得较大的那只鹰,正是在那样的整理思路中,有条不紊地处理了主线与羽域羽毛的关系才有理想效果的。其细节处理的精湛,可以在眼、喙、爪、翅羽的透视、每片羽毛线条的走势等处感受到。特别是透视变化较大的前一翅羽处理,飞羽边线的 S 形要在形式美中体现力度,该线不等分的上长下短、上弧下圆,既助上面的初级飞羽如泰山压顶般的气势,又助下面的次级飞羽与背羽结构的紧密联系。上面初级飞羽内面每片羽毛的弧度处理,强调了球冠般体积感,那是一定要用被立意主导的想象力去完成的;鹰隼的巡视动态之传神,处理好此处的细节是特别的关键所在。如果说上面初级飞羽处理好比是从内里去看球冠体积的话,那么转向下面的次级飞羽处理,则好比是从外部去看球冠体积。如此一正

图 2.3.13 李长白《小鸭写生》

图 2.3.14 李长白《鹰隼写生》

一反之转换,把鹰隼凌空奋翅的力量感充分地表达了出来。该翅羽处理还值得一提的是外形,由于下面次级飞羽的圆弧形略挡掉了一些内翅的桡骨直线而美。如果离开局部回到整体审视该鹰隼造型,则不难发现对立统一要素运用之得当:翅膀的奋飞上举与躯干的弯曲下压,前翅极尽透视之变的窄与后翅透视之变不大的宽,由此决定的外形处理,是上面凹凸变化跌宕起伏的强烈感与下面凹凸变化较趋缓的平和感的对比而美。

在整理鸟禽工笔线描稿时就势画成构图,也是教学中的一个内容。如图 2.3.15《春日喂雏》与图 2.3.16《山涧翠鸟》所示,前者利用喂雏的子母两鸟动态,营造了一个叶掩枝映的植物环境;后者则根据翠鸟动态设计了边角构图,将低头觅食与将拢翅膀的动态推至左上角,而巧妙设计的将栖大石,则让人联想下有潺潺涧水。像这样的绵绵情意之出,是进入花鸟画的表现。

图 2.3.15 李长白《春日喂雏》

图 2.3.16　李长白《山涧翠鸟》

图 2.3.19　李长白《工笔鸟禽整理之三》

图 2.3.17　李长白《工笔鸟禽整理之一》

图 2.3.18　李长白《工笔鸟禽整理之二》

图 2.3.20　李长白《工笔鸟禽整理之四》

第四节 技法表现基础

　　工笔技法,在数千年的中国绘画史中产生、发展而绵延至今,而后人学习的方法以临摹古画为要。如从北宋宣和年间徽宗赵佶在画院中培养宫廷画家到现在艺术院校的工笔课学习,无不是以临摹古画为教学方法来学习技法表现的。然而,具体的古画因具体的作者所显现的个性,未必是学习者的福音。尽管从艺术创作的角度应该首肯个性,但从艺术基础教学的角度却应该反过来首肯共性。"共性基础越深厚,个性创造才越有价值"的道理,是那么清楚地铺陈在千年绘画史之中。那么,工笔花鸟画教学中的技法表现基础之共性是什么,就成为了有理论头脑、理性精神的专家学者必然思考的问题。将此共性的东西总结出来,对于专业教师来说,是自觉,又是任务。

　　李长白整理的工笔花鸟技法表现基础,有他编绘的《花卉设色图谱》、《鸟禽设色图谱》两本教材作为成果体现。但其画法,分为白描、勾染、没骨三类。为了研究方便,下面展开时分白描勾线、花卉晕染法、鸟禽画法三个方面进行探讨。

一、白描勾线

　　白描,是单纯运用墨线来表现物象的一种画法。是工笔画立形的依靠,也能成为一种绘画形式。李长白教学的白描勾线学习,有基础练习与白描表现两个部分。基础练习,是从把握笔性的起笔、行笔、收笔及质感表现的学习中体会用笔、用线。因为自古以来"用笔"这个概念,既包含了"造型"内涵的全部要求,又包含了"骨法"的线条要求。而"骨法"之道,有具体而微的方法,其经千年积淀,早已形成了行之有效的训练程序。李长白的技法研究,从这里开始。

　　图2.4.1是一组基础练习线。其目的与要求是:"主要训练指、腕、肘、臂的准确性和灵活性,对用笔运力的掌握。"具体要求为:"初学时要顿挫分明、停行明确、粗细清楚、笔意自然,要不被求准确所束缚;等到初步掌握了用笔,再求准确和生动自然。"所谓"顿挫分明",顿是起顿之笔,挫是转折之笔,从起顿到转折的用笔动作要清楚分明。"停行明确",停是停留之笔,行是行走之笔,两个动作也要

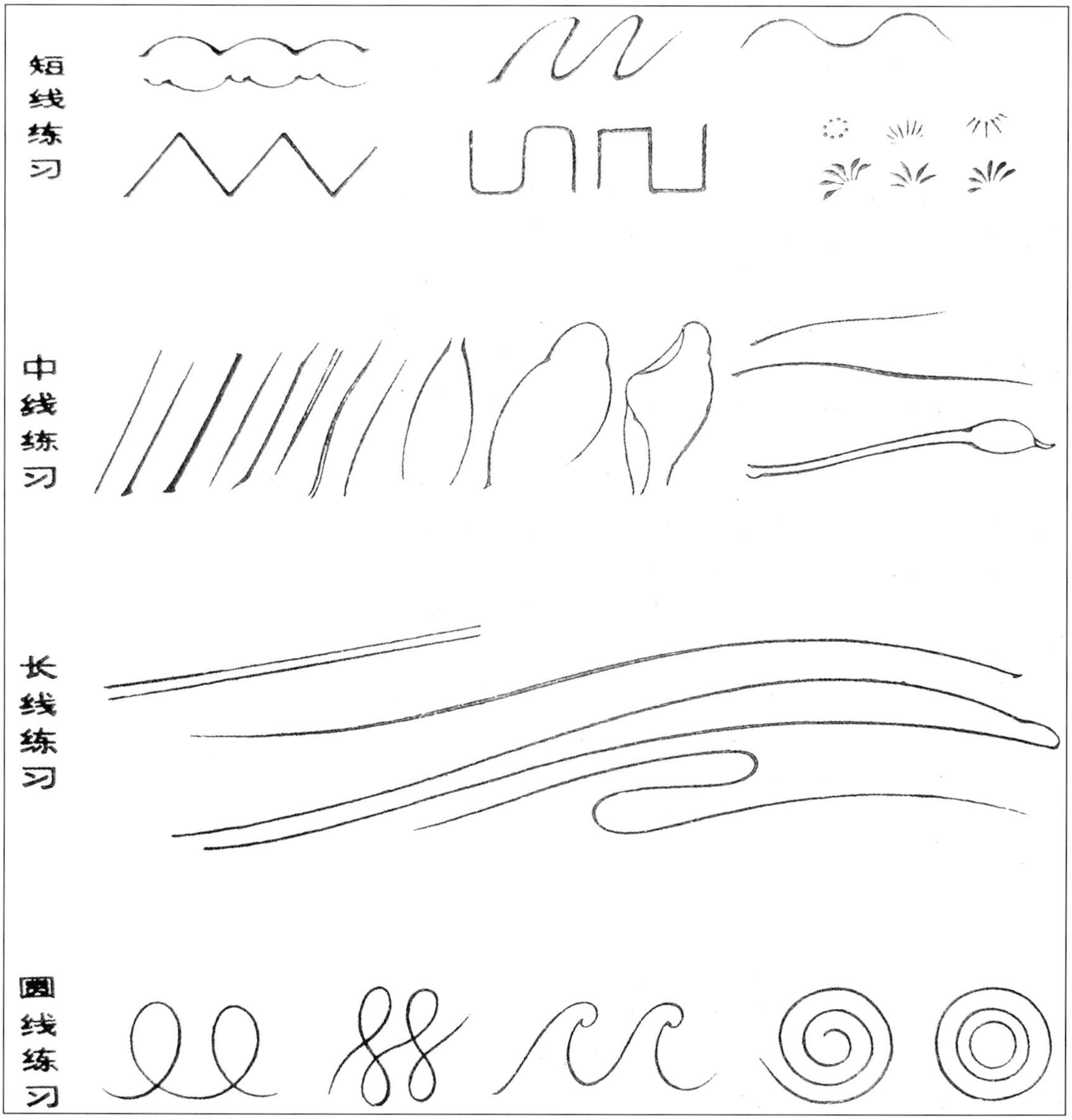

图 2.4.1(a) 李长白《基础练习线 1》

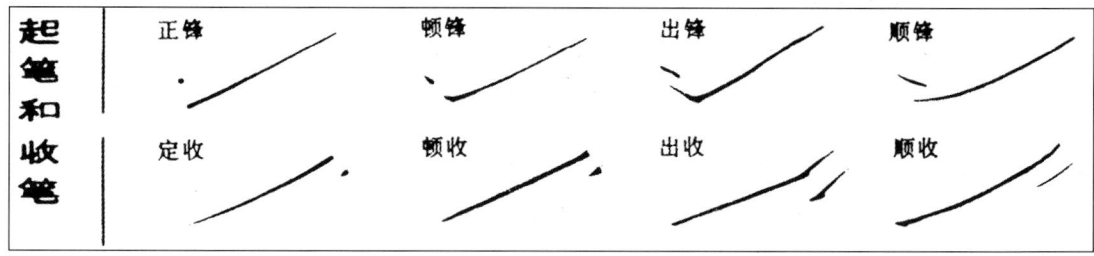

图 2.4.1(b) 李长白《基础练习线 2》

确定分明。"粗细清楚",该粗处粗,该细处细,绝不含糊。"笔意自然",以把握笔性为基础的自信运笔之天成,没有蹉跎与踌躇。"要不被求准确所束缚",是说毛笔运线临摹时常有偏离范画原形的时候,此时要听任毛笔的气贯如虹,如果拘束原形则偏离笔性远矣。理解了要求,我们来看这组基础练习线。关于"顿挫"、"停行",在起笔和收笔、短线练习、中线练习的三节最为明显,起笔的顿锋、出锋、顺锋和收笔的出收以及一些中线练习,是练习顿、停、挫的运笔。起笔的正锋与收笔的定收、顿收、顺收等,还有短线练习、中线练习的一部分,是练习停与行、行与停的运笔。而中线练习内的花瓣之形,则是综合练习的运笔。接着长线练习主要是练习行笔,行云流水般的笔线要不飘不浮而有力,乃为基本功的要求。

当对笔性有了一定的掌握后,就要临摹具有透视转

图 2.4.2 李长白《枝梗形质表现》

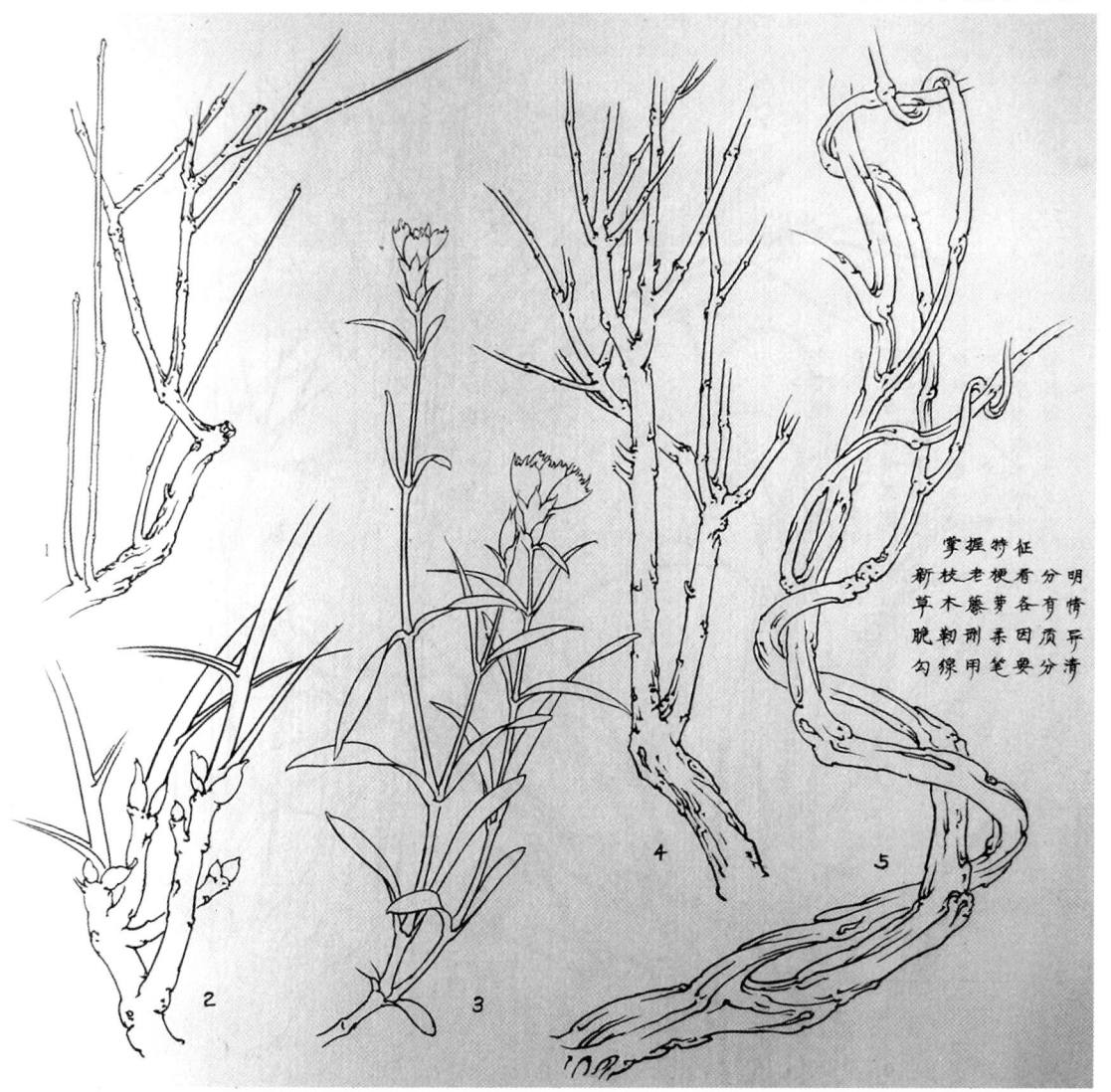

折、形体质感的白描范画。因为笔线只有体现了具体形象才有意义。例如图2.4.2白描表现的枝梗形质,不同形质的枝梗赋予不同意念的运笔就是说明,该图上题云:"新枝老梗看分明,草木藤萝各有情。脆韧刚柔因质异,勾线用笔要分清。"扼要地阐述了他的用笔观。图中的"1"为木本梅枝,质地坚硬,感觉刚劲,老梗横斜,新枝直发,用笔顿挫分明,劲硬刚健。"2"为牡丹,因是木本之上的草质花枝,木本没有梅梗那么硬,故用笔减少顿挫但刚劲饱和,草质的壮实有力,用笔无顿挫而铁线流利,上下两种质感给予两种笔致。"3"为草本的石竹,质感光洁柔挺,形态潇洒文秀,随之用线圆柔流畅。"5"为紫藤枝干,质感坚韧,梗如曲径,枝若盘蛇,故用笔慢停宛转而笔势柔韧相兼。另外表现花叶的白描运笔,前例图(图2.2.6)的美人蕉叶、白菜叶、牡丹

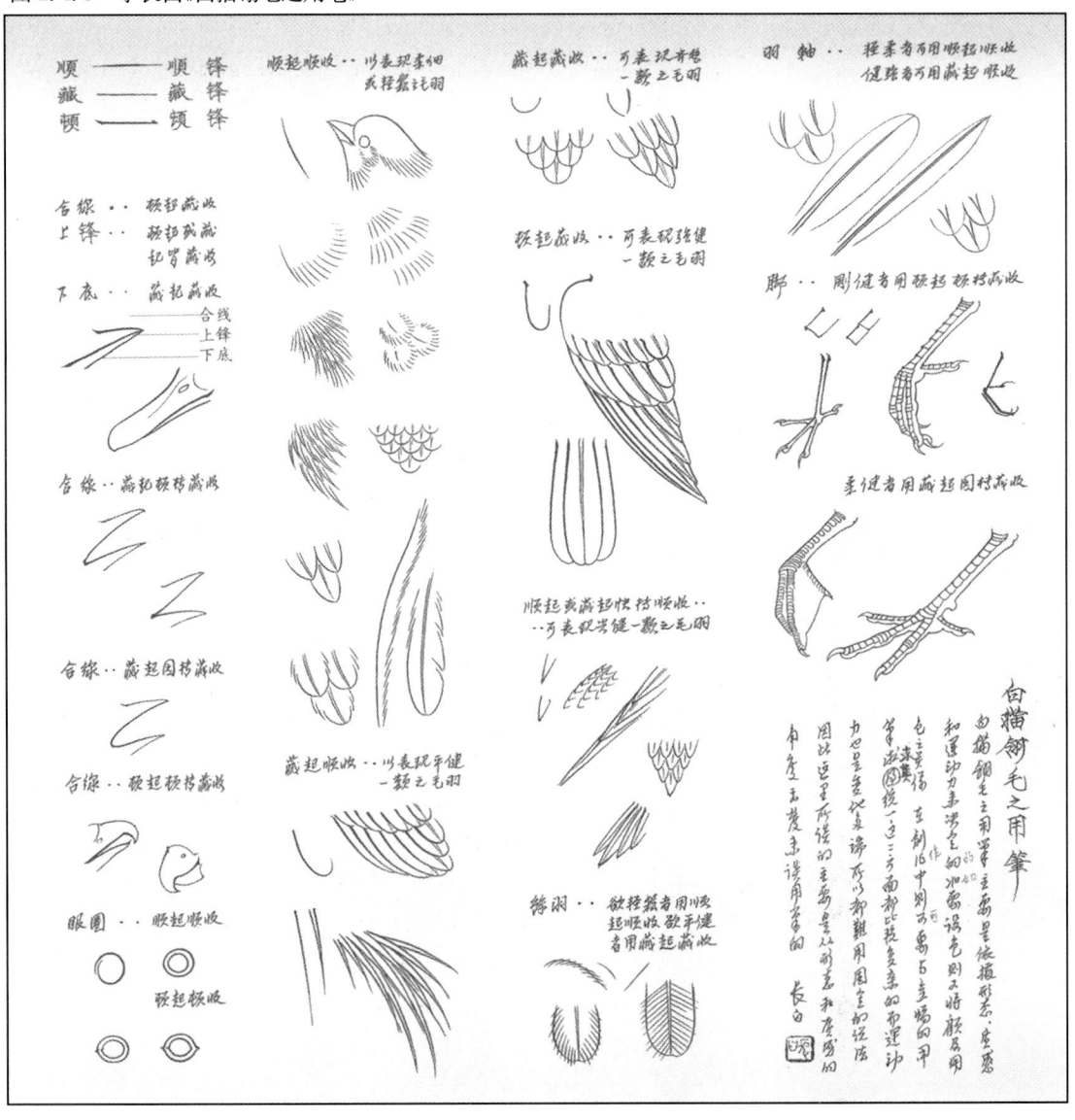

图2.4.3 李长白《白描翎毛之用笔》

叶等的处理之婉转得体地表现了透视转折,亦为说明。

　　基础练线与表现具体形象之间的关系,还见图 2.4.3 之所示。如画鸟喙,进入骨以坚硬的质感,以顿起藏收、顿起或藏起皆藏收、藏起藏收的用笔来勾线,而得骨力劲划;画松软的羽毛如头羽、颈羽、腹羽等,进入柔细松软的感觉,以顺起顺收的笔法画两头轻、中间重的短线;而画坚挺的飞羽如初级飞羽、次级飞羽、尾羽等,进入韧劲挺健的感觉,以藏起顺收之笔画羽轴,顿起藏收之笔画强健毛羽;画鸟脚,刚健者用顿起顿转藏收,柔健者用藏起圆转藏收的笔法;总之其用笔主要依据形态、质感以及运动力来决定。这样的基础练习之用笔思路,应该成为一种习惯。

　　白描也是一种工笔花鸟画的表现形式。其与基础练习重在体会顿挫、停行等运笔技巧不同的,是"要用情趣、意趣来指挥用笔"。他说:"如果一幅白描作品,一眼看去,就被画中事物的情意气氛感染了你的情绪;而后你才看到具体形象的美与丑;然后你发现了线的旋律性,用笔的动静、刚柔,感到一种艺术的完美享受。这才是一张好的白描作品。反过来说,给你看到的,只是笔的停行起收,线的刚柔动静,或是墨的干湿浓淡;而不见形态的美与丑,分不清形象的是与非;形神俱失,情意无存,这叫做有笔无情,也就是无笔。"(《花卉设色技法·白描》)看他白描代表作《白描菊花》(见图 3.1.12),可以直面情、意、韵的感染力。在这样的感染力前,一切的勾线要领、技巧全不是首先被注意的,因为已化入作者的思想感情之中,如同进入自然而然呼吸的生命系统,只见生命的情韵活力,不见解剖意义的骨骼肌肉那样。

　　关于白描,李长白还有一段话也值得注意:"白描看来简单,实际并不容易。因为它不能借助色彩和明暗的作用,只凭线条来表现物象的形、神和质感,没有高度的概括,是很难处理得完美生动的。所以在写生处理时,要特别注意形态的生动、组织的明确、透视的自然。构图上的虚与实、疏与密,力求对比强、层次明。至于用笔,则应'白描工夫,半在笔端'。用笔务求刚柔相济,顿挫分明、流利生动、富有韵律感,防止笔夺形神,刻板油滑,杂乱松散。"(《花卉设色技法·表现方式》)从图 2.4.1 的基础练习线到《白描菊花》的创作表现,我们可以体会到李长白从教学方法到艺术表现的那种卓越理解。

二、花卉晕染法

在李长白编绘的《花卉设色图谱》中，涉及花卉晕染的画法有勾染、没骨两类。这里主要从前者，因为后者不是他教学中的重点。他在教学中的技法重点是勾染法，"勾"如以上展开，"染"之心得亦深。这里所谈的"花卉晕染法"，是为了能更一目了然地直探他教学的技法特点。

李长白花卉晕染法的精华体现，见他分列的墨彩、淡彩、粉彩、重彩并相配的设色图例表现。所言"精华"，是因为其染法在清心状态得墨清、色清、水清，步骤有序而效果秀丽清妍，从而得中国文化的工笔表现之要。同时其染法充分体现了千年以来工笔花鸟画技法表现的共性特点，对于教学之道的理解颇深。

关于"染"，可能有必要介绍一下。"染"是"晕染"的简称，一种使颜色自深至浅而均匀无痕的上色方法。具体为：用染色专用的双管执笔法（右手在保持写毛笔字时那样的抓笔姿态中，于中指与食指间插入另一支毛笔，横架在已抓了的竖起的那支毛笔后的虎口上，然后配合中指、大拇指协调换笔）执笔，交替使用手上的一为色、一为清水两支毛笔，这是"染"的笔法。染的方法为：先上色于纸面，接着用清水笔将颜色晕染开来，染时的渐染渐淡，直到看不到一点色痕，是为要求。其中把握的要领是：注意两支笔的含水量，色笔的含水饱和度应稍大于水笔，水笔的含水量以能滋润地引晕颜色而不返流于色为好。李长白所示范的染，对于清水笔的使用最为注意，往往将色引出一些后就会清洗水笔，继续引晕颜色后，还会清洗一次水笔，最后这支已经很干净的水笔，会一丝不苟地引染到花瓣或叶的最边缘之处。其效果从深到淡之匀净，让人想到唐代边鸾精于设色的"如良工之无斧凿痕耳"（《宣和画谱》卷十五）之境界。

所谓"墨彩"，是指不论勾线与否，完全用浓淡墨渲染表现的一种。教学图例的《套染》（图 2.4.4）即为典型体现。对于"套染"，李长白的解释是"用晕染的方法，向同一方向，一层一层地由小面积加染成大面积，以完成明暗浓淡的设色"，其技法要领是"要注意用色薄、用水清、用笔顺的要点。"（《花卉设色图谱·渲染方法》，下同）他写下的具体步骤是：

图 2.4.4 李长白《套染》

（1）用轻墨勾线，然后用清墨把每片花瓣的最深处，用晕染的方法渲染一次；

（2）用清墨根据设想的明暗浓淡，分别在每片花瓣上加染一次、两次或三次，这样染出大体的明暗浓淡；

（3）从全局出发，对每片花瓣的明暗浓淡再进行观察思考，然后用清墨分别加染，以完成明暗深浅的设色；

（4）细心考虑，用淡墨或浓墨进行醒染，使画面色足神显。

其中"清墨"、"轻墨"、"淡墨"、"浓墨"的明度，参见图2.4.4右下角标示。而1、2、3步骤中都用最淡"清墨"的工作程序最要注意。清墨，从一开始的染"每片花瓣的最深处"，经"根据设想的明暗浓淡，分别在每片花瓣上加染一次、两次或三次"而"染出大体的明暗浓淡"，到根据全局的分别加染某些明暗浓淡，那样的层层加染，是在追求"薄中见厚，厚中生津"的效果。所谓"薄中见厚，厚中生津"，是在尽淡墨渲染层积之味，因为由淡墨数遍累积成的墨色深度与一次到位的不同，就是有一种"厚"得"生津"的感觉隐隐透出。而这种感觉的获得，一要静心，如果急躁的话必不能产生。二要掌握好浓淡节奏韵律关系，何处深何处淡的上下左右整体安排要胸有成竹。如果缺乏那种节奏韵律感，也不能产生。《套染》的牡丹墨彩表现，是把握"清墨"要领的杰作。具体染的时候,思路一定要非常清晰,把握好自左而右的自深到淡变化、自上而下的自淡到浓的变化、自前而后的自重至轻的变化,是临摹好的前提,不然的话,如在哪里画过了头欲用某种手段补救,则易破坏纸面质感,影响艺术追求。必须指出:该图绝大部分处的淡墨不是"两次或三次"所能达到的,而是十多次,有的甚至数十次才行。古人创作的所谓"五日一石,十日一水"的闲适心态,在这里是适合的。李长白说:"墨彩以淡雅为佳","在感觉上总要有'清新素雅'的效果为好"。对于节奏感的具体指导是:"一张画上浓墨的面积不宜过大过多,因它容易产生沉闷重浊的感觉;但也不宜淡而无味,有失精神。"不要"沉闷重浊"与"淡而无味",是掌握墨彩的原则要领。

图 2.4.5 李长白《先染后罩》

"染"要把握"淡",是该技法的一个重要法门。墨彩是这样,有关色彩的染法也是一样。例如《先染后罩》(图2.4.5),花与叶的染法,一样是依据了"淡"的要求才能实现该效果的。所谓"先染后罩",李长白的解释是"在一花一叶上,先用套染方法染出明暗浓淡,然后用另一种色平罩或罩染一次","例如画绿叶,先用老绿染出浓淡,然后用嫩绿从叶尖向后罩染。"所说的"罩",是指渲染设色中往往上最后一道色的或平涂或晕染,前者称"平罩",后者称"罩染"。在图2.4.5中画叶步骤最后的"5. 调酞青蓝、淡黄成嫩绿,平罩全叶完成之",就是"罩"运用的具体之处。

　　此图的染之"淡",首先是画牡丹花的淡胭脂色染,继而淡曙红色染,再调淡大红色染,经过这样从沉着到鲜艳的几次淡染之积累,所染红色能得到"淡透而厚"的好感觉。接着染粉质的白色亦要淡,因白粉属于不透明色,如果把握得好,能与透明色的淡红形成适当的对比,即利用颜色透明与否的质地,给予花朵清雅中见厚重的好感觉。图2.4.5就达到了该效果,淡淡的白粉色根据实前虚后原则的染,实现了"晕化自然"而"薄中见厚"的审美目标。一般来说,画花以运用白粉为主、画叶也配合了石色的可以称作"粉彩"。对于"粉彩",李长白的定义是:"用勾染或没骨的方式,以植物质色、水彩色及白粉为主,以稀薄的石色(矿物色)为副来设色的叫粉彩。"(《花卉设色图谱·配彩类别》)《先染后罩》画花用了白粉,画叶也用了石绿(如画叶步骤中有"3. 调薄四绿,分别从正、反叶尖染到已染色的中部;4. 背面用三绿或四绿平涂全叶背衬一道"),因此也是"粉彩"表现。粉彩,唐宋时就运用,例如台北故宫博物院藏晚唐滕昌祐《牡丹图》轴就是代表。延至现代,则往往失于浓脂厚粉而俗。对此,李长白提醒道:"粉彩设色决不能浓脂厚粉,而有失'清丽';亦不能薄而失神,近乎轻浮。应该做到'薄中见厚',重视背衬作用。"(《花卉设色图谱·图例说明》)关于"清丽",他还特别说明:"不能把运用色彩的明度和纯度视为清丽的要点。要知道,'清丽'除色彩明洁外,妙在色彩的配合渲染而产生的韵味、情味;同时要巧妙地利用墨色和间色,使色调中具有'闲雅'的美感;这样才能使'清丽'有耐人寻味的色感。"这样"清丽"的粉彩,主要表现明艳娇丽的春花。春花的柔嫩宜人的质感,往往在明丽悦目的色彩之中,配合形态的轻盈与风姿的婀娜,产生优美清新的情趣;粉彩表现之,能彰显"娇丽明艳"

的特点。而要不俗,则把握染之"淡"。

"染"之"淡",在李长白工笔画法中有一贯性。例如另一典型画法的《先铺后染》(图 2.4.6),虽是先铺白粉的染色,却仍因"淡"而出效果。所谓"先铺后染",是先平涂一层颜色,然后再晕染的一种方法。该图的月季花画法,是先平铺一遍白粉。因原作画在绢质之上,所以主要是背衬了厚白粉;如果画在纸上,则平铺的白粉要厚一些。等白粉干后,用淡赭石或淡朱膘晕染花瓣的深处至一定程度,接着的步骤是:用淡朱膘加淡藤黄加染,最后以淡藤黄或罩染或平罩。画叶的步骤为:以花青、天蓝、藤黄调成淡绿平铺全叶;干后用淡淡的轻墨晕染出叶的浓淡;再用花青调藤黄的淡绿色加染;用四绿在背面平涂衬托;用淡藤

图 2.4.6 李长白《先铺后染》

黄，视实际情况加以罩染或平罩一遍。每个步骤由于都坚持"淡"，所以到最后完成时，色相明净而色彩明快，鲜艳清丽而淡味隽永。

关于"淡"，李长白在谈论"淡彩"时曾说，"'浅淡'不要理解为'单调'。工笔设色，从色感上来说，要在'单纯中求变化，复杂中求统一，雅淡中求明快，娇艳中求娴雅，富丽中求韵味'才对。"（《花卉设色图谱·图例说明》）而"淡"的境界表现，他曾举苏东坡的诗比喻："'水光潋滟晴方好，山色空濛雨亦奇。欲把西湖比西子，淡妆浓抹总相宜。'西湖之美，美在湖山自然景色的幽丽、奇秀；美在水光潋滟，山色空濛。所以桃红柳绿之浓妆，只是有添湖光春色'秀丽'之妩媚；银装素裹之淡抹，只是以增云峰翠谷'幽奇'之雅趣。我想'淡彩'设色也仿佛如此。"在他作品的表现中，往往以设色之"淡"能烘染出清幽的情味而气息高洁。"使整个色相统一于'清幽'的雅淡中，使人有一种炉火纯青的纯净感"，是他明确的追求。

"染"之"淡"，甚至也是李长白重彩表现不失的原则。例如重彩渲染方法的《承接套染》（图2.4.7）虽为矿物质重色画花占了主要地位，但是那些打底之染、叶片与枝梗之染未失"淡"，而且即使是花的矿物质重色的朱砂色，也由于掺进了"淡"的染法而滋润清雅，脱出了一般重彩画花的艳俗感觉。"淡"怎样运用，先参看一下他在《花卉设色图谱·渲染方法》中写的花之画法步骤：

（1）用花青以套染的方法，染出花瓣的深暗部；

（2）用胭脂以套染的方法，略大于花青面积进行加染；

（3）用朱砂、银朱、朱红调成朱色，以晕染的方法，从花瓣尖部染到瓣根；

（4）用胭脂加染暗部。干后用朱色加染明部，如此胭脂、朱色上下承接套染，少则两次，多则三到四次；

（5）用薄朱色将全部花瓣连同墨线平罩一遍，然后用胭脂复勾。

其中的1、2两步用比轻墨稍深的淡墨染，3、4两步中染矿物质重色的朱色，也只有保持在别太浓厚的较淡程度之中去染超过规定次数的数遍，才能出厚重效果，第5步的平罩，要用别太深的水彩画中的大红色去罩染才会滋润。如果因为这是重彩而诸步骤不用淡色染，那么浊、俗之病会油然而至。关于重彩的矿物质色如何运用，李长白指出："石色质地滞重，色相纯艳，但不透明而缺少滋润感，渲染时很难晕染，因此，浓淡变化少，韵味层次差，容易使

图 2.4.7　李长白《承接套染》

画面平板失韵。所以运用时必须以植物质色或水彩色来罩染,或交替晕染,以增加石色的浓淡变化,和色相的韵味感。例如朱砂、银朱等一类红色,则用胭脂、曙红等……来配合渲染。"不透明矿物色的厚,用透明植物质的"淡"掺之,这可以认为是他在一种传统审美心性中对矿物色运用的实践经验之谈,故具"真知灼见"的意义。而矿物色画花配以"淡"染为主的叶子染法,再次反映了他的技法特点。

且看《承接套染》画叶步骤:

(1) 用轻墨以套染方法染叶的暗部;

(2) 用花青、藤黄调成绿色,以套染法加染;

(3) 用四绿从明部染到叶的中下部;

(4) 用薄黄绿平罩全叶;

(5) 用胭脂醒染深暗部,用淡朱砂醒染明部。

了解了前面所述的"套染法"是淡色之染的要领，就明白这里1、2步骤强调的"套染法"主旨了。第3步所染四绿亦为"淡"染，第5步醒染叶子深暗部的胭脂，不但要"淡"，还要谨慎，因为这只是起细微的色彩变化作用而已。而醒染明部的"淡朱砂"，也是要"淡"并得仔细把握所染部位不能大的原则。另外，花心的染法绝不能忽视：淡赭积染几遍后加染淡黄的微妙严整效果，在加强"清丽娇艳"的感觉。

以上从图2.4.4套染到图2.4.7承接套染的教学图例研究，存在着画法步骤与色彩处理两个问题，是必须说明的。关于画法步骤，要看到因为那用于教学，为了方便初学者掌握技巧方法才不得已设定的。也就是说，越过了初学阶段掌握了设色基本技巧之后，可以不受画法步骤的规范。实际上在具体的教学中，李长白在教学技法的阶段会按照一定的方法步骤指导学生，但进入创作阶段后，则要求学生根据自身感受产生技法，全无既定的画法步骤可言。关于色彩处理，他说设色：

"要多想到以下几个方面：1. 要根据画的情趣意境来决定色调和配色的色相。2. 要根据花的色相来决定叶的色相，不同花色配不同的绿叶，绝对不能不管红花、黄花、白花，一律只用藤黄调花青来画各种绿叶，这种机械配色法是不能采用的。3. 渲染叶子的颜色，不要只看到花青、藤黄几种色，要看到其他青色类、黄色类、绿色类等颜色以及墨色，还包括矿物色、水彩色在内。总之，视域要广，不要一成不变。4. 设色时要从效果上来决定渲染的方法步骤。"（《花卉设色图谱·图例说明》）

他认为："必须贯彻'从情到景配色调'应有多样变化的这个观念"，"希望对各个图例，能进行比较观察，从中领会各图中不同配色的不同情趣"。在技法教学中时时提醒引领技法的"情趣"，是应该把握的精神。

关于技法教学的具体图例，李长白还有很重要的混染、接染、积水、点染、烘晕、衬托等方法步骤的展开。因以上李长白花卉晕染法的研究，已经有了提纲挈领的意义而省略。

三、鸟禽设色

工笔的鸟禽设色方法总体上与上述工笔花卉设色同。所以墨色的、勾染的、没骨的诸方法皆用于鸟禽设色。但是，毕竟鸟禽设色与花卉有异。显而易见的是，画鸟禽的丝毛技巧就最彰显特色。

李长白总结的鸟禽设色方法有四种：双勾染羽、细笔丝毛染羽、粗笔丝毛染羽、没骨渲染。其实，他还有一种染墨法(图2.4.8)没有归纳进去，但完备的图例表明了那是成熟的一种染法而应予加进，所以共计有五种鸟禽设色方法。有所遗憾的是，对于鸟禽设色法的图例，李长白没有留下像《花卉设色图谱》那样系统完整的说明文字。不过，图例上有像花卉设色图谱那样的较为详尽的画法步骤。另外，笔者曾在二十多年前的学生时代在李长白老师指导下临摹过这些设色图例，所以研究他的鸟禽设色方法时，会适当地融合自己的体会。

李长白鸟禽设色技巧的教学特点，一是步骤分明，二是仍突出"染"字。

画法步骤之分明，不同的局部决定不同的步骤，而得不同的效果。先以图2.4.9《双勾染羽》为例。该图左上方位置，分列了喙、眼、颈羽、背羽、腹羽、爪、尾羽的渐次画法。例如其中的"眼"为：1. 以顿锋起笔、铁线行笔、出收

图2.4.8　李长白《染墨法》

图 2.4.9　李长白《双勾染羽》

笔的笔法勾线;2. 在外圈线下笔染淡土黄,外深内淡地染出球冠状的眼球体积感;3. 像步骤2那样淡黄染一遍,干后在内圈染朱磦,染出眼球体积感;4. 外圈染淡黄,内圈染淡胭脂,加强眼球体积感;注意上眼睑与下眼睑的深浅区别;5. 内圈染曙红,加强眼球体积感;6. 浓墨点出内圈上眼睑部位中微露的眼睛,白粉点出外圈的环形装饰点;7. 在干透了的外圈环形白粉装饰点上平罩淡黄色。所得到的效果,是清丽秀艳;总的气息,是严谨整饬。像这样有条不紊于每个局部各有不同的设色程序,使所画的完整鸽鸟色彩明丽而作风工整。

再以图2.4.10《丝毛染羽》中画背羽的步骤为例:1. 用淡墨较长线丝毛,丝出放射状大势;2. 在步骤1的基础上复加淡墨丝毛,注意复加之笔避开前已丝毛之笔;3. 在步骤2的基础上复加淡墨丝毛,画出轻重节奏感,亦注意复加之笔避开前已丝毛之笔;4. 花青调墨,根据丝毛确定的轻重节奏感由重而轻地渲染;5. 赭石调墨,依步骤4由重而轻地渲染;6. 淡墨加花青,以韵律感的要求完成该步骤。所得到的效果,是明润滋厚而严整朴茂。而以这样的画法步骤为基调统一的全鸟,亦在润丽之中见朴厚。

经此分解的画法步骤,能让学生一目了然地领会、掌握其要领。同时,千万别忽视了留给学生的一个领悟空间:既然不同的对象有不同的画法步骤,而不同的画法步骤又被工笔基调所统一,那么以后去画各种不同对象,也一定要根据对象产生的特定画法步骤;又种种画法步骤再怎么不同,都应该被工笔基调所统一。如果学习的认识能进入后者领悟的层面,这样的画法步骤就真正成为工笔花鸟运用自如的基本功了。

鸟禽画法的突出"染"字,前面两图例无论是"双勾染羽"也好,"丝毛染羽"也好,都在很大程度上已经是"染"技法的展示。即使所举的局部画法步骤,亦不离"染"法的要旨。再者前图2.4.8染墨法也是"染"法完成的。这里想说的是,就是没骨法也是在渲染的技巧中实现的。如图2.4.11《没骨渲染法之一》、图2.4.12《没骨渲染法之二》两图例,小鸟与斑鸠的表现均纯以染法完成。于是李长白的没骨法,既不与明代孙隆没骨的粗笔同,也不与清代恽南田没骨的小写意倾向同,而是有李长白特点的工笔没骨法。虽然这些没骨法都共同基于对北宋徐崇嗣"不用墨笔,直以彩色图之"(沈括《梦溪笔谈》卷十七)一语的理解,但李长白从工笔角度的阐发,是对鸟禽工笔技法的丰富。

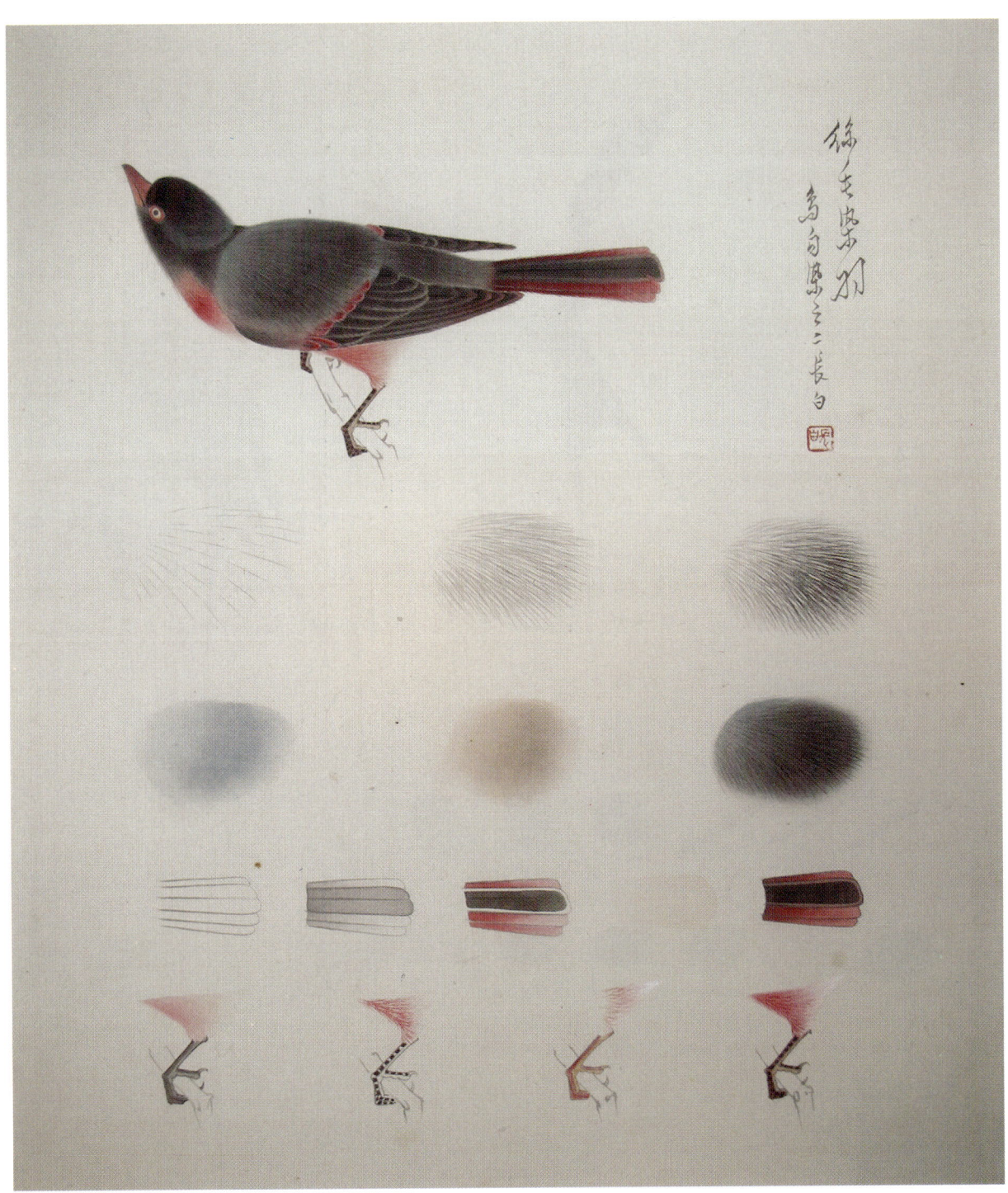

图 2.4.10 李长白《丝毛染羽》

图 2.4.11　李长白《没骨渲染法之一》

图 2.4.12 李长白《没骨渲染法之二》

第五节　创作指导理念

在有关李长白工笔花鸟教学的教材中，专门谈论创作的系统文字还没有发现。但是，在他所写的白描写生、花卉设色以及鸟禽设色的有关文字中，一些形而上层面的谈论由于涉及了创作理念而值得注意。另外，笔者在他当年执教的工笔花鸟班中亲受其创作教学，对他明确的创作指导理念有较深的感受和了解。这两个方面，是探讨李长白创作指导理念这个教学环节的基础。

一、感受生技法

李长白明确的创作指导理念，用"感受生技法"五个字便可概括。与白描花卉写生、设色技法基本功教学阶段，他几乎守候在学生身边以随时指导的做法显然不同，一进入创作阶段他只丢下"感受生技法"一句话，然后给予学生"悟"的充分时间和空间。当我们进入大四下学期的毕业创作阶段，李老师一变过去而很少跟我们说话，我所记得的他的创作指导有那么难忘的三次：一是1982年2月底寒假过后刚开学，他跟我们谈了毕业创作的思路与原则，其中的一句"感受生技法"击中了我的心灵，除了当时激动而难忘外，多年来不但时时不忘而实践之，还贯穿在了我后来的工笔花鸟画教学思想之中。二是同年3月底，我们为了毕业创作在广州华南植物园写生，一天晚饭后在月光

图 2.5.1　孔六庆毕业创作《扶桑花开》，1982 指导老师：李长白

图 2.5.2　孔六庆毕业创作《穗晨清雾》，1982
指导老师：李长白

图 2.5.3　李长白《鸟禽情境处理之一》

下与我们全班聊天,听他谈论石涛的"尊受",那夜他说了不少,其中阐述的石涛尊重自己感受而产生画法的话语,我亦难忘。第三次是同年4月,他看了我基本完成的毕业创作(图 2.5.1、图 2.5.2)后,一改毕业创作阶段以来只看不吭声的习惯,说了一句"蛮好的"。而后,不但打分给了我最高的95分,而且还以留我做他助教的方式加以了肯定。其中的为什么,我深知:因为我的毕业创作是按照"感受生技法"去做的:其意境来自华南植物园的生活感受;由此得来的构图乃生自感受而非前人作品可以框住;画法技巧亦生自感受而非前人技法可以限制。他对"感受生技法"实践者的理论认定,可见一斑。故"感受生技法",我深以为是李长白创作教学理念之精华。

二、"景、情、意、境界"

该理念,有他深厚的认识根基。因为相类的思想不难在他所写的有关文字中见到。例如《花卉写生构图·构图基本知识》中"景、情、意、境界的内涵"之专论就是一例。其中分别认识的景、情、意、境界与交互认识之间的关系,一定程度上具有"创作指导理念"的意义。

李长白认识的"景"是指自然景象。人与景的关系,是主观认识客观而产生感情的关系。他说:"对景象要有感情地观赏,细心地穷理,会心地感受,量理顺情地处理写生。"认识的"情",是既在客观中,又在主观中。于前者说情"源于事物形、声、色的运动神态中",于后者说情"基于思想感情的美感中,成于深情的陶醉味听中,是艺术所以能感染人的内在因素"。前后两者的关系是"触景生情"。认识的"意",则纯是主观因素的"缘情成意"。他说:"意,是对情景进一步的参悟,是作者的人生阅历,思想感情更深刻地丰富了情景的内容含义,它带有理趣、含有哲味;它使形象神态的提炼更精致隽永。气氛更沉深含蓄,导引人的感情进入深思联想的境界。能启发他人对这情景有更深入的会意。"认识的"境界",是客观与主观交融之后的造境,如云"境界是景象、情趣、意趣三者的统一体;是形色、感情、理想最完美的造境"。他认为,花鸟画创作的境界,有以景胜、情胜、意胜之区别;并对此一一进行了比较。例如:

"境界以景胜者,多从客观的景象中得之。如:'两个黄鹂鸣翠柳,一行白鹭上青天。''细雨鱼儿出,微风燕子斜'。有生动的形象,有明丽的色彩,有自在的情态(此静中情也),是很完备的画题。然而这种景

图 2.5.4　李长白《鸟禽情境处理之二》

情,只能忘情于景象中得之。如果没有爱物的心境,和悦的感情,便不会发现这种景情,当然更不会有感受共鸣了(严格地说,任何一幅创作,都必须具有景、情、意的因素,不过有主次之分,所以称为景胜、情胜、意胜)。"

"境界以情胜者,从陶醉景象的自我感情中得之。'春色满园关不住,一枝红杏出墙来';'菡萏香销翠叶残,西风愁起绿波间',这都是情中景。"

"'春色满园关不住,一枝红杏出墙来。'是因见到一园怒放的红杏,像一片片红霞似的迎面飞来,这种奔放热烈的春色,激起了感情的激荡,促使了情思的向往——无限美好的理想、绚丽的景色,都在这花光闪耀中荡漾了。这是情景交融的景象,所以见到的花特别富有活力而有魅力。一种压制不住的向往未来、追求美好的感情,就会油然而生。像压在石头下的春草一样,要破土而出,所以'关不住'、'出墙来'的思想情绪就出现了,此情中意也。因此,一枝健美、怒放、脱颖而出的'红杏'形象,就'出墙'来了。"

"'菡萏香销翠叶残,西风愁起绿波间。'是见到'叶残花谢'而引起'一叶知秋'的哀思。但如阅世不深,经历平凡的人,是不易领会到绿波中西风下的悲思的。为什么?此'情中景'也,不是局外人和无情者所能领会的。"

"境界以意胜者,在花鸟画中,多半要借助于诗词题跋,或托物借意来喻意才能完成,后者如画一幅牡丹月亮图,则要借'花好月圆'的联想以喻婚姻的美满。前者如宋徽宗,画的一幅《五色鹦鹉图》,上面画了一枝梅花,一只五色鹦鹉侧停在梅枝的中间。从内容形态来看,也不过是一幅'景胜'的作品。但他题了一首以'五色'来喻颂帝王统治者的'五德',便成了一幅意胜的作品了。又如齐白石画的一幅头戴乌纱帽,手拿白纸扇,鼻间涂了一块白粉,像京剧里小花脸演的七品官一样的不倒翁。这本是一幅平常的小品画,但他题了这样一首诗:'乌纱白扇俨然官,不倒原来泥半团,将汝忽然来打破,通身何处有心肝。'这样一题,就把这幅极为平常的作品,题成了一幅很有意义的作品了。再如唐寅画的一幅《秋风纨扇图》,画面上不过画了一个手拿纨扇的仕女,前面一弯假山石,后面两支双钩的小竹;形态、笔墨、神情,也没有什么特殊的

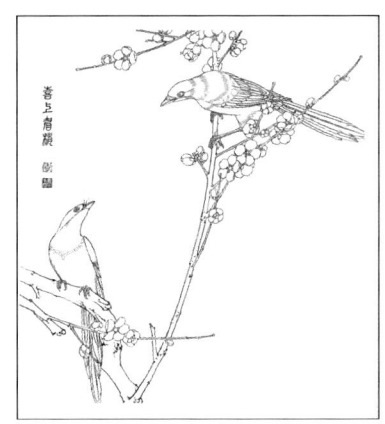

图2.5.5 李长白《鸟禽情境处理之三》

反映,但他题诗为:'秋来纨扇合收藏,何事佳人重感伤,请把世情详细看,大都谁不逐炎凉。'因此这就成了一幅有深意的佳作。这并不奇怪,一个画家,想通过形象来反映非形象所能胜任的抽象哲理和深意,是比较难的。所以要借题发挥,要以诗词题跋来完成任务。这种能力,就是文人画的特点和所长。所以他们作画往往在意而不在形,是'醉翁之意不在酒'的事,也是借比兴的手法,在绘画中的运用。可惜有些爱好文人画的作者,恰恰把它的这一特点和长处丢掉了……。"

以上景胜、情胜、意胜的三者比较,他认为:"意胜"并非工笔花鸟画所长,工笔花鸟画当以"景胜"、"情胜"为主。"意胜"的构思要想更上层楼,要侧重于形神情趣,还要吸收诗词题跋的长处,那种有神有情、有声有色、诗中有画、画中有诗的追求,当为"意胜"所努力。

景、情、意决定的画法思想是"无定法",因为"感受千差万别","千变万化的配色也就产生了"。这一点,在他的《花卉设色技法·色调配置》中谈到,而且还借于非闇《红杏枝头春意闹》一画作说明。其云:

"前人有言:'设色妙者无定法,合色妙者无定方'。画家的思想感情各有不同,景象的朝晴暮雨瞬息万变,其感受也就千差万别。不同的情趣,不同的意趣也油然而生;含情具意的色调,千变万化的配色也就产生了。故曰:设色妙者,合色妙者妙于'源于景色,成于情意';景情变化无穷,所以说'无定法'、'无定方'。因此,我们不要把随类赋彩理解为依样画葫芦。必须'随类随神决色相,从情从境配色调',才是正确的观点。'法'也就在其中了。

"现在试借于非闇《红杏枝头春意闹》一画,来谈谈作者如何'决色调,配色彩'的。

"这张画是以'满园春色关不住'的红杏为主景的,加上蓝鹊、蜜蜂等浓春的景物所组成。作者的立意是企图通过三者反映出'蓬勃活跃、艳丽明快'的浓春情趣,来激发观者'愉快奋发'的思想感情。从这景、情、意三者统一的要求来看,如果采取对比强烈的色调,则感到过于火辣,不但有碍于景色的明媚,也难以表达作者感受的情意。反之,如用冷色调,又将有失温暖,达不到明快奋发的共鸣。因此采用温和的冷暖对比色调;以粉红画杏花,用淡米黄色衬托烘晕,这样就把春天的明媚和温暖表现出来了；加上两只以石青色为主的蓝山鹊，使杏花娇艳的粉红和山鹊明丽的青翠，对比相映，从而产生'生动活跃'的愉快感，更显现了富有生命活力的春意；几只赭墨的蜜蜂，散飞在花香鸟语之中，使色调增添了情趣，显得更为丰富，产生了旋律美，从而完成了景、情、意三者统一的色调配彩。"

抓住景、情、意的艺术本质去进行工笔花鸟画表现，其实是李长白教学从基本功开始就贯彻的主张。无论是临摹阶段的白描勾线、花卉设色晕染，还是写生阶段的片叶朵花、折枝构图，无时不强调情、意内涵的艺术本质对于用笔与造型的主导作用。例如在《花卉写生构图·叶的写生处理》中谈及反叶处理时说到"情"：

图 2.5.6 李长白《鸟禽情境处理之四》

"写生（创作也一样）阵风吹拂，花叶摇枝情景时，须注意花叶的动态，要在顺势中求变化。要利用反叶的逆势来表现被风吹的势态。在处理时，掌握各种不同形象的反叶，并将它们统一到同一的势态中。这样，便能表现出生动而不零乱的'临风飞舞'的情景。

"在无风的天气里，各种花卉都呈现出一片平静的景情。而叶子的形态，也多半处于平展的状态，很少有反叶。对这种景象，若如实地表现，那就失之平板。如在相反角度观察，则又会出现较多的反叶，若如实描写，则又会破坏了'静'的感觉，形与情不能统一。"

"情"决定所处理的形。像这样由于无论哪个教学环节都强调对于"景"、"情"、"意"的认识作用，就我亲聆的而言，有多次在课堂上的，有在野外写生时的，有在外做讲座时的，有平日闲聊时的。确实，艺术要有感染力，就不能不在形而上层面的"情"、"意"、"境界"方面把握主旨，只有在思想感情上有了不可压制的情感要抒发，才能畅胸怀放笔墨，于是才有生动、自然、新鲜的形式表现。

第六节 评价李长白工笔花鸟画教学体系

李长白工笔花鸟画教学体系，在理论上牢牢把握了"外师造化，中得心源"的精诣，树立了自己关于"景、情、意、境界"的认识论。其有发扬传统经典画论思想、抓住艺术本质与艺术规律以教育后来的积极意义。在方法上，渗透其认识论而树立起"写生处理"观,于循序渐进的教学步骤中,不断增强对于写生的形式美处理能力,从花卉、鸟禽写生与设色技巧的基本功训练一直到创作,能为学生全面、扎实地打下工笔花鸟基本功。

李长白工笔花鸟画教学体系,将自古以来工笔花鸟表现的"共性"的东西抽取了出来,具有"放之四海而皆准"的真理意义。因为他艺术思想的贵生动新鲜,艺术理念的贵生活感受,艺术实践的贵自然写生,艺术表现的贵雅韵静美,无不是人类艺术史以来体现了人性而美的东西。而艺术教学的贵共性表现,则是尽一生精力培育绘画健康发展的共性基因;然后再把学生导入"个性"创造的艺术之路。这,正是"共性"教材的价值所在。李长白从教学出发总结的鸟禽设色技法,与花卉设色技法等一起,是对千年以来工笔花鸟技巧表现的共性提炼。工笔画法基本技巧的"勾"和"染",虽其丰富性为历代画家表现不已,但其同一性却还没有被教学专门研究过。如今李长白认认真真地做到了、做好了。

李长白工笔花鸟画教学体系,是"前无古人"之举,是中国工笔花鸟画蓬蓬勃勃发展了千余年以来自然而然的形成,也是适应当前和今后方兴未艾继续发展趋势的所为。

在中国绘画史上,虽然有北宋的徽宗赵佶提倡画学而在宫廷画院有工笔花鸟画教学,并在真切地观察自然、临摹古人方面加以切实的指导,同时自己还创造了适应工笔勾线笔法的"瘦金书",有力地推动了当时的工笔花鸟画教学事业;明清时期也有各种花鸟画谱在继续推动着花鸟画教学事业。但是作为教材的引导性来说,前人颇有欠缺:第一,欠缺了对艺术本质的理论把握,例如宋徽宗的教学显然缺少了理论辨析。第二,欠缺了对"外师造化,中得心源"的经典画论思想的把握,例如清代《芥子园画谱》师法前人画法的倾向过重。而这两点欠缺,李长白的教学体系显然没有。在古人的花鸟画教学中,能教会人具体的画法,但不会给予通透的艺术思想。再就教材的专门深度来说,历史上虽然《芥子园画谱》的花鸟画已经从梅兰竹菊、草虫花卉、翎毛花卉的三类,进行了源流叙述、画法浅说、结构解析、口诀介绍、图例示范等方面的专门展开,但是毕竟一因相兼工、写两种而欠缺了工笔花鸟的专、深;二因汇编古人而少了新鲜活泼的艺术气息。所以,工笔花鸟画教材能从新鲜活泼的艺术气息出发,作如此专而深研究并形成科学性教学体系的,自古以来唯有李长白一人。

第三章　李长白的艺术成就

李长白的艺术成就不止工笔花鸟画一方面。他在工笔花鸟画、山水画两方面的绘画创作均因功力扎实、别开生面而达到了相当的历史高度。另外,他在人物画、写意花鸟画、书法等方面也很有造诣。全面铺展他的艺术成就,能使我们了解完整的李长白。对于艺术的创造性,他在1986年的手稿中写道:"黄筌只要一个,石涛也只要一个,齐白石也只要一个。而今从形式上学他们的人遍天下,然而都黯然无光,绝不能超越,只要有创造的境界,变化发展的活用形式,才能放光。"这个思想,在他自己的艺术创作实践中做了示范。

第一节　工笔花鸟画

一生致力于工笔花鸟画教学体系建设的李长白工笔花鸟画创作,呈现三个要点:第一,是他"景、情、意、境界"艺术认识的体现;第二,明确的教学目的使之以"共性"技巧表现为主;第三,师法自然、深入宋元,在深沉静韵之中自出静美妍丽的风格。

一、作品概况

李长白的工笔花鸟画作品,目前保存完好和较为集中。其总数,白描作品有300余幅,设色作品有100余幅。作品尺寸大小的情况为:白描作品中的大部分为铅画纸六开的方形,基本上出版于《花卉写生构图》一书中;不多的几幅为四尺宣纸三开的长方形。设色作品的半数以上也是铅画纸六开方形大小,其他有整张四尺熟宣纸大小的,也有数张整四尺熟宣连接起来的巨制,如1991年创作的《风动绿荷香满溪》是五张四尺熟宣的连屏;而2000以后在子女协助下完成的绝笔之作《风动绿荷香满溪》，更是十张四尺熟宣的连屏。

作品中有临摹的与创作的两大类。前者数量很少，约近十幅左右，集中在1939年与1970年两个年份的时段。这颇耐人寻味：前者为初涉工笔花鸟画的20多岁时，后者为深入工笔花鸟画而已经具有风格的50多岁时。前者的时间段发生在中国八年抗战的初期，后者的时间段发生在中国十年文化大革命的初期。越是动乱的时期越是缅怀古人工笔花鸟画的和平宁静，是临古时间点的共同表征。从1939年临摹元代任仁发《秋水凫鹥图》，到1970年临摹宋人的《枇杷小鸟》、《苹果小鸟》、《小鸡》、《杏花双鸟》、《竹子白头》、《八哥》及1971年临宋人的《荷塘清趣》，所表明的正是那种心迹，这符合李长白一贯的人生心境与艺术追求。

创作类作品占了绝大多数。其途径是：从生活中来、从写生得来。表现题材在花卉品种方面颇为广泛。计有：红梅花、白梅花、腊梅花、单瓣水仙花、复瓣水仙花、春兰、玉兰、报春花、连翘、悬铃花、杏花、桃花、碧桃花、梨花、辛夷花、贴梗海棠、西府海棠、垂丝海棠、单瓣樱花、复瓣樱花、蟹爪兰、小苍兰、君子兰、蝴蝶兰、黄花鹤顶兰、球花石斛、金莲花、万寿竹、天竺葵、虾衣草、芭蕉、荷包牡丹、牡丹（有黄玉、红霞、瑶池春、黑海扬帆等多品种）、蒲桃、含笑、月季、十姐妹、扶桑、花烛、黄蝉、百合、吊灯花、绣球花、地藏花、羊蹄甲、粉花凌霄、竹节海棠、玉叶金花、泡桐花、杜鹃花、蝴蝶花、龙吐珠、吊兰、仙人掌、郁金香、龙牙红、金鱼草、兰花藤、美女樱、芍药花、紫藤花、令箭荷花、石竹、睡莲花、唐菖蒲、美人蕉、夹竹桃、虞美人、大丽菊花、八仙花、石榴花、蜀葵花、茉莉花、文珠兰、吊钟海棠、昙花、萱花、曼陀罗花、紫薇花、牵牛花、玉簪花、木槿花、荷花、秋葵花、一串红、芙蓉花、菊花、仙客来、一品红、炮仗花、山茶花、南天竹、唢呐花、日本瓜、石吊兰、美丽山扁豆、金边虎皮兰、聚果榕、番木瓜、菠萝、大叶崖角藤、龟背蕉、翠竹、杨柳、茨菰、鸢尾、银星海棠、流苏贝母兰、小草等，共约110种之多，几乎画遍了从春天到冬天的各花卉品种。其中设色表现较多的品种有牡丹花、山茶花、荷花、吊金钟、玉兰花、杏花、大丽菊花、绣球花、杜鹃花等。另外，所画的鸟禽品种有黄鹂、大雁、鹤、锦鸡、绶带、鸳鸯、鹰、鹭鸶、斑鸠、燕子、鸽子、山雀、麻雀、鹅、鸡、翠鸟、白头翁等，而尤其喜欢画绶带鸟。其他表现了水族和草虫的作品虽不多，但画到的品种有：鱼、热带鱼、蝴蝶、粉蛾、螳螂、蝈蝈、纺织娘、知了、蜻蜓、豆娘、蟋蟀、天牛、蜜蜂等，其中表现蝴蝶、粉蛾、蜻蜓的作品居多。

李长白工笔花鸟画，最早的是临古之作，即1939年所临的元代任仁发《秋水凫鹥图》。最早的创作见于1946年《青莲》。最早产生个人风格的代表作，是1960年创作的《牡丹绶带图》和《山茶绶带图》。

清丽、空灵，是他个人特色风格的体现。他善于利用白色纸底的自然清净感觉，甚至作为一种元素，配以矿物质的银朱红色、植物质的花青汁绿色的对比；也作为一种元素，协调于造型的势态美、外形美之中，画面透出清秀明艳而清空灵动的精、气、神，这类作品乃为最绝手的出彩者。大多集中在他工笔花鸟作品的第二阶段。

二、三个阶段

李长白的工笔花鸟画，可以从画法上分为三个阶段：一是装饰性色彩表现的阶段，约自1939年至1959年，该阶段作品虽然不多，却表明了从西画转向中国画的时期，吸收装饰色彩和其他画法进入工笔花鸟画的足迹。二是清丽空灵风格表现的阶段，约自1960年至1987年。因李长白1987年退休，所以该阶段是他在教学方面达到高度成熟的时期；也是他工笔花鸟画教学成熟体系的时期，同时是作品很多、创作风格形成并稳定表现、代表作频频出现的时期。三是满幅氤氲表现的阶段，约自1987年至去世时的2005年，为退休以后的创作。

1. 1939—1959年

李长白1939年（时年23岁）临摹的元代任仁发《秋水凫鹥图》（图3.1.1）给人的印象是：画幅比原作略小些（任仁发原作纵114.3厘米、横67.2厘米，李长白临作纵102厘米、横48.5厘米），色彩比原作浓艳些，所缩小的构图及画中物象比例恰当，渲染步骤有条不紊，染色一丝不苟，勾线见功力。要知道，此画不是小幅宋人花鸟，画面较大，构图较复杂，内容较丰富。例如上有数只小鸟、下有两只游鸭，又上有老树秋叶、下有山石茅草，李长白临得处处精到，值得称道。此画显现出来的认真、精到，作为一种素质积极地作用了李长白的一生。而那强调色彩处理的倾向，似乎伴随在了他一生的作品之中。

图 3.1.1 李长白临任仁发《秋水凫鹥图》,1939

图 3.1.2　李长白《青莲》，1946

例如他的处女作 1946 年创作的《青莲》(图 3.1.2)，就足见其潜在素质。石青、石绿、白粉之运用，采用大色块的形式，是那么鲜明地夺人视觉，成为了该作品一目了然的特点。荷叶表现的石青、石绿，基本上以厚色平涂的技法处理，很容易让人联想装饰色彩的色块处理手法。据其长子李小白说，那个时间段李长白研究了青绿山水，临摹了相关的一些古人作品，传统青绿山水的处理技法正对《青莲》之作起影响作用。此外，这幅作品的构图及其造型处理，已经具有了他以后工笔花鸟画处理的一贯特色，例如主次分明，疏密合理，情势有度等，也是值得注意的地方。尤其是下面一片荷叶所弯弧度的处理，既表现了荷叶之新的婀娜姿态，又以该姿态的情势娇媚地呼应了上面的荷花主体。像这样的主观性处理，入花鸟画"情势"处理之道。1946 年，李长白 30 岁。《青莲》之作表现出的花卉造型尚情势，构图尚空灵，显现了他对工笔花鸟艺术的悟性，作为而立之年，似乎是前途的昭示。

装饰色彩的继续运用，还见他 1958 年创作的《牡丹飞蝶》(图 3.1.3)。在近椭圆形的画面内，用较厚的颜色画了粉红、白色、淡黄色、红白相间的四朵牡丹，配以金线勾的绿色牡丹叶，而衬以石青与钴蓝调成的底色。全图色彩

图 3.1.3　李长白《牡丹飞蝶》,1958

浓丽。细观局部的牡丹造型,深有写生功力。但是该图的形式表现,加上那个年代,容易让人猜想是否为工艺美术设计样稿?例如搪瓷喷绘设计或枕套设计?并且,还容易让人联想北宋郭若虚《图画见闻志》记载的五代徐熙所画的铺殿花、装堂花,即室内装饰画之类的东西。那类画,郭若虚说"多不取生意自然之态,故观者往往不甚采鉴"①。李长白《牡丹飞蝶》的适俗,格调追求与之同。可能作为欣赏性绘画的工笔花鸟若适应实用性的工艺美术设计的话,格调易趋俗。这一点,得明辨、慎思。

除了装饰色彩的表现外,向岭南画派的居廉学习花鸟画表现,在构图、色彩、情趣方面曾经追摹之,也是此阶段的一个重要信息。例如1953年作《螳螂月季》(图3.1.4),首先是构图与造境类似居廉。这一点,只要与居廉《紫藤螳螂图》(图3.1.5)、居廉《花鸟》镜心(图3.1.6)比较,即可一目了然。居廉构图造境的花枝下垂程式,螳螂相向呼应的动态布置,李长白《螳螂月季》得之。而其中螳螂造型的细节处理,色彩搭配(例如一螳螂为赭灰色,一螳螂为绿灰色)及其画法技巧之总感觉,与居廉《紫藤螳螂图》同。另外月季花的花朵及花蕊处理,叶子的撞水画法技巧,亦与居廉《花鸟》镜心画法相差不多。居廉(1828—1904),字古泉,广东番禺人,道光年间向孟丽堂、宋光宝学习恽南田没骨花卉法,在这基础上融合进自己的撞水、撞粉技法而自成面貌。曾在岭南画坛影响了高剑父、陈树人等而颇有声誉。笔者在学生时代,常听李老师讲起居廉,认为他撞水撞粉的技法有新意,同时草虫画得好,富有生活气息。李长白这幅《螳螂月季》,虽是偶尔为之的居廉画法,却得其画法三昧。值得注意的是,后来李长白的工笔花鸟画不曾出现过同类画法的作品。

第一阶段的李长白工笔花鸟画,虽然谈不上个人风格,在画法方面有明显的寻寻觅觅足迹,但是作为基本要素的画面处理能力,如造境立意、构图布局、花卉造型、色调把握、晕染勾线等,均已经达到相当的水平。

2. 1960—1987年

1960年起,李长白的工笔花鸟画虽然还有像《水仙》那样的装饰色彩的作品,但已属偶尔现象,所显现的个人风格开始成为主流。该年创作的《牡丹绶带》、《玉兰》、《牵牛花》、《舞春风》、《樱花小鸟》等作品,基本上都有构图空

图3.1.4 李长白《螳螂月季》,1953

---

① 北宋郭若虚《图画见闻志》卷六"铺殿花"。

图 3.1.5　居廉《紫藤螳螂图》

图 3.1.6　居廉《花鸟》

灵、设色清雅的特点,由于一脱过去用色厚艳的装饰色彩,而有松灵轻秀的耳目一新感觉。

例如《玉兰》(图 3.1.7),这虽是一件直径为 30 厘米的圆形构图小幅作品,却因色调的雅淡、设色的微妙、构图的空灵、用笔的轻松而与过去大相异趣,类如 1958 年《牡丹飞蝶》那样的浓重装饰色彩,被这小幅之作一扫而空。另外值得注意的是,玉兰花及其小枝的造型由于格外自生活中写生得来而特别生动。在主枝与花枝几乎成 90 度的角度关系中,花尽蓓蕾与盛开的形态之别,枝尽老嫩与穿插的结构之微,加之玉兰花势态处理的顺中有停、停中有收,一种拙中藏秀的感觉从画面徐徐逸出。这样的势态处理,与过去的顺势处理不太同,即使在后来李长白的画面中也不多见。其色调处理的雅淡,是在淡灰赭黄的底色上,以淡墨晕染打底为基础,配合玉兰花的淡墨与白色、花蕊的淡黄色、花枝的淡赭墨、花苞的淡紫色、枝芽的淡绿色来实现的。像这样微妙变化的淡色之"雅",在总的李长白作品中都少见,这标志着在 1960 年时李长白审美力的高度成熟。

松灵轻秀的表现,还见同年创作的《牵牛花》(图 3.1.8)。从左上角横向出枝,过了中心位置后的垂直下挂,类似直角构图中所形成的实上虚下、重右轻左的画面处理,是蕴藏松灵感觉的所在。特别是右上角集中处理的牵牛花,

图 3.1.7 李长白《玉兰》,1960

既形态多变又密不通风还深色重彩,所击响的节奏韵律感之强音,格外加强了那种松灵感觉的表现。

关于这幅作品,李长白在《花卉设色图谱》中谈"粉彩"时说及了一段创作的缘起。其云:"一个夏天的早晨,我走进屋后小园中。因为刚刚下过雨,所以觉得比往日凉爽。几株茂盛的牵牛花攀满了整排的木槿花。在这青葱的荫绿中,参差高仰的开着粉嫩的花朵,那淡青紫的花色,背衬着青翠的枝叶,显出别样的秀雅。花叶上都闪耀着晶莹的水珠,不时在绿荫中流滴着。滋润的水汽,如轻雾一般游移在花叶之间,这一片'清新秀丽'的景色,使人感到无限的

图 3.1.8　李长白《牵牛花》,1960

情舒意畅……。这种'清新秀丽'的情景,和那淡粉青的秀雅,荫绿中的清润,总是使人难以忘怀,所以画了图例中这张粉彩《牵牛》,用以寄情。"[①]那种雨后"花叶上都闪耀着晶莹的水珠,不时在绿荫中流滴着"的情境,"滋润的水汽,如轻雾一般游移在花叶之间"的情结,以及"荫绿中的清润,总是使人难以忘怀"的情意使他获得的灵感,体现于构图的轻舒与韵律的灵动。而其遏制不住要"寄情"的创作流程,实际上是他对"景、情、意、境界"花鸟画创作艺术认识的生动表白。

"景、情、意、境界",是李长白这一阶段艺术思想成熟体现的代表。该思想,已经在前一章进行了充分的介绍。他对景"要有感情地观赏,细心地穷理,会心地感受"后的"量理顺情地处理写生",在"成于深情的陶醉味听中"更于景胜、情胜,确认了自己工笔花鸟画表现的途径。这样的艺术思想下的创作,1960年的《牡丹绶带》(图3.1.9)是为代表。

该图表现一枝牡丹凌空而出,主花盛开,风姿盎然,余花掩映,蓓蕾待放。花形端秀,花色清白,绿叶层叠衬托。这些,在背景空白的宇宙茫茫感中,一显牡丹绰约风神。在其上方,飞翔着两只因长长拖尾而生动有韵的绶带鸟,既呼应了牡丹花,更集中了主题。其景与情,全融化在了构图的空灵,色调的清雅之中。画面上没有题诗,却通过纯粹的形象给人以风和日丽、莺歌燕舞的情趣直觉,是所谓"托景以生情,借情而达理"的成功表现。像这样情趣的表达,是李长白工笔花鸟画的基调。他在这方面有经常的思考,有一段与此相关的自述应是恰如其分的表达:

> 有一次在南京玄武湖的环洲进行牡丹花写生。这时正是浓春季节,当走近环洲时,在绿荫的丝丝垂柳中,远远就见到飘忽着的红、黄、白、紫的闪光,时隐时现掠目而来,一种幽美的情趣,不觉油然而生。路过短桥,进入环洲,一片绿茵茵的草地,遥对着淡蓝色的晴空,胸怀又为之一畅。环顾四周,从蓝天到白云,从白云到绿梢,从林荫到草地,在我还没有看清芳草的情貌时,却又被对着阳光闪耀着万紫千红的花色夺去了视线,迫使我凝眸情往。忽然一阵春风从林梢吹来,顿时万枝齐舞,叶浪成风,翻红摆绿,摇黄映紫,万

---

① 李长白《花卉设色图谱》,上海人民美术出版社,1983年版,第15页。

图 3.1.9 李长白《牡丹绶带》,1960

态千姿使人兴叹，这又是一种情景；是活泼的艳丽，是生动的丰富——是姚黄的生动，魏紫的富丽，夜光的明洁，金鳞的丰满，赵粉的秀美，蓓蕾的怒放，新芽的活力，绿叶的茂盛，蓝天的明快，白云的舒卷，春风的吹拂，柳荫的宜人……形成了这个丰富生动，艳丽活跃，充满了朝气的景象。这情景的感受，就是它的"神态"了。神已有所悟，如何成意呢？就是把感受到的神态情趣，提到理性上来分析。也就是说，决定强调什么情趣，用什么神态来表现（所见景象的神态、情趣是多样的；而形成都有一个过程，同时又包含着各种因素，是比较复杂的。而绘画只能反映一瞬间的神态、情趣）。要给人们以什么感受？达到什么效果？这种景情的多样神态、情趣的感受，可用柔美、秀丽、生动的情趣来表现；亦可以用健美、富丽、活跃或幽美、素雅的神态情趣来表现（对构图的大势，虚实……等的处理，对花、枝、叶的形态处理，以及色调的倾向性，色相的配合，都要充分，以反映这种情趣，衬托这种神态为依归）。最后思考决定选取哪一种情趣神态来表现，企图达到某种目的和效果。有这样一个酝酿思考和决定的过程，就能心领神会了。①

当然，以上文字因是他教材中说明如何写生花卉的一段而充满了教学特点的启发性，却也在很大程度上代表了他的创作追求。在教学要求与创作追求中求得平衡，以此统一自己作品的风格，是李长白工笔花鸟画的重要特点。他所说的景情的多样神态、情趣的感受，可用柔美、秀丽、生动的情趣来表现。亦可以用健美、富丽、活跃或幽美、素雅的神态情趣来表现，是毕生创作实践的具体内容。其教学性实现的造型完美性、技法典型性、表现完整性，成为了其作品自1960年起持续了近30年的一贯表现。

造型完美性，可以说在李长白作品中较难挑出造型方面的毛病。他把握的造型之精，因为既有艺术灵性的基础（见第一章），又有数十年教学体系建设对于造型锤炼与积累的基础（见第二章），所以达到了无可挑剔的层次。试以《月季双蝶》（图3.1.10）为例来考察"造型"要素的势态、疏密、外形、结构诸点，势态有精神焕发之美，疏密有聚散有序之适，外形有错落节奏之理，结构有严谨精审之要，从

---

① 李长白、李采白《花卉写生构图》，中国纺织出版社，1994年版，第4页。

而一种纯粹的美感兀然而出。如果再细审其中的花与叶处理,则更有引人入胜之处。例如,花既尽疏密聚散多少之思,还尽正反侧仰前后之变,更尽显露掩映含蓄之趣。叶亦既尽大小穿插间隔之力,还尽枝叶留空玲珑之功,而全枝叶从上到下的由大至小渐变处理,更增加了节奏韵律感而耐看、耐赏。即使是远处的蝴蝶造型也值得留意,他把两只一向左边画外飞、一向画内中心飞的蝴蝶重叠在一起,既在方向上分别有变而令人遐想,又在空间上增加了前后层次而给人意趣,更在造型上别出心裁而予人情思。

技法典型性,乃他将传统勾染方法的用透、用精,成就了其典型性。众所周知,工笔的基本方法是勾和染,该方法虽早在战国作品中就出现,后经唐宋之盛又绵延至今不衰,说来好像是一种技法定式似的,但要论理解透并且运用好而能臻于"精"之境地者却不多。李长白对于勾染法的用透用精,有他教学体系中工笔技法研究作为坚实的基础。他站在共性角度总结历代工笔花鸟染法,如教材中展现的套染、先染后罩、先铺后染、承接套染等渲染方法为自己所用,是他技法表现的重要特征;其中"染"更是最有心得的技法表现。他的"染",讲究用色的沉着而尽层层打底之功,讲究用水的清润而尽微妙变化之美,而这些精心,能随着画面的景情不同而染法灵活有变。还如图3.1.10《月季双蝶》,月季花之染是先平铺白粉再染胭脂的"先铺后染",以表现滋润嫩丽的感觉。这种染法的关键是要把握好铺在底下的白粉,如能达到清润就能出清雅的境界。该图不但做到了这一点,而且还染出了花瓣浓淡节奏的韵律感,格外有生动的效果。再如重彩的《牡丹》(图3.1.11),则是深色胭脂与重色银朱内外交替相染的"承接套染",以表现沉着厚重的分量感。这种染法的难点,在于交融自内而外染出的胭脂与由外而内染入的银朱之关系,因其交融必反复多遍才能实现厚实感。所以特别需要以微妙心去处理用色的厚度与用水的分量之间的关系,从而达到厚实而不板结、沉着而不浑浊的理想效果。事实上为了达到理想效果,李长白还有一些他人易忽视的染法处理,例如最初往往使用淡墨打底,最后染完时平罩透明水彩色的大红等,那样能使重彩的牡丹花有一种难以捉摸的韵律感灵动其中,特别是当画龙点睛般地醒点了亮色花蕊之后,那种韵律感的灵动能使画面充满蓬勃生命的朝气。

李长白白描画法的纯粹与墨彩画法的灵动,也是技法典型性的具体体现。白描画法如《白描菊花》(图3.1.12),

图3.1.10　李长白《月季双蝶》,1960

图 3.1.11　李长白《牡丹》，1981

其线虽是最符合教学用线的传统典型铁线描，却既因线条形态的珠圆玉润而完美，又因表现对象的质感体现而贴切，从而得传统铁线描的精髓。墨彩画法如《墨竹》（见后图 3.1.35），用极单纯水墨染出了浓淡节奏的清灵感，犹如深静山涧的滴水声响，岚气清露的雾气吹拂。他把水墨分成阶梯状的焦、浓、淡、轻、清五阶，决不用焦墨而多用后四阶，得到的效果是清润有度、滋润有加、意趣无尽。对于墨彩，他曾有道白，其云：一幅好的墨彩作品往往会比设色的更有风味，因为墨彩在"似有若无的淡色表现中，特别能发挥'墨有尽而意无穷'的作用，令人有余音绕梁之感。在沉静中，也往往会产生'寄至味于淡泊'的意趣；一种纯

图 3.1.12 李长白《白描菊花》

净、素雅、朴实的美感,油然而生,给人以快慰"[①]。他的墨彩技法仍是"染",那些经过淡墨层染而积厚的深墨,具有一次性浓墨怎么也没有的厚实感,是为深墨的用墨之要;而染不多遍状态的淡墨,因清水染出的清净纯洁,是淡墨的染墨之要;所谓"薄中见厚,厚中生津"[②],是他染墨法的精论。

表现完整性,李长白作品很少有缺憾,这完全基于他对于画面总体把握的能力。由于他既从抽象层面的景、情、意、境界内涵的构思到对立统一艺术处理法则的运用,又从具体画法的造型及技法的要素到构图的组织等方面,能形成较缜密的思路,所以画面表现往往滴水不漏地处理了总体要求的气韵节奏关系。那种多一点不能、少一点亦不能的感觉,在他的作品是一种普遍存在。

这一点,在前面的作品图例中已经有展示。再以《春满园》(图3.1.13)为例来考察:在这幅四尺整张熟宣纸的竖构图上,各位置的牡丹红花、黄花、白花、绿叶以及绶带鸟,均以红色牡丹花为中心而展开了花势从之、鸟情向之的物象安排,其置陈布势的气韵感由此奠定了基础。在染色上,继续这样的置陈布势之思,以胭脂、银朱、朱砂、大红的红色系列颜色,用承接套染的渲染方法重彩画牡丹。同时,牡丹叶的渲染以此为中心,特别在红牡丹的周围格外是墨色加深、对比加强、分量加重地画,尤其中间三朵红牡丹与叶的墨、绿之色彩关系,因墨色分量重而柔和了的红、绿对比,却得到无比沉厚的效果。由之向左的红牡丹处理是疏散了红色、降低了墨色、增加了绿色;而向右的黄牡丹处理,更是消失红色、进一步降低墨色和增加绿色;于是在中间的横向牡丹安排上,左重右轻而重中有重、重中有轻、轻中有重的节奏感油然而生。而往下,则在渐下渐淡的渐变之中,利用嫩叶、白花、新芽、枝梗等牡丹花的生理因素,在淡中深、淡中淡、淡中见节奏的原则中把握墨色关系与冷暖色彩关系,上与红花相应而下与白纸消融。而上方飞翔的两只绶带鸟,在节奏感上则如"四两拨千斤"般运力之理,既于鸟身的朱砂、石青、白色与墨色平衡全部牡丹花叶,又于鸟禽飞翔的动态呼应牡丹花叶。最后,在与鸟禽

[①] 李长白《花卉设色图谱》,上海人民美术出版社,1983年版,第14页。

[②] 李长白《花卉设色图谱》,上海人民美术出版社,1983年版,第4页。

图 3.1.13　李长白《春满园》

斜对角线的位置压上红色的两方姓名章,以平衡画面在该位置的分量感。这样,全图的布局、大势、色彩、韵律节奏等画面要素,可谓臻于万无一失之境,画面的表现完整性因此彰显。

在这样的表现完整性中,还有必要说一下李长白的构图。他的构图,亦建筑在教材研究的坚实基础之上,教材中所总结的构图理法的花卉出枝部位(详见第二章),均实践于他自己的作品之中。故灵气流动于平实,舒秀扩张于稳健,是为构图基调。所以,他的作品构图绝无从画面四边线的中心向内出枝的"非位出枝"(见前一章),也绝无类如潘天寿边角构图的"奇"、"险"表现,更无异出奇思的其他石破天惊之举,然而却在他自己发现的构图理法之中,游刃有余地上下布置、左右逢源。这样的构图,虽然好像也都存在于传统花鸟折枝构图之中,但是李长白更理性化了;又因为李长白的构图都是来自写生,所以那种理性化全都生活化了;所以他的构图特点,往往在"平常"之中透出艺术处理的灵气与功力。

造型完美性、技法典型性、表现完整性的本质是"精"。他有精于学术思考、精于艺术表现的习惯。例如在他编著的工笔花鸟教材中,每一片叶子、每一个朵花的写生都严格唯美,每一张白描写生都从局部造型到整体构图甚至每根线条都做到无懈可击。而理论文字部分必请文学老师、理论专业的老师提意见(这一点,李老师曾对我说起过;张道一教授也曾对我谈起过他为李老师认真斟酌过那些文字),此外每句话、每个概念自己还要推敲多次。在"精"的意识中,写生时他的画稿必讲究完整性,如果一时遇到问题时,他会站起来东看看,西走走,从花丛中发现所需要的形象,在自然的千姿百态中找出处理的方案,必当场处理完毕才罢休。而勾线时必专心凝神,气到力到。染色时,水路必留得坚挺,清水笔即使几经洗色,亦必送至染出的边线。而对于艺术认识的"精",他紧紧抓住景、情、意、境界的本质原则,使之渗透在画的每个具体环节之中。以花枝写生为例,当领悟了自然的形态后,要"把它总的神态、情趣表现出来";画小枝要灵巧生动,"对于花态,要从它参差俯仰的形象中,体会耐人回味的风情,借助枝的动向势态,来帮助表现这种风姿"(《花卉写生概说》,下同);画大枝"要表现出它的精神来",如紫藤宜下垂,桃花用上升或展开式好看;写生构图就是对有感受,并产生情趣的对象运用构图的规律法则进行安排处理;而"创作总要在情意或形式上有一点'创'的新意"。图画"精"的意识，就是他从画法具体到理法抽象的层级中一步一个脚印地走出来的。

在他"精"的图画意识中，所确立了的工笔花鸟创作风格的元素值得注意。白纸底色，银朱红花，绿色叶子，长尾绶带鸟，空灵的构图，唯美的处理，严谨有序的层染，淡厚氤氲的云彩等画中常有者，也就成为了李长白工笔花鸟画风格特点表现的元素。

其中，最值得注意的元素是白纸底色，他作画往往不用灰色作底而以纸的纯白为贵。其动因首先是从教学出发，认为白底比色底难画，色底容易讨巧而怕让学生走偏，白底对于构图、造型及渲染的要求高而对学生的锻炼大，从而自己率先身体力行地示范。确实，色底好画：因为在纸底灰色之上只要运用黑、白、色，便能很快出效果。而白底难画：要想画出丰富的灰色可不是一件容易的事情，你不得不面对白纸全面考虑问题，如造型中的势态、疏密、外形、结构诸要素之外，点、线、面、黑、白、灰等要素，一个不能漏，这样久而久之也就定格为自己的特点。白色的纯粹性，客观上更有利于工笔晕染的微妙表现，另外在审美的文化心理上，那种清净纯洁的感觉容易直通他淡泊的人生情怀：在他的诗作中常能读到如"清风明月不须买，此处挂冠无俗尘"（题《清风竹溪图》），"游人莫谓仙乡远，咫尺西天却在心"（《游国清寺》）那样的出尘之思。而由重彩的红花绿叶强烈对比下的白纸，以及构图上大片留白的空灵感，正是他内心向往境界的外在语言表现。在纯粹的空白中，表现他千锤百炼的造型和精到精微的渲染功夫，是适合他施展的用武之地。

还有值得同等注意的元素是淡厚氤氲的云彩。例如 1977 年创作的《晴空》（图 3.1.14），一白鹤奋翅向上，背景不是人们常画的青松，而是广袤太空的蓝天白云。只见云层之厚不但是一层接一层，而且还向远空由近而远、云层由大而小地无限伸展，宛然是九天之上的天空景象。云层的画法，是调淡的花青加墨一遍一遍地积很多遍渲染而成，那些丰富的淡灰调，乃云层最不可捉摸的深处。染之积淡而厚，也是渲染技法的很高境界。像这样的云层表现，是李长白工笔花鸟画技法的特色创造。

图 3.1.14　李长白《晴空》,1977

3. 1987—2005 年

1987年随着李长白的退休,他的工笔花鸟画创作发生了改变。最突出的一点是:原来的白纸底色元素几乎消失了,原本的画面背景空白成为了渲染特定气氛的所在。那种由白底造成的宇宙间大气流动的空灵感,一变而为具体一隅情境的氛围营造。

例如1991年创作的《白牡丹》(图3.1.15)就是转型的代表作。虽然该画表达的如题画所云"昨夜月明浑如水,入门方觉一庭香"的夜景,似乎适宜满幅颜色的表现,但是境界收小、元素改变的客观情形还是产生了。而且,这不是偶然现象,随后的工笔花鸟创作进入的是同样的通道。如1997年的《黄牡丹》,也是消除了白底背景的满画颜色,在叶与叶的空挡处染墨填深,大片空白处铺上由深渐

图 3.1.15　李长白《白牡丹》,1991

浅的灰色,加上适当的水洗技巧,让背景与叶子保留一些去除浮色的水洗痕迹,亦为"暗香浮动月黄昏"的宛如夜景的情境。然而,并非夜景的五连屏《风动绿荷香满溪》(1991年作),一样在满纸颜色的画法中,营构了平视望去的荷塘景色,欣欣向荣的茂密绿荷间荷花盛开,白鹭及翠鸟穿梭飞翔,荷底是水,水中长水草,水上是浮莲,总之无论实处还是虚处都满画了颜色。虽然全画因渲染技巧精湛而清气依然,但留白的艺术处理已经不再。其后,1992年的《白荷》《春韵》《双栖》《野趣》,1993年的《并蒂莲》,无不是色彩氤氲的氛围营造之作。继而1994年《母与子》,1995年《春暖》《松鹰图》,1996年《绿牡丹》《鱼乐图》《荷花双鱼图》等,甚至有色彩过艳的趋势。这种情形的持续,于1999年的《荷花鹭鸶》、2003年的《荷塘清趣》(图3.1.16)都有明显的痕迹。而绝笔之作的十连屏《风动绿荷香满溪》,更消减了他第二阶段呈现的创作风格元素。

进入1987年以后的李长白工笔花鸟画,虽不乏优秀之作,但一定程度上呈现了衰势。不过,他的山水画却充满

图3.1.16 李长白《荷塘清趣》

图 3.1.17　李长白《舞春风》,1960

了势如破竹、势不可挡的朝气，续写着他艺术生命的新辉煌。

三、代表之作

李长白一生留下了不少工笔花鸟画的精心之作，除了前面已经介绍过的外，还有一些不能忽视，因为行文为叙述内容所限的原因而不能一一说及，所以特辟专节加以列出。

(1)《舞春风》(图3.1.17)，1960年作，纵132厘米，横66厘米；纸本设色。这是一幅最早较为完整地体现李长白工笔花鸟画创作元素的作品，白纸底色、银朱红花、绿色叶子、长尾绶带鸟、构图的空灵、处理的唯美、严谨有序的层染等，无一不表现在其中。在造型上，于花、叶、长尾绶带鸟等处处突出一个"舞"字，故形态飞扬而富有动感。四只绶带鸟集于一图，并且还有诸多蝴蝶相伴，在他的作品中是少见的。

图3.1.18 李长白《樱花小鸟》，1960

（2）《牡丹绶带》，1960年作，纵132厘米，横68厘米；纸本设色。风格成熟的早期代表作之一。详见图3.1.9及前第109页的文字叙述。

（3）《樱花小鸟》（图3.1.18），1960年作，纵33厘米，横33厘米；纸本设色。疏密聚散之中正在盛开的樱花几簇自然秀美，栖于花后闲适修羽的小鸟造型圆中有变。全图利用了樱花花瓣正反面颜色的深浅之别而巧妙地组织了韵律节奏关系。构图空灵，画境恬淡。

（4）《蟹爪兰》（图3.1.19），1961年作。室内植物蟹爪兰，垂挂于右上角凤鸟纹挂钩，金线绳，宜钧盆，蟹爪兰

图3.1.19 李长白《蟹爪兰》，1961

图 3.1.20 李长白《松鹤图》,1962

花在扶圈的作用下旺盛生长,花叶相映,错错落落。创作构图较奇,构思新颖,色彩艳而不俗。

(5)《松鹤图》(图 3.1.20),1962 年作,纵 132 厘米,横 68 厘米;纸本设色。画一鹤立于右下角的松树之巅,两鹤翔于左上角的高空之上,上下呼应的动态在自由抒情中处理,而背景的旭日与祥云处理最具特色。虽然是初画云彩,但显然没有传统程式的老套,而是来自于对自然生活的观察,所以旭日之云画得自然生动。其色彩在红、黑、白三色中的红调子处理,不失清雅。

(6)《豆娘飞》(又名《绣球豆娘》,图 3.1.21),1963 年

图 3.1.21 李长白《豆娘飞》,1963

作,纵44厘米,横38厘米;纸本设色。画白色的石蜡红花(因石蜡红与绣球相似,以前发表者误题"绣球")一枝两朵,数只红色豆娘正平飞而过。豆娘的红色在清幽的花与清幽的情境之中,格外增添了清新淡远的意味。

(7)《绣球花》(图3.1.22),1964年作,纵41厘米,横36厘米;纸本设色。绣球一簇三枝五六朵,自右上而左下垂挂,疏密得当,势态幽闲。白花绿叶阴阳晕染,石青底色均匀平涂,一派清心幽静的情韵。平涂石青底色的画法虽受于非闇影响,却得其精髓。

图3.1.22 李长白《绣球花》,1964

图 3.1.23　李长白《玉兰小鸟》，1974

图 3.1.24　李长白《茶花》，1975

图 3.1.25　李长白《灯笼花》，1975

(8)《白描大丽菊》，1971 年作，纵 42 厘米，横 38 厘米；纸本墨笔。铁线描表现大丽菊一枝，大丽菊的花与叶造型均因尽正侧、大小之变而生动，用线之笔从容不迫，既在用力均匀之中见韵律，又随根茎、叶子、花朵的不同形态各见质感。

(9)《玉兰小鸟》(图 3.1.23)，1974 年作，纵 42 厘米，横 41.5 厘米；纸本设色。凌空小枝玉兰虽只一枝两朵，枝上栖一小鸟，却意趣无尽生机盎然。特别是鸟身的红色和玉兰花蕊的橙红色与几片绿叶的色彩之比，最是色彩处理的精妙之处。

(10)《茶花》(图 3.1.24)，1975 年作，纵 41 厘米，横 40 厘米；纸本设色。一枝茶花折角弯枝地既回望画内，又放眼画外，由之展开了上下呼应的枝杈花蕾，淡墨染叶，银朱染花，而轻淡胭脂拂过叶面的暖色调处理，有另一种清秀透灵的感觉。

(11)《灯笼花》(图 3.1.25)，1975 年作，纵 41 厘米，横 37 厘米；纸本水墨。纯水墨渲染的垂挂灯笼花，因较好地把握了浓淡节奏感而别有意趣。相同的画面与构图多次在另外的作品中出现，但那是银朱花、绿色叶的设色表现。都精，因为各有境界。

(12)《月季花》(图 3.1.26)，1975 年作，纵 42 厘米，横 40 厘米；纸本设色。从左上角垂向右下方的一枝月季花，

图 3.1.26　李长白《月季》,1975

图 3.1.27　李长白《墨荷》,1976

虽然位置上下相等,但由于作了上重下轻的处理顿时改变了感觉,增添了意趣。上部的银朱红花和叶子渲染的深色与下部黄花及叶子的淡染之对比,是意趣所在。

(13)《墨荷》(图3.1.27),1976年作,纵49厘米,横42厘米;纸本水墨。一朵白荷秀挺而上,烘托白荷的是层层深进的六月荷叶,虽水墨渲染有淡泊的意味,但仍能强烈地感受到朝气蓬勃的荷塘生命气象。染墨的层次丰富。荷花造型秀美,花瓣有疏密,花蕊有掩映,生动而自然。

(14)《石蜡红》(图3.1.28),1976年作,纵43厘米,横38厘米;纸本设色。此图所画的花与《豆娘飞》中的同。虽然全画面只是秀出此一枝两朵,而且只是墨色染叶,白粉染花,花心染一点点淡胭脂红,但尤如轻轻的琴声划过静寂的时空予人美妙的感觉。

(15)《晴空》(见前图3.1.14),1977年作,纵132厘米,横66厘米;纸本设色。论述文字详见前一节。

(16)《山茶绶带》(图3.1.29),1977年作,纵101厘米,横66厘米;纸本设色。一枝山茶在一丛绿竹中从上而下凌空伸展,两只绶带鸟一栖息于枝上,一飞翔于枝下,其关系有太极图式之美,而在银朱红花翠色绿叶的主要视觉之余,在空灵中展现飘逸的动感。此图因最具李长白工笔

图3.1.28　李长白《石蜡红》,1976

图 3.1.29　李长白《山茶绶带》，1977

图 3.1.30 李长白《芙蓉》,1978

图 3.1.31 李长白《石竹花》,1978

花鸟画表现元素的代表性,而堪称经典之作。

(17)《芙蓉》(图 3.1.30),1978 年作,纵 45.5 厘米,横 38.5 厘米;纸本设色。芙蓉一枝凌空而降,芙蓉花粉红娇嫩,花叶飒飒风神。花之精妙在于处理精到,除了花瓣翻卷自然外,设色的韵律感最为可人。自然中的芙蓉花颜色好看,但形态处理不易,此图形态颜色俱佳。

(18)《石竹花》(图 3.1.31),1978 年作,纵 41.5 厘米,横 37.5 厘米;纸本水墨。直势凌空的石竹花在茂密丛中分出疏密聚散,前重后轻,前浓后淡,层次清楚,结构分明。花枝、花态整中有变,在秩序中求生动。

(19)《杜鹃花》(图 3.1.32),1979 年作,纵 43.5 厘米,

图 3.1.32 李长白《杜鹃》,1979

图 3.1.33　李长白《兰》，1981

横 40 厘米；纸本设色。火红色的杜鹃花后衬以粉红色的杜鹃花，全图调子的红色处理，却能给人清新秀雅的感觉，深得工笔花鸟画染色的要旨。

（20）《兰》（图 3.1.33），1981 年作，纵 43 厘米，横 38 厘米；纸本设色。两棵幽兰一前一后，写生精练，花态生动；色彩在蓝绿色调中有微妙的暖色变化。

（21）《风竹锦鸡》（图 3.1.34），1985 年作，纵 180 厘米，横 90 厘米；纸本设色。画劲风吹竹枝，风留空白而竹叶飘零于风中，据竹而栖的锦鸡隔风相向而东西相望，风势一顺而锦鸡势态转回，这是构图的意趣。空灵画面的留白纸地上，墨底绿竹间的锦鸡，前者色较浓重隐于竹后，后者较为洁白现于竹前，用色之少而精，益增清雅感觉。此作亦为李长白经典性的代表作。

（22）《墨竹》（图 3.1.35），1981 年作，纵 41 厘米，横 39 厘米；纸本水墨。论述文字见上一节。

（23）《蝶恋花》（图 3.1.36），1987 年作，纵 75 厘米，横 52 厘米；纸本设色。画虞美人两棵三朵的婀娜之姿，蝴蝶来飞的情景。花态生动，设色明丽。

（24）《风动绿荷香满溪》（图 3.1.37），1991 年作，四尺整

图 3.1.34 李长白《风竹锦鸡》,1985

图 3.1.35 李长白《墨竹》,1981

图 3.1.36 李长白《蝶恋花》,1987

图 3.1.37(1) 李长白《风动绿荷香满溪》之一,1991

图 3.1.37(2) 李长白《风动绿荷香满溪》之二,1991

图 3.1.37(3) 李长白《风动绿荷香满溪》之三,1991

图 3.1.37(4)　李长白《风动绿荷香满溪》之四,1991

图 3.1.37(5)　李长白《风动绿荷香满溪》之五，1991

张熟宣五连屏;纸本设色。论述文字见上一节。

(25)《树梅绶带》(图 3.1.38),1992 年作,纵 92 厘米,横 64 厘米;纸本设色。此作于 1975 年水墨表现的《灯笼花》构图发展而来。加长了构图,丰富了灯笼花,全图在银朱红花、翠绿叶子、长尾绶带鸟、云层晕染、空灵感觉的李长白元素处理特征中完成,为其经典性代表作。

四、评价李长白工笔花鸟画

第一,李长白工笔花鸟画是健康与唯美的。他的作品给人的总印象是:色彩明朗,精神奋发,意境隽永,清新怡心。因为"外师造化,中得心源"的传统经典画论始终是他发展艺术的指导思想,思想之根的"真、善、美"之追求,是他世界观的明确认识。他曾说"从思想内容、情趣意趣的

图 3.1.38　李长白《树梅绶带》,1992

感染力来说,必须具有真、善、美的因素","'真善美'育胎于事物的本质,反映在神情气质中,是由作者的深刻感受和高尚的思想情操来塑造完成的"。(《花卉写生概说》)这些话语,自己实践了一生。他认为艺术是"在思想感情上达到不可压制的地步"以畅胸怀而产生的,思想内容与形式美关系好比是经纬线的"经正纬成,理定辞畅",于是才有好作品。以健康思想为前提的"唯美",是李长白工笔花鸟画的一个鲜明特征。唯美,与他数十年精心研究工笔花鸟画教学、树立教材体系的过程分不开。教材的性质,决定了必须从整体到局部、从构思到造型、从抽象要素的思辨到具体画法的实践等各环节,进行认真推敲、锤炼共性美的特点,从而"精",娴熟而自然地运用到了自己的创作之中。他在教学上的"欣赏、穷理、生象、落幅"的写生步骤及其"写生处理"的观念,既是自己的画境营造之道,又是在构图、造型、色彩等方面的"唯美"之道。对于唯美,教学思辨使之清晰与微妙,教学实践使之处理功力深厚。故其创作,以他的艺术思想作保证,能产生他所追求的"生动、自然、新鲜"的美感力量。

第二,李长白工笔花鸟画深入宋人而自出清妍,独标一格。元代以后,工笔花鸟无不以宋人为宗。但是,所"宗"宋人的什么,却是各有理解。元代"宗"者,是透过宋人思古意而得墨色之真,如以王渊为代表的风格清幽的墨花墨禽表现。明代"宗"者,是追唐宋人的社会气象而在宏篇巨制中发挥色彩之美,如以边景昭、吕纪为代表的风格艳放的明代院体花鸟画工笔形态的表现。清代"宗"者,是得其细微刻画而掺入西法,如以朗世宁、冷枚、邹一桂等为代表的风格繁丽的"中西合璧"工笔表现。民国短暂,对于如何"宗"宋人正在画法与气息上初见端倪。经过民国的李长白,因为一方面于教材建设总结宋人渲染的共性方法中得到"薄中见厚,厚中生津"的画法体会,一方面在他的艺术思想中有"使渲染设色走上一条永无休止的'活'路上去"而"无定法,无定方"的明确认识,所以他的"深入宋人",是既把握宋人思想源头的"外师造化,中得心源"原则,又把握宋人渲染方法层染微妙的奥妙。故其所"宗"宋人,是通透艺术思想而追渲染之真。看他作品中的红色处理如1979年作的《杜鹃》(见前图3.1.32),火红的颜色能不失清雅之气,全在把握如何渲染的具体方法中实现。其从胭脂打底到渲染朱膘、朱砂、大红的过程,依据的不是什么具体的宋人定法,而是由感受产生的所适合的李长白渲染步骤方法。该方法的特点,是以"淡"为原则去用色,以"清"为原则去用水,从而颇得宋人的渲染之真。宋人工笔花鸟,有心性自然、观物精审的精神,故多能以渲染之淡取物之真。后世得之者,有元人任仁发《秋水凫鹥图》。明代边景昭、吕纪因设色步骤简略而渐失之,其后少有人问津。今李长白得之,兼以造型的唯美、构图的空灵、用色的清妍,而出"静美妍丽,空灵清新"的风格特点。

第三,李长白工笔花鸟画与于非闇、陈之佛三足鼎立,是建国以来工笔花鸟画的代表之一。

李长白作品的"静美妍丽,空灵清新"的风格特点,与北方风格代表的于非闇"刚劲硬朗,雄健朴实"的特点拉开了距离。"北方风格"是指北方地域的艺术风格。历史上,北方的院体工笔花鸟画有深厚的积淀。从唐代边鸾、五代黄筌到北宋徽宗,从明初边景昭到明中期吕纪,从清初郎世宁到清末的院体花鸟画,所形成的完整的宫廷院体工笔花鸟画体系,有刚劲、硬朗的作风,是为北方工笔花鸟画代表性的传统风格。其所孕育的于非闇工笔花鸟画,继承了该传统而有用笔刚劲挺拔,晕染技巧平正朴实的特点,如中央美术学院藏于非闇《大理菊花图》(图 3.1.39)就是明证,他的浓墨勾线,特别着意于转笔、顿笔的刚劲有力,还着意于画花与画叶勾线的粗细及墨色的对比,如画花的淡墨细线、画叶的浓墨粗线,都是有意强调了的所为。另外为了强调富丽感,还在紧挨花的淡墨细线、叶子的浓墨粗线边专门附勾了金线,显现出装饰性的"平实"感。设色上,大理菊花基本以平涂法为主的朱砂红色,还有叶片淡墨晕染的基本一遍完成,无处不在装饰性的"平实"感中体现其特点。加之于非闇所题瘦金书的顿挫有力的硬朗、硬挺、硬健感,格外加强了风格特点,从而成为现代北方工笔花鸟画的典型表现。而李长白运笔劲健藏于淡墨之柔的勾线,淡色或淡墨积厚的晕染,加之造型唯美与布局空灵的元素,完全给人以耳目一新的强烈感受。

李长白的这种风格特点,也与陈之佛的因结合了日本图案画而创新了工笔花鸟的风格完全不同。日本图案画,往往将客观物象进行程式化的图案变化后再进行意境表现。陈之佛的工笔花鸟,虽也首先以精研宋人为基础,但还是以吸收日本图案画而树立风格最具标志性特色。例如他画的石榴花、山茶花等,不太像宋人花鸟那样重客观自然对于细节作惟妙惟肖的生动描写,而明显具有图案程式化处理的要素;他画鸽、鸡、鹦鹉、绶带等的鸟禽造型也

图 3.1.39 于非闇《大理菊花图》

一样,图案处理的理法处处可见。其画面布局,虽也非常讲究传统构图的开合、疏密等原理,但日本图案画那种平面性、装饰性东西的明显渗透,是一目了然的。如《秋塘露冷》(图 3.1.40),除了选取平面灰底的纸外,荷的画法似乎是先将荷干荷叶平涂灰色后再看情况晕染绿色,莲蓬、花瓣,还有鸟的画法,也有平面装饰处理的感觉。但其本质,是绘画生动变化的特质运化了的日本图案画平面性、装饰性,这使陈之佛创造的画树干的"积水法",成为了他工笔花鸟技法的典型代表。李长白工笔花鸟虽然也有平面性与装饰性的要素,但由于始终走在纯粹的唐宋传统的工笔框架内,即着重客观细节自然生动的变化,强化与图案表现本质的不同,而风格迥异于陈之佛。

图 3.1.40　陈之佛《秋塘露冷》

李长白与于非闇、陈之佛还不同的,是在于他的创作心境别具个性。

众所周知,于非闇与陈之佛的工笔花鸟画虽然画风两样,但其创作心境有因政治热情而迸发的共同点。在这方面,除了他们的作品气息明显地都具有因新中国建立之后而欣欣向荣的时代感外,文字方面也留下了表述。例如1957年出版的于非闇《我怎样画工笔花鸟画》言:"花鸟画家首先要有政治热情",同年朝花美术出版社出版的《于非闇工笔花鸟选集·自序》亦言:"解放以来,我逐渐觉醒,不再顾虑什么院体不院体、匠气不匠气、雅不雅了。学习越多用功,越觉得不够,就越要去进一步的尝试。同时我也体会到人们精神生活丰富是繁复错综的,间接对人们有益,自然也对社会主义有利。尽管我这花鸟画是一枝重沾雨露的老花,但是再经培养,我相信或许比这本册子里所收集的要更鲜丽更活泼。当然这本册子里绝大部分作品完全是经过七年多灌溉培育的结果。"

同样,陈之佛在《研习花鸟画的一些体会》中亦言:"'孤芳自赏'再不能是我们作画的目的了","仅仅追求艺术性、'为艺术而艺术'的创作,也决不是社会主义艺术发展的正确道路。同时还觉得花鸟画这种艺术,固然缺乏以形象教育人民的功用,但它能够以一种艺术美使人们精神愉快、舒畅,使人感情健康,培养优美的情操。因之它也必须充分表现优美的民族风格和特性,充分表现伟大的新时代的时代气息"。"我深深感到一个画家的政治立场、思想感情一定会反映到他的作品上的。政治立场、思想观点变了,绘画的意境也必随之而变。""在作画的时候,对于选题、立意、构图、设色各方面,总是时刻考虑,是否为广大群众所喜爱,是否能够美化社会主义祖国和丰富人民群众的精神生活,企图表现得明快、鲜艳、丰满、雄健些,才感满意。因此在作品中常常流露出一种欣欣向荣的乐观情绪,也是事实。"[①]这些是于非闇、陈之佛工笔花鸟创作心境的肺腑之言,印证了的是其作品,如于非闇《红杏山鹩》(为建国五周年作)那样春暖花开粉红调子的春光烂漫,陈之佛为建国十周年作的《松龄鹤寿》等。确实,这是彻底结束了一个多世纪来中华民族受尽帝国主义侵略蹂躏,彻底结束了腐败旧政府统治后,从每个中国人心底迸发出来的感情,从而渗透创作心境画出了解放了的中华民族建设新社会的蓬勃向上的朝气。

这种时代气息,应该说李长白工笔花鸟画并不缺乏。他的一系列作品,也有欣欣向荣的精神面貌,也有"我更爱下里巴人"那样的审美表述,甚至作品格调也与于非闇、陈之佛同在雅俗共赏的层面,但李长白创作心境的更为纯净,唯美倾向的更为突出,无疑是有别于于非闇、陈之佛的最大特点。所以李长白作品的构图、势态、造型、色彩等本体要素往往呈精锤精炼状态,工笔花鸟画特定技巧的"染"功也因更得宋人三昧而深厚。

---

① 《陈之佛文集》,江苏美术出版社,1996年版,第440页、441页。

第二节 李长白的山水画

1987年李长白退休了。然而,以工笔花鸟画名世的他却在山水画方面突飞猛进并取得了前无古人的成就。他山水画的构思独特,造境独到,山景奇变,色彩瑰丽,笔墨创新,一见手眼的独出。他尊重感受,从而再次践行了自己"最重要的,则是要培养对自然景色的感受能力"、"艺术贵有新鲜感"的艺术主张。

一、作品概况

李长白山水画的总数量约有200件。其中临摹前人之作见10件左右,其余作品均为创作,并越来越有明确的表现元素,而具有强烈的个人风格。其涉及山水画的时间点,一是1939年到1940年临摹古人山水的短暂时期,此后的30年间少有他山水画的信息。二是1970年起再涉及山水画,此后几乎每年都有山水画的信息,那种不解之缘,一直延伸到他离生命终点的最后几年。李长白山水画的题材不局限于一隅,既画中国的湖景山色和名岳风云,又画美国的山林风光和蓝天白云。前者如黄山作品系列和武夷山作品系列等,后者有《美国黄石风光》和《加州森林》等作品。其成熟表现的时期始于1990年,该年起,一系列黄山作品如《双剪晨姿》、《黄山(浩波荡漾)》、《松映祥云》、《千山云起》、《风回云转》、《清凉云变》、《山走云飞》、《云飞谷底》、《风云幻变》等等,画出了他的独到感受。自此创作激情持续迸发,特别是1996年是他山水画数量最多的一年:创作了《黄山云雾》系列数幅,另外还创作了《彩浪滔天》、《飞瀑》、《观海图》、《黄山云海之奇观》、《梦笔生花》、《山色空濛雨亦奇》、《山在虚无缥缈间》、《松下问童子》、《云涌峰浮》、《云雾玉屏》等黄山系列的作品,又完成了《火山风云》组画、《雪山风情》组画。到1998年,更以《高原风情》系列山水画创作为标志,李长白的艺术创作表现达到了一生中的巅峰状态。所有这些山水画,均有风起云涌而奇异瑰丽的强烈特点。那笔下风起而涌的动势、动态、动感之云,虽然千百年来为人们司空见惯并也一再给予艺术表现,但到了李长白笔下,才有了他独到的艺术个性发现并得以惟妙惟肖的表现。

二、三个时期

1. 临摹写生

李长白山水画的起步,至今还能见他1939年至1940年临摹的几幅古画。总的印象是:他从宋人入手,可能与浙江的地气、人气之历史基础有关。所临作品查证了的有《临南宋马远对月图》轴和《临宋代佚名溪山暮雪图》轴。

将所临摹的与印刷品范本对比,给人留下一个深刻的印象,即不但把造型与笔法临得很像,而且他喜欢加进一点自己的什么。例如《临宋代佚名溪山暮雪图》(图3.2.1)与印刷品范本(图3.2.2)做比较,从造型到笔法的酷似范本,无论是大山的外形与内质,还是小树的形态与笔法,都没有丝毫含糊之处。所不同者,一是下面的前景之树更重层次处理,并且在河岸上加了一棵垂弯之树,由此却改变了右下角那组丛树的外形而使之更参差错落。二是在该丛树下面的石坡上添加了一条山道,道上有一辆缓缓前行的牛车。牛车虽小,却画得很仔细,牛的形象与动态、牛车的透视和车中坐的老者,前面的赶车人和后面的童子等,皆符合古人要求而无一不仔细刻画。经此添加后,临本有了另一种感觉:原来范画的静中之动,是由左下方归飞的群鸟向房屋周围群树纷纷靠拢而显出无人之境的宁静;而临本去掉了群鸟改以牛车及人物活动后,静中之动显出的是有人之境的宁静,从而表明了作者参入己意的临画态度。这样的态度也出现在《临南宋马远对月图》轴,其画明显颜色偏重,既在天空中加重了原来月亮的分量,同时加重了天空中云彩的渲染,又在画树时加重了前景之树的颜色,范画中前景的树与后景的树之区别是勾线的墨色稍有深浅之分,李长白画树的前后之分则转换进色块意义的浓淡之别。像这样的临摹之道表明:李长白一开始学画就显示出了善于思考的特质。

李长白山水画临摹的再次起步,见1970年、1971年临傅抱石山水画的数幅作品。所临的傅抱石山水画,就题材而言,多为新中国建立之后祖国山河新面貌而笔墨之新的表现之作,最具代表者是《雨花颂》(图3.2.3)。他临摹傅抱石作品的津津乐道,恐怕不是题材的原因,应是被傅抱石线、面处理的艺术灵气所吸引。那种新时代新房屋的表现线条,映在漫天盖地散笔点皴后晕染氤氲的山色之中,是生动的线、面处理。又群山墨色之中显隐着或留白的一道山泉或朱砂色的纪念碑或石绿色的水田,是灵气的

图 3.2.1　李长白临宋人《溪山暮雪图》轴　　　　　图 3.2.2　宋人《溪山暮雪图》轴

图 3.2.3　李长白临傅抱石《雨花颂》，1971

色彩处理。傅抱石喜欢用皮纸，皮纸纸性的肌理效果特殊性能增加笔墨趣味，是傅抱石山水画的表现元素之一。这一点李长白也感兴趣，也是他后来山水画一再发挥并臻于极致的东西，犹如做酒引入少量的酵母菌，时间一到即酿成醇香的美酒一样，而成为李长白山水画与傅抱石山水画的关系。那种关系，渗透在李长白山水画作品之中。

1973 年，李长白出现了脱离临摹的最早山水画《黄山松石图》（图 3.2.4）。山石结构、松树姿态的严谨与生动相兼，云气流动、峰峦显隐的写实与灵气相得，以及笔墨无概念化、构图无程式化的感觉，表明此图来自黄山实景写生。这件作品，有几点细节值得注意：一是该画无论是局部画石还是整体氛围均有受明代王履《华山图册》影响的迹象，显示了李长白山水吸收传统的广泛性。二是色彩表现用渲染的方法画出了山石冷暖的微妙变化，这种方法几乎贯穿了他后来山水画的全部。三是云彩表现引人注意，云彩渲染最早见他 1962 年工笔花鸟作品《松鹤图》中的成熟表现，最早创作的这幅山水画不离云彩，后来的山水画又持续画云彩，画云彩一直是他的兴趣。四是皮纸纸质，该纸质从这第一幅起，就几乎贯彻了他山水画的全部。所以，尽管该作的个人风格不明显，但是他的个性元素在增长。此外，这时还另见一些较好感觉的作品，如 1974 年的

图 3.2.4　李长白《黄山松石图》,1973

《小溪》,该图造型、意境、构图甚好,近景的墨树层次与外形俱佳,自远至近的泉水生动,特别前景的水浪画得好,水中之石造型无概念化。这样的前景与朦胧氤氲的远山相衬,意境静幽而面貌清秀,笔墨感觉有较明显的傅抱石影响。类似作品还有一些,不过数量不多。很快,李长白就进入个人风格探索的轨道之中了。

2. 风格新创

缘于画黄山,李长白山水画的个人风格探索于1974年初显曙色。例如该年创作的《猴子观海》(图3.2.5),就以不见古人的由近及远层层画云,吸收西洋画透视法,还有西画观念的红调子等特征,画出自己观看黄山日出的感受。此图最令人印象深刻的是:画云海写实得像照片一样,并且把那么大的场面收小在一平方尺多的画幅之内!又看红色画云,总让人想起1962年四尺整张宣纸的工笔花鸟作品《松鹤图》的银朱色红日与橙红色流云,那也是站在云层之上极目宇宙角度的抒怀,其红也明净,其境也广袤。12年以后画这幅《猴子观海》的红色,太阳是在红色中的留白,红色是在绿色的对比之中,大小是四尺整张宣纸的六分之一。两幅作品的联系，是一种红色的情结。这红色情结，似乎通存在李长白的性情之中，因为早在他1939年、1940年时期临摹的古画中，就有一幅特别抢眼的红日鲜红色，而后越靠近生命的终点，红色运用得越多越娴熟并越美，如《高原风情》组画。此图的红色用在绿色的对比中，是指左下角近景山树色彩的墨绿，经山岩紫墨色的过渡，调和于通幅红色调的处理。跟他其他作品往往将红色与墨黑搭配不同，此作与绿色的搭配，画出了一种晨曦时分的清新感。

云，正在成为李长白山水画表现元素的一个关键。1974年创作的《黄山》、《黄山云海》两幅，继续表现了云。《黄山》（图3.2.6）画阴雨天气风云自下而上蒸腾，白云茫茫中山峰显露的景色。画云之妙，妙在遮掩山体与山峰接触处的边缘处理，那种实中见虚、虚中见实的模糊感，恰到好处地表现了云层升腾时的云气感觉。这样的表现是过去或以线条画云、或以留空白为云的山水画所没有的。李长白在以自己的眼睛、自己的观察、自己的敏锐捕捉大自然，他在画自己感受的黄山之云。因为是画阴雨天气的风云，使之运用淡墨调子晕染山峰的阴阳凹凸，并格外着力

图3.2.5　李长白《猴子观海》，1974

于浓淡虚实的节奏感、韵律感，充分表现在山上亲身感受的那种飕飕而清冷的感觉。没有红色，没有绿色及任何色彩，一任心地的清凉在淡墨中行走。

图 3.2.6　李长白《黄山》，1974

而《黄山云海》(图 3.2.7)的画云,又明显与前两幅不同。如果说《猴子观海》的画云显得平实,《黄山》的画云显得虚灵的话,那么《黄山云海》的画云则平实与虚灵相兼。其平实中见虚灵、虚灵中见平实的画云,彰显了艺术处理的能力与境界。此帧山水,可谓是集以前画法的大成者。右下角的画松树,仍为 1973 年《黄山松石图》中画松树的笔法,但因背景风云的衬托而显出虚实相生之美。右上角的山峰,乃墨线勾、淡墨染而后赋染青绿,其沉着,有一种铁铸青山的感觉凝固于云中。围绕了该铁铸青山的云,似从高远处压来,在底下承受了力量后又渐而升腾,于是组成了由近及远的由疏渐密、由淡而深的云层结构。然后,画云之妙集中在铁铸青山周围展开,最精彩的应是那一小缕正如烟升腾的白云,其从山峰后转来,正与前面涌来的云朵相迎;其往上的飘升,正对比着青山铁铸的深沉;其如动物的外形,能给人以丰富的联想。深灰色的这一小缕云,却是主题集中之处。全图的色调处理也值得注意,自左往右、自下往上由冷而暖变化的色彩微妙,增加了云层景观的神秘感,丰富了画面整体的表现力。

图 3.2.7　李长白《黄山云海》,1974

1974年,是李长白叩开自己山水画风格之门的一年。特别是《黄山云海》似乎对后来风格格外具有昭示的意义。不过,成熟地在这条风格之路上驰骋,则在1990年以后。1974年至1989年的10多年间,李长白山水画基本上在水墨画法中摸索。其中的云,一直是在不断成长的表现元素。像1975年水墨表现的《散花烟雨》,1977年水墨表现的《黄山(春光云影)》、水墨淡设色《黄山(石上清流)》、《云间送客》,1978年水墨淡设色《黄山》,1985年设色《黄山(云漫天都)》、《山在虚无飘缈间》、《松鼠跳天都》、《黄山松》,1986年《双龙入海》,1989年《观海图》等作品,都不但不离"云"的元素表现,而且很有成长的势头。例如1989年创作的《观海图》(图3.2.8),即以千山群峰排云宇宙的气概画云,而有云与山、云与树交融的画云法产生。那由近而远的云,利用远近关系依据山峰结构组织了排云的秩序,并画以山树作为显隐山体的标志,山树由大而小、由深而淡地向纵深推进,一直融入远方云层的深处。这样云与景交融的处理,是以前他的山水画少见的。并且近景之中亦融入云气,既顺水推舟地处理了近、中、远的山景层次,又通过浓淡节奏的渲染表现了大自然的神秘感。例如飘入猴子观海山石下方的云在灰色中的闪亮,所呼应的上方白云,是由绿而蓝、由蓝而紫、由紫而泛红光的远近关系,特别是最远处白云的一抹微红经天际深色墨花青衬托,天空更神秘了。至此,画云的意境、造型、技巧,基本臻于完善。

1990年,一幅逆光取像的作品突然出现于李长白山水画。《双剪晨姿》(图3.2.9)画早晨的阳光照射进山体刹那间的景象,白光刺眼,光芒放射,逆光下眼睛看到的景物只是外形而内里一片黑色,变化这片黑色的唯有四射的光线。此图抓住这特点的表现,是承认山体的一片黑色而尽黑色氤氲之妙,以把握自下而上的自深而淡总体节奏为前提,如剪影般画山,如剪影般处理墨色,而让射进的太阳光芒成为表现的中心。

经此表现后,"逆光取像"遂成为李长白山水画的又一个重要元素。其与先前的"云"元素结合在一起,个人风格更为突出了。1991年起,综合了这两个元素的一批李长白山水画脱颖而出。计有:1991年的《松映祥云》、《黄山(浩波荡漾)》、《千山云起》,1992年的《风回云转》、《观海图》、《清凉云变》、《山走云飞》、《云海茫茫》、《云涛一》、《幽谷风云》、《云飞谷底》、《云涛二》、《风云幻变》,1993年的《彩浪滔天》、《云蒸霞蔚》、《山雨欲来风满楼》、《艳阳》、《云

图3.2.8 李长白《观海图》,1989

图 3.2.9　李长白《双剪晨姿》，1990

飞天都》《云涌莲台》，1994 年的《风起云涌》《晨曲》《落日奇观》《迷茫的山谷迷人的太阳》《神龟渡海》《雨后林间》《云海》《云漫千山》《千山云起》《云涌峰浮》，1995 年的《飞来石》《晨》《黄山云海》《月光曲》，1996 年的《飞瀑》《观海图》《黄山云海之奇观》《黄山云雾》系列 5 幅、《梦笔生花》《山色空濛雨亦奇》《山在虚无缥缈间》《松下问童子》《云雾玉屏》《黄山云雾》，以上约近 50 件作品皆为精品。举其中最为典型的略作介绍：

（1）《松映祥云》（图 3.2.10），1991 年作，皮纸设色。纵 52 厘米，横 44 厘米。逆光取像，焦浓墨画近景松树与山体；中景亦逆光取像而稍淡墨画山体；远景的山峰亦如此。云层流泻于松间石后，并以淡墨打底而讲究色彩变化，近处淡橙红向中间橙黄推进、渐远渐转淡绿并转淡青紫、远入灰橙黄。云层的形态在统一中显出丰富，色彩在沉着中显出神秘富丽，其在墨重黑松的强烈对比之中，显出沉着幻变的视觉震撼力。

图 3.2.10　李长白《松映祥云》,1991

图 3.2.11　李长白《浩波荡漾》,1991

(2)《浩波荡漾》(图3.2.11),1991年作,皮纸设色。纵63厘米,横65厘米。云层流动如汹涌大海,奔浪自远处来,遇到群峰则云回路转,遇到山谷即奔流而下,此图描绘的这一场景,亦在云层与逆光取像两个元素的表现之中。不过山峰之黑不像《松映祥云》中画松的焦浓墨那样,而是勾皴渲染到较深程度后再焦浓墨小笔点写山上松树,画出逆光中深色的层次韵味。因此决定的画面黑白灰关系,是黑灰在其下、黑白对比在中心而展开的节奏感处理,中部以上灰白调子的云层运动直至天际,所以全图意境广大而深远。

(3)《千山云起》(图3.2.12),1991年作,皮纸设色。纵58厘米,横58厘米。逆光取像耸天奇石小树,衬以蓝天白云背景,一派高空云层的静态景象。耸天奇石在逆光中凝重,石岩小树的焦墨处理如铸铁,云层渲染丰富厚实

图3.2.12 李长白《千山云起》,1991

而动态变化缓慢,这样的景象常在山中见,但常人往往在古画中求,李长白则在现实感受中得。

(4)《风回云转》(图 3.2.13),1992 年作,皮纸设色。纵 67 厘米,横 68 厘米。逆光取像深墨画近景的山峰松树犹如剪影一般;中景是白云倾泻于峰峦之中,如大瀑布、如倾倒海水般的白云包裹着的山峦似仙境蓬莱岛,云层之厚而大,仙岛显远而小。而远景是墨花青浓色的云层,益增画意的神秘感、画面的节奏感。从而境界奇,形式新。

(5)《观海图》(图 3.2.14),1992 年作,皮纸设色。纵 67 厘米,横 68 厘米。"猴子观海"处,是云层连排奋发如大海滔天的巨浪直至天边,近景与中景之间的山谷处升腾的云烟,犹如拍岸而过的白浪,虽稀落却壮观,全图意境深邃,气韵灵动,气势恢宏。该黄山景点的"猴子观海",前面分别有 1974 年和 1989 年的《观海图》,前者是照片式的画

图 3.2.13 李长白《风回云转》,1992

图 3.2.14　李长白《观海图》,1992

云海,后者是幻境化画云海,此图更进入表现性画云海。前景的逆光取像之深墨,与远处天际线深色的呼应,在中景猴子观海处的由深而淡、由实而虚的与云海交融,表明了李长白对于"云层"与"逆光取像"两个表现元素的运用,正臻于炉火纯青的程度。

(6)《云飞谷底》(图 3.2.15),1992 年作,皮纸设色。纵 65 厘米,横 66 厘米。逆光取像画前景的黑影松树,线条勾写、色墨晕染而灰色的中景之山于风云流泻之中岿然不动。云气下泻谷地,云势惊心动魄。画面造景奇特,风格清新。

(7)《彩浪滔天》(图 3.2.16),1993 年作,皮纸设色。纵 66 厘米,横 66 厘米。逆光取像俯瞰近、中、远诸山峰,浓墨黑影并投影于云势激荡的云层之中,色调在由近及远

图 3.2.15 李长白《云飞谷底》,1992

的黑色、紫色、红色、橙红色、橙黄色的秩序中流变,画面虽凝重、丰富、厚实,但充满激情。

(8)《艳阳》(图 3.2.17),1993 年作,皮纸设色。纵 68 厘米,横 68 厘米。逆光取像画大山,层层积黑写山体,边角构图旭日照,满天红彩染山廓。

(9)《梦笔生花》(图 3.2.18),1996 年作,皮纸设色。纵 59 厘米,横 58 厘米。逆光取像写黄山奇峰,近景黑墨,中景淡墨,风云之中,奇趣影然。近景奇峰之黑,在勾线皴笔及渲染的画法中积墨而成,故墨之黑影凝重沉厚,又所占面积之大,格外增加了深沉静穆的感觉。此图的画法,有对傅抱石画法的消融,而一出自己真切的实境感受。

游刃有余于"云层"与"逆光取像"两个表现元素之中,

图 3.2.16　李长白《彩浪滔天》,1993

图 3.2.17　李长白《艳阳》,1993

图 3.2.18 李长白《梦笔生花》,1996

是这批黄山题材的李长白山水画风格之新的要点。自古以来画黄山的山水画很多,但那对李长白来说,只是抽象的传统概念,具体画法好像不沾边。他在这个时代中,只顾在自己的审美理解中独往独来。

3. 巅峰状态

1996年至1998年,以创作《高原风情》组画和《火山风云》系列为标志,李长白山水画臻于极致而达到了巅峰状态。先前"云层"与"逆光取像"的两个表现元素,该阶段出现了交叉为用的新元素,而成为两个系列作品发展的新动力。

例如,《高原风情之三》(图 3.2.19)的表现,就是在"逆光取像"元素的前景高原大片面积内,开辟了"云层"元

图 3.2.19　李长白《高原风情之三》,1997

素,而出现画面新视觉、新格调的。也就是说,在黄山系列中逆光取像的山景往往以墨色凝重深沉地表现山体,现在因为交互进了"云"的造型因素,而在造型与意境两方面发生了深刻的改变。于造型,山体穿插了新内容而瑰丽奇异;于意境,因造景之新而莫测奇异。看这幅图例,逆光取像的前景与中景,是中景的墨黑色衬托着前景的暗红色,在主体前景中所画了的积雪,实乃"云层"元素的运用。积雪形状有常态而无常形的性质与云层同,运用该性质像画云一样自由处理心中的意、外形的美,能在山体的前景开辟新的构思。于是,像图 3.2.7《黄山云海》画云那样的动物状造型,作为积雪被安置在了前景山体上,积雪的掏空处长出枯枝小树以增加层次,丰富画面。而状如动物的造型之神情仰望的上方,是黑山后的白山,白山后的沉沉夜空,夜空中下沉着的月亮还是太阳,返照着白山前隐隐紫红与大红跳动的山体地面,从而奇异瑰丽的感觉叩击观者的心扉。

再如,《火山风云之四》(图3.2.20)的表现,更入异思而瑰丽莫测。该图与前图相比,虽一样是在"逆光取像"的山体中植入"云层"元素,但表现手法异出。在构图上非常单纯:前景是山,中景也是山,远景是天空。在意境处理上,是用前景黑山的墨黑之黑与远景墨青之深,夹衬中景的山峰之红,而营造宇宙神秘莫测的感觉。中景的山之画,用画云的意念作了处理,虽然总的形状为直线曲折的山峰所限,但红色内笔触形状的浮动感,红色色块自左下

图3.2.20 李长白《火山风云之四》,1998

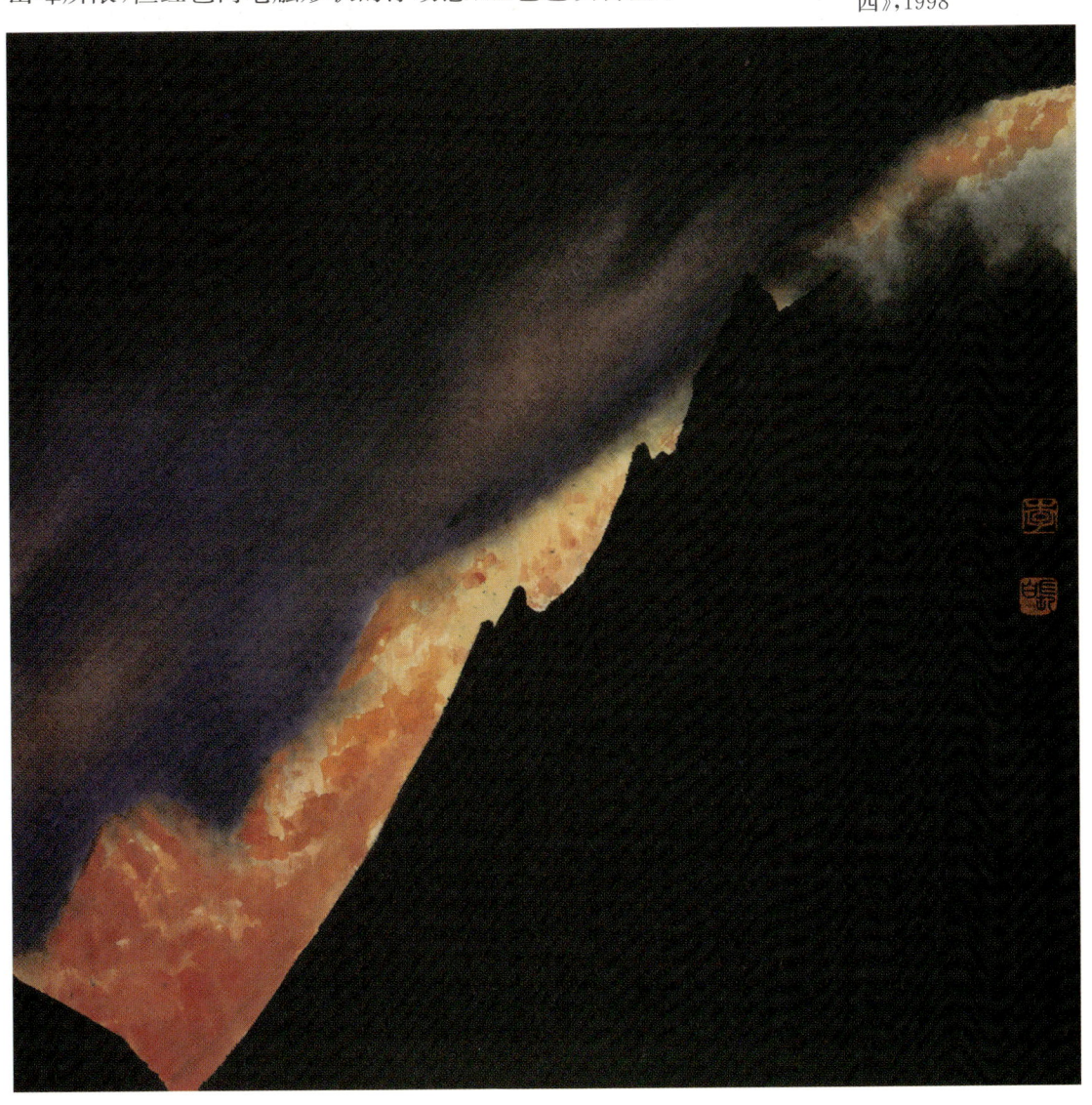

图 3.2.21　李长白《火山风云之二》，1996

往右上由深而亮的升腾感，都是云层意念决定的。这道亮丽的红色与后面墨青色的对比，最是神秘感的所在。因为画的是火山，火山一旦迸发，犹如云一样有常态而无常形，亮丽的红色给人火山即将喷发的联想，这是奇异构思而色彩瑰丽的立足点。

"云层"与"逆光取像"两个表现元素交叉为用的新元素，在其他作品的情况是：《火山风云之二》(图 3.2.21)不但逆光取像画山，还逆光取像画云，从而画山的黑色与天空的黑色连成一体勾勒了云彩的外形，衬托出紫红色调的美丽。《火山风云之一》(图 3.2.22)在绿色调中的画云，是以山画云，云的斜直线条之连排，似龙卷风袭来，更似山体之线的排列，云被画成了逆光而发光的山；或者说山被画成了逆光而发光的云。《高原风情之五》(图 3.2.23)细笔勾线画山留白似流动的云,所衬墨色黑韵应是云,却又是黑沉沉的山。其交融关系,使画山留白的外形之美与周边墨韵之动形成强烈的对比,亦给人奇思异想而瑰丽的感觉。

李长白晚年的山水画之所以还会有这样的创新,是他善于表达生活感受的结果。他画的黄山是自己感受的黄山,他画的高原风情与火山风云,亦是新的生活感受启迪了灵感。有一个经历不得不提,即 1993 年,李长白去美国纽约探望长子李小白,在飞机上感受了万米以上高空宇宙云层在不同时间的神秘流变,又在美国的大都会博物馆、华盛顿博物馆、波士顿博物馆中饱览了从伦勃朗到凡·高

图 3.2.22　李长白《火山风云之一》,1996

图 3.2.23 李长白《高原风情之五》，1998

的作品。从美国回来之后，陆陆续续画出了高原风情与火山风云两个系列，其中有他对西半球文化、气候、地理的感受。画法，随着经历变、感受变而变。

三、评价李长白山水画

第一，李长白山水画既前无古人，又在现当代独树一帜。自古以来中国山水画的发展，总在以斧劈皴画法为代表的北方山水画派、以披麻皴为代表的南方山水画派两条传统线路中思维，特别是明末董其昌提出画分"南北宗"理论以来，由于贬北宗、褒南宗而画坛无不追董源、巨然、元四家等笔墨，山水画进入了形而下意义的继承笔墨之道，而忽略了形而上意义的"外师造化，中得心源"创造笔墨之道。到了现代，山水画虽有以傅抱石为核心的新金陵画坛画出了新格局，产生了钱松岩、宋文治、亚明、魏紫熙等代表画家，但随后追踪者多，创格者无。李长白虽一开始临摹宋人与傅抱石，但很快就进入"外师造化，中得心源"的创造笔墨之道，在尊重自己感受处着力而脱离俗格，于无古无今地自创新格时，有理法、得画旨地展现了画道精神。

第二，李长白山水画是林风眠中西融合教学思想的成果体现。李长白是林风眠的学生，早在 1933 年考入杭州国立艺专时，林风眠既是校长，又是李长白的主课教师。林风眠对于李长白的影响很深。林风眠 1926 年发表的

《东西艺术之前途》一文中有段话表述了中西艺术融合思想,其云:"西方艺术,形式上之构成倾于客观一方面,常常因为形式之过于发达,而缺少情绪之表现,把自身变成机械,把艺术变为印刷物。如近代古典派及自然主义末流的衰败,原因都是如此。东方艺术,形式上之构成,倾于主观一方面。常常因为形式过于不发达,反而不能表现情绪上之需求,把艺术陷于无聊时消倦的戏笔,因此竟使艺术在社会上失去其相当的地位(如中国现代)。其实西方艺术之所短,正是东方艺术之所长,东方艺术之所短,正是西方艺术之所长。短长相补,世界新艺术之产生,正在目前,惟视吾人努力之方针耳。"[①]李长白发展山水画虽与这段话相距50年,却是深埋的种子在发芽成长开花结果的收获。李长白山水画以传统笔墨为功底,融合了西方艺术的痕迹是显而易见的。林风眠教学体系所产生的赵无极、吴冠中、彦涵、朱德群、李长白、苏天赐等杰出画家,都以中西艺术融合为特征。其中,李长白是中国画方面的代表。

第三节 其他方面

一、人物画

李长白的人物画有清晰的三个时期,一是1939年至1941年他的临古时期所临的宋元古画中有人物画,皆为工笔。如《临宋人斗茶图》等,勾线清劲有力。二是1951年至1958年工笔创作与写生习作。前者以表现新时代新气象人物精神面貌为主,如1951年作《幸福》,画年轻妈妈哺乳而脸上洋溢着的幸福神情;1955年《海边小憩》,画年轻的水兵靠在海浪拍来的礁石上吹笛的悠闲情姿;1958年《老农》,画一老农在即将获取丰收的稻穗前思绪万千的神态;以上各图皆设色鲜妍而富于生活气息。后者的写生习作,有素描,有工笔。他的人物素描画(图3.3.1),往往

---

① 1926年《东方杂志》第23卷第10号。转引自郎绍君著《中国名画家全集·林风眠·论艺摘选》,河北教育出版社,2002年版,第207页

图 3.3.1 50 年代的人物素描习作

用铅笔在不大的纸上仔细刻画,在生动的动态之中见结构的准确、透视的精当,其明暗处理能借鉴西画的体积感。而工笔习作能以精准的线条勾勒,最具代表的是《男子头像》(图 3.3.2),该作取像的角度之奇、画法之精,堪称一绝。三是 1990 年至 1996 年的创作,都是兼工带写面貌,主在抒发性情,例如《醉仙图》画酒之醉而恍惚人世的感觉,《老子图》画骑牛老子得道之思的悠闲心情,《笑弥勒》画伸懒腰而笑口常开的舒心姿态,《松下弹琴》则画松林之中高人抚琴而寄托自然超脱的情志,这些作品的"诗以言志",乃作者世界观、人生观的一种内心写照。

在李长白人物画中,他临摹的《八十七神仙卷》值得特别关注。第一,他补全了"八十七"位神仙。无论是徐悲鸿藏的《八十七神仙卷》还是与之基本相同的武宗元《朝元仙杖图》,都缺最前一名神将,李长白天衣无缝地给予补足了(见图 3.3.3 与图 3.3.4 对比)。第二,比原作大了三分之一而更增加了全卷的气势。其临摹动机,一是"古人功力

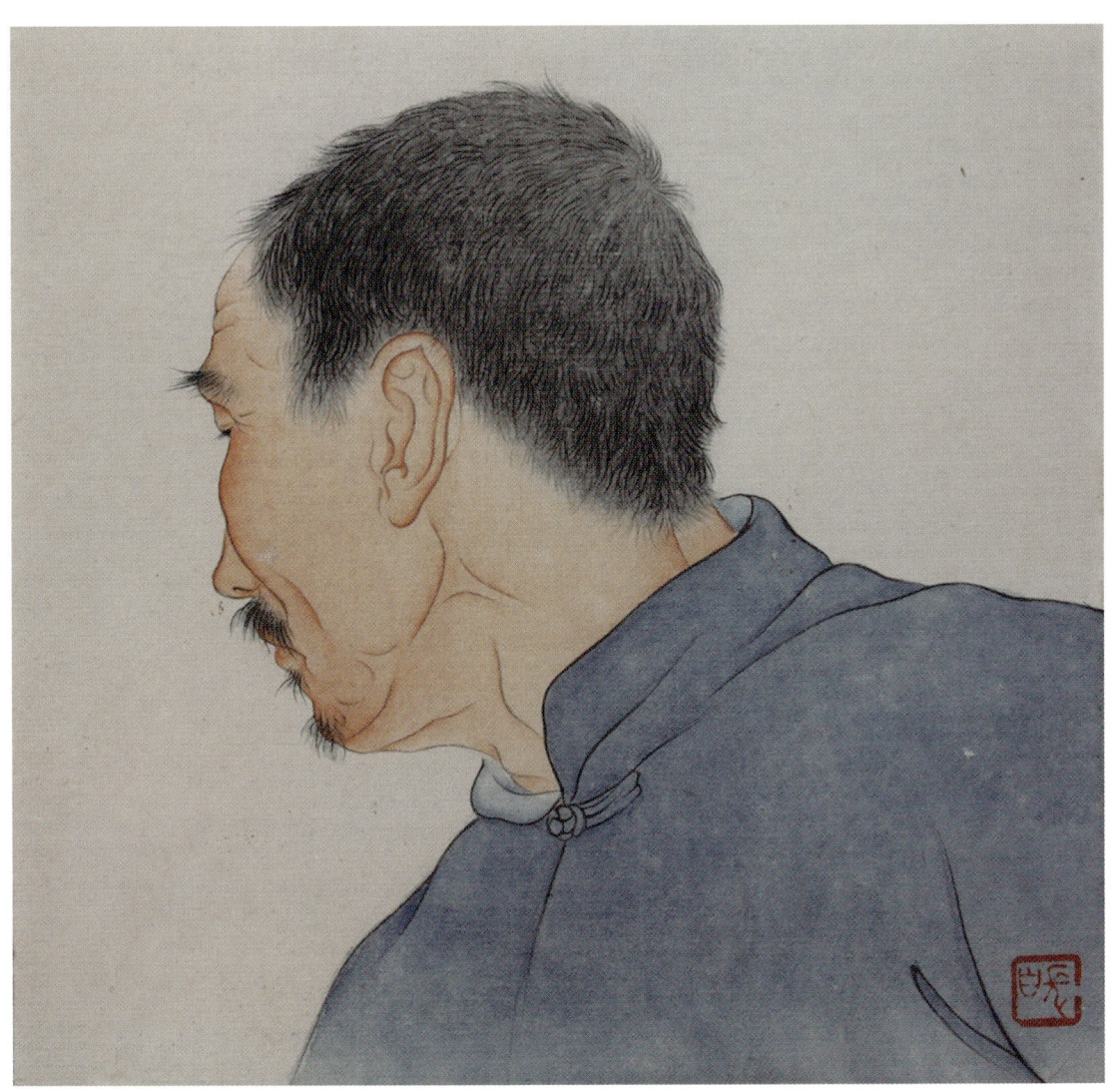

图 3.3.2 《男子头像》，50 年代

之深"的吸引，二是"如临得如意，那么也可以给后人留下一份摹本"，对此，他有一段文字记述，全文如下："《八十七神仙图》卷即《朝元仙杖图》卷，是一张我国历史上非常杰出的白描人物画。是卷无款，很可能是宋白描大师李公麟，在唐人粉本的基础上再创作的神品，全长约 2 米半，高约 25 厘米。人物如此之多，而安排得周密生动，气势贯穿，庄正有变。用线流畅有韵，因此人物都有雍容飘逸之感，尤其是乐队一段，神态生动，如同有声，令人惊叹。可惜此画已有破，人物有缺少。此画我解放前曾经看到，当时很想临摹学习，终因多种原因一直未能如愿。但心中总忘不了，临摹学习一张，如临得如意，那么也可以给后人留下一份摹本。像宋人临摹唐人的名作一样，使我们今天还

图 3.3.3 李长白临《八十七神仙·卷》局部

能欣赏学习已无真迹的唐代名作的风貌。这也是一件快事。这样在 6 年前的寒假我 64 岁时决定动笔。同时为了增强全幅的气势感,决定比原作放大三分之一。并约李小白一同做放稿工作。两人先后用了三个寒假两个暑假,约半年时间完成了放稿和各人勾临了一张。如此完成多年心愿。平时有空我还开卷欣赏一番,觉得古人功力之深实

图 3.3.4 唐·《八十七神仙卷》局部

在令人佩服。"①这幅画给人的印象是：在统一的行云流水般的铁线描律动有韵之中，仕女与武士的皮肤质感统一而各异，武士的铠甲与玉石的质感统一而有异，仕女的衣服与云气、荷叶统一而有异，用线气到力到而用意微妙有别；所得古人之意与他工笔花鸟的用线气息相通。

二、写意花鸟画

李长白约有近百幅的写意花鸟画作品。那些作品有两个特点：第一，基本上为 1980 年以后所作，且以 1990 年以后的居多。第二，题材基本上是墨竹、墨兰，像《芭蕉樱桃》、《映日荷花别样红》以及《青梅竹马》等画熊猫那样

---

① 见 1986 年李长白手写的遗稿。

图 3.3.5　写意花鸟《山禽枝上乐》局部，1994

的题材简直是凤毛麟角。李长白生前曾告诉我，为了应付一些免不了的社会交往，不得不画些写意的兰竹。但尽管是随意的几笔，却具有如下的画法特点：

1. 用笔劲爽。像工笔用线勾斫那样落笔爽快，笔笔见笔，毫不含糊。为此，他特别喜欢用劲健秀挺的兽毫之笔去写兰竹，甚至采用景德镇画瓷器的硬毫作画。遇到画鸟禽，也像工笔丝毛那样爽笔出之（图 3.3.5）。因此他的写意花鸟在工笔画家的笔法之中放笔取像，纵横于形色而无挂碍。

2. 往往新意。有时构图与造景会别出心裁，如 1993 年《秋兴》画竿竹直上，清虚疏枝在下的疏朗，浓墨密叶在上的团簇之对比；再如 1992 年《竹荫听鸟声》及 1995 年《一夜浓春雨》画近景的垂直浓墨竹叶与远景的垂直清虚竹笋之对比；亦为工笔画家善于造景的长处之流露。

三、书法

李长白的书法作品虽不多，但是他往往用瘦金书提按分明、顿挫有力的笔法强入草书的表现（图 3.3.6），给人留下深刻印象。他的瘦金书功底，虽然没有专门的书法作品显示，但是在他以前的工笔花鸟或白描或作品的偶尔题款中可以见到一斑。其草书，从多为 1990 年以后所作的情况来看，应跟写意花鸟画一样，乃晚年修养所至、功力所到的一种自然而然的流露。

图 3.3.6　书法《墨云翻天》局部，1993

第四章 李长白的历史地位与影响

第一节 历史地位

寂寞的状态能出大者。寂寞了近50年的李长白,是大者。

李长白在中国绘画史上,以开拓者的姿态占有一席位置。

第一,李长白基本完备了的工笔花鸟画教学体系,填补了历史空白。他尽30多年精力建立的工笔花鸟画教学体系,由于立足于工笔花鸟画的特性,提炼了技法教学的共性,总结了美感表现的理性,提出了"写生处理"概念,倡导了"感受生技法"主张,而凸显了逻辑性强、系统性好的特点。他亲手画的数百幅白描和设色图例,以及从画法真知出发所编写的教材,既新鲜又生动,除却唯古人画法是瞻的陈腐气。其富于实践性、科学性、可操作性,能切实地解决教学问题。千年以来,工笔花鸟画的发展虽一直处于方兴未艾的状态,但其教学却处于不完备状态,教学体系更处于"无"的空白状态。李长白工笔花鸟画教学体系的建立,顺应了历史,对于艺术教学及工笔花鸟画的继续发展具有"筑基"的积极意义。

第二,李长白的工笔花鸟画成就是时代的代表。他的工笔花鸟画精研宋人而自有深沉静韵,独出一种"静美妍丽,空灵清新"的风格。他特别领悟宋人"精细不苟"的审物精神,得宋人花鸟造型、笔墨、色彩之美的精髓,在静心精到处开辟境界而一开时代新风。从而成为继于非闇、陈之佛之后的又一位工笔花鸟画代表性画家。如果说,于非闇对于现代工笔花鸟画的复兴有醒神之功,陈之佛将传统工笔花鸟画导入了现代,那么李长白对于工笔花鸟画的现代发展则深具促进力。完全可以这么说,李长白工笔花鸟画教学体系所精心锤炼出的共性之美,无人能到;他把那种共性美融化进自己元素表达的创作之中所达到的功力,无人可及;以这两个基础树立的李长白工笔花鸟画风格之坚实,无人可摧。

第三,李长白的山水画成就前无古人,独步画坛。其黄山系列、高原风情系列、火山风云系列等作品,得"外师造化,中得心源"画道要旨,以尊重生活感受为要而发挥美感理法,实践了自己"艺术表现贵新鲜、自然、生动"与"感受生技法"的主张,也是他艺术教学思想的生动示范。他在山水画史上,以开拓了的"现代"概念,以中西融合为表征,独出北方山水画派、南方山水画派的千年传统笔法,而以一种崭新的姿态发扬传统精神留驻一页。

第二节 影响力

李长白的影响力,一是以他为人治学的身体力行、认真严谨、开拓创新精神,去进行艺术传薪而形成的。二是他编著的工笔花鸟教材,至今出版发行了十几万册,作为教科书在海内外广泛使用于教学。社会影响之大,有如学者评曰"李老师出版的几本工笔花鸟教材,比一个美术学校的作用还大"①。

他的为人治学,天下有口皆碑。由于一生认真教学,清心修身,用志不纷于艺术,所以获得所有人的敬重。例如台北故宫博物院研究员、他的同学李霖灿先生说:"长白兄沉醉于艺术创作钻研之中,在各艺校中教课著书作画,造成了他现在大师级的崇高地位。在我们艺专学生的心目中,这才是第一等人。"②还如江苏省国画院理论委员会主任、著名画家、他的学生黄鸿仪先生说:"吾师李长白先生以画为业,以画为乐;为人真诚谦和,乐观勤奋,志趣清远高洁;平日朝习气功,夕操古琴;虽长年身居闹市,却静如闲云野鹤、归隐高士。在人声喧

---

① 此语为黄鸿仪先生跟笔者交谈时说,经他同意而发表。
② 李霖灿《李长白其人其事其画》,《雄狮美术》第270期。

闹的场所里见不到他的身影,在吹嘘捧人的新闻媒介里找不到他的名字,在五花八门的销售画展上看不到他的画迹。……他在50多年的美术教育生涯中,一面认真、出色地完成美术教学任务,一面精心、刻苦地从事中国画的探索和创作实践。"①确实,李长白的一生,只以群蜂酿蜜、桑蚕造茧的精神,做自己想做的事情,因此李长白艺术的许多方面才能臻于完美,达到"字正腔圆"的境地。

李长白一生的艺术教育,已然是桃李满天下。他所教的学生有一个共同特点,就是能适应社会需要从事各种工作而为社会作贡献。他们有的是蜚声海内外的艺术家,有的是卓有成就的领导。例如朱修立,著名山水画家,现在中国画研究院,曾经在助教时期跟随李长白老师进修工笔花鸟。周矩敏,著名人物画家,苏州市国画院院长。廖军,著名写意花鸟画家,苏州大学艺术学院院长。徐利明,著名书法家,南京艺术学院留学生院院长,江苏省书法家协会副主席。张承志,美术学博士,著名漆艺家,南京艺术学院传媒学院院长。曹建宁,著名服装设计家,南京艺术学院设计学院副教授,硕士生导师。徐南,陶瓷美术家,无锡工艺职业技术学院设计系主任。康卫东,南通大学美术学院副院长。胡承华,苏州职业大学艺术与设计系副教授。在工笔花鸟画方面的艺术传薪,主要有他的家人和在高校任教的一批当代工笔花鸟画代表画家,而于下一节专论。

第三节 艺术传薪

一、"李家样"的李家人②

李长白在家中深受全家人崇敬。那种崇敬,转化为妻子、儿女全体"李家人"学习工笔花鸟画的兴趣,并都能得李长白的画法而乐此不疲,从而形成画风相近的"李家

---

① 黄鸿仪《虚静澄怀,艺境常新——工笔花鸟画家李长白》。台湾《新观察》1993年第8期。
② 该标题参考了许星《"李家样"·李家人》一文。《世界艺术》2007年第3期,78页。

样",不能不说是其影响力所至的一个突出现象。

汪采鸾(1924—),李长白的妻子。出生于苏州,李鸿章家族后人。1943年毕业于重庆国立女师,曾是李长白在重庆国立女师任教时的学生,1947年与李长白结为伉俪。因为热爱工笔花鸟,所以长期以来自觉接受李长白的熏陶,练得一手勾线和晕染的好功夫,从而成为李长白一生事业的好帮手。李长白的不少工笔花鸟画作品,其上往往有"采鸾"的印章款,即为他们天衣无缝的合作。有些作品虽然只盖了"采鸾"印章款,却往往立意、构图、造型出自李长白之手,而仍然是他们的合作。自从李长白1954年起任教华东艺专,生活步入稳定期之后,汪采鸾就辞去了当时在上海的工作,专心协助李长白。数十年来,她相夫教子默默无闻,以贤内助的美德支持着丈夫的事业。署名为"汪采鸾"的作品,以《风竹锦鸡》(图4.3.2)为代表。

图4.3.1 1982年李长白夫人汪采鸾画前留影

李小白(1949—),李长白的长子。原为南京艺术学院美术系工笔花鸟画教师,后侨居美国,为美国大纽约地区艺术家协会会长。2006年回国定居,为南京艺术学院客座教授、苏州大学艺术学院李长白中国画研究所名誉所长、南京云上文化艺术沙龙艺术总监。他从小喜欢运动和音乐舞蹈并善于社交活动。他在侨居美国的十多年间为传播父亲的艺术做了不少事情,如教授工笔花鸟,为父亲开个展等。父亲对他的影响很大,曾在回忆时充满深情地说:"你爱我们但从不溺爱,你对我们生活中的点点滴滴要求都很严格。你并没有运用你的'父权'强迫我们继承你的画艺,而是因为对你的崇拜,让我们对美术充满了无限憧憬与热爱。"①他的画,富于阳光气息,寓兴抒情,取像单纯而格调清新。

李采白(1950—),李长白的次子。现为苏州大学艺术学院副院长、苏州大学艺术学院李长白中国画研究所所长,副教授,硕士生导师。父亲艺术思想给他印象至深的是"要在生活中发掘心灵的美感",他说:"父亲对创作一丝不苟,追求真正的艺术美感。经常谆谆善诱地教导我们要遵循千百年来的古训:'外师造化,中得心源'。要在生活中发掘心灵的美感,追求由心而发的创作热情。记得在浓春季节,父亲亲自带领我们去菏泽写生牡丹、去泰山曲阜写生松柏、写生山石,感受大自然的景观。要我们牢记体

---

① 李小白《画音传说》。

图 4.3.2　汪采鸾《风竹锦鸡》

验生活是艺术创作的唯一方法。"①他的工笔花鸟画,如《花影》、《美之一瞬》、《盘根错节》、《暗香》、《花影摇月》等,因抒发感受而有新技法萌动。当然清丽雅致,不失"李家烙印"。

李莉白(1954—),李长白的女儿。现居苏州,为专业画家。曾在英国格拉斯哥、爱丁堡等美术馆、画廊与父亲一起举办父女画展。父亲的循循善诱,乃如其言:"记得他给我上的第一堂课,就是要我能懂得自然界的一草一木是多么的美丽,无论是一片叶子,还是一朵花蕾都要细细地观察,体会它的美丽所在。而孩时的我以为能认真地把那一条条线、一朵朵花画出来,美丽也就随之显出。但随着自己技法的不断熟练,呈现在眼前的画面却显得那么的干枯、死板、缺少生命力。如何向下画成为我当时最大难题,'画一定要美',父亲总是用这句话开场和我交谈,他用生活中的点滴实例引发我发现美,感受美。"②从而形成她"画是美丽的事业,我要为美而画"的信念。其画有诗意之美。

二、张晓星、张桂徽、江宏伟、孔六庆

张晓星(1951—),江苏常州人。1977年于南京艺术学院毕业后任助教,跟从李长白学习工笔花鸟。现为南京艺术学院设计学院副教授,中国美术家协会会员,其画自然气息浓郁,表现题材广泛。在细致入微的刻画之中加入抽象的要素,利用抽象要素的随意性、不确定性,给画面增加视觉的丰富感和生动感,她说:"我追求自然物象那种细致入微生动性的精到表现。"突出线、让色彩隐在线之下的效果,是她的画面特色。由于李长白老师的影响,她也淡然世事,专心创作。她说:"李老师在生活中平静、平淡、乐天知命。对于物质,他所求无多,……他说世界上最久远的快乐就是创造,'大自然是我们艺术创作取之不尽的源泉,自然和心绪融为一体有感而发,创作出清新、富有个人特色的作品是我的追求'——老师的话我一直铭记在心。"③此话发自肺腑,至今仍在通过笔端实践着。"成为

---

① 李采白《回忆父亲的创作理念》。
② 李莉白《回忆父亲教画点滴》。
③ 张晓星《淡泊人生,丹青永驻——回忆李长白老师》。

李老师的学生,是我一生的幸事"①,这句话,是张晓星说的,也代表了大家的心声。

张桂徵(1951—),辽宁绥中人,满族。清华大学美术学院特聘教授,中国美术家协会会员。1977年作为苏州丝绸工学院工笔花鸟画教师,与张晓星、江宏伟一起随李长白进修工笔花鸟。她认为:跟李老师学习工笔花鸟画是"一生中最美好、最值得留恋的学习阶段",其"全面的比较扎实的功底,是我们日后各自发展的先决条件"。②李老师曾为她的画集作序,称赞"桂徵正是沿着正确的途径"③,这途径就是对所表现的对象,由欣赏、穷理、生象而产生情趣、意趣,酝酿成有情有景的艺术形象,再经艺术处理而出境界;形神皆备,富有情趣。后在北京从俞致贞、田世光游,作品兼蓄南北画风。

江宏伟(1957—),江苏无锡人。1977年于南京艺术学院毕业后任助教,跟从李长白学习工笔花鸟。现为南京艺术学院美术学院教授,硕士生导师,中国美术家协会会员。其画笔格清新。他从李长白学习感受最深的是领略了"情趣",对此,他难忘一个细节:"长白老师定期来检查作业,……记得七十年代末秋天的一个下午,长白老师评讲一幅折枝画稿时谈到画枝的情趣,他轻轻地推开窗,一阵凉风拂来,他说'这就是情趣,情趣是用身心去感受,是一种会心的体验'。顺着长白老师的暗示,在瞬间吹拂身心的愉悦中,我注视着窗外的景色:初秋的法国梧桐略带黄意,广玉兰肥硕的叶面油油的发绿发黑,耸立的棕榈展开扇形的叶面,在晴朗的天色映衬下处处一片生机,美无处不在,在于用心去体验,去感受,去领悟。……接纳长白老师的关注方式的同时也影响了我以后的人生道路。"④确实,从此江宏伟的工笔花鸟创作较早进入自己的感觉天地,画自己对艺术的领悟与生活的情趣。

孔六庆(1955—),江苏无锡人。1978年考入南艺后,于1980年进入李长白主持的工笔花鸟班,1982年毕业留校任李长白的助教。现为南京艺术学院美术学院教

---

① 张晓星《愿如野雀自在飞——我的老师、我的艺术》,《世界艺术》2007年第3期,98页。
② 张桂徵《乐观的精神,通达的人生——回忆我的老师李长白》。
③ 李长白《外师造化,中得心源》(张桂徵画集序言)。
④ 江宏伟《轻轻地推开窗》。

授,博士生导师,中国美术家协会会员,江苏省花鸟画研究会副会长。李长白教学给予其印象至深的,一是从片叶、朵花、小折枝等循序而进的"写生处理"基本功,二是创作原则的"感受生技法",以此为筑基行进于"行知合一"的传统学术之道,曾于1994年至2004年息交绝游研究中国花鸟画史,著横跨九·五至十·五两个五年计划的国家新闻出版署重点专著《中国画艺术专史·花鸟卷》,画风由1994年的繁复妍丽转向了清淡雅逸,所进入的"心境出风格"层次,深得李长白教学的精神要领。

附录一：李长白年表

李长白年表

1916 年（民国 5 年　丙辰）1 岁

5 月 1 日（农历三月廿九）出生于浙江省兰溪县水亭镇夏李村（1610 年李渔出生于该村）。起名"辅臣"（小学用名），又名"寿清"（上大学时用名）。后抗战爆发因仰慕长白山抗日志士而自己改名为"长白"。父亲李松林，母亲刘氏，皆务农。

1923 年（民国 12 年　癸亥）7 岁

入夏李龙门小学学习。

1927 年（民国 16 年　丁卯）11 岁

入邰家村私塾读诗书。母亲刘氏病故。

1928 年（民国 17 年　戊辰）12 岁

入浙江兰溪著存高小学习。该年 3 月 1 日林风眠被任命为国立艺术院院长。

1929 年（民国 18 年　己巳）13 岁

继续在兰溪著存高小学习。10 月国立艺术院改名为"国立杭州艺术专科学校"（学制由五年制缩短为三年制），林风眠为校长。

1930 年（民国 19 年　庚午）14 岁

入浙江金华中学学习。

李长白 18 岁泳照

1933 年（民国 22 年　癸酉）17 岁

1 月浙江金华中学毕业。2 月在浙江巨州峥嵘小学任图画教员。8 月考入国立杭州艺术专科学校，因只有初中文凭，所以考的是选科生，学制六年。在预科上了三年基础课后升入本科绘画系。选科一年级主科（素描、油画）教师是吴大羽，二年级是方干民，三年级是李超士。本科一年级主科（油画）教师是林风眠，副科（国画写意）教师是潘天寿，工笔教师是张光。

1934 年（民国 23 年　甲戌）18 岁

参加由潘天寿领导的国画研究会，作品《松树李铁拐》刊登于《艺风》杂志。又参加张光老师组织的"罗苑工笔画社"，有张枕江、程尚仁等会员十多人，在杭州湖滨开过一次主要是花鸟画的展览会。

1935 年（民国 24 年　乙亥）19 岁

由国立艺专助教邱玺介绍加入浙江中国青年励志会。

1936 年（民国 25 年　丙子）19 岁

作品《两只小鸟》参加第二届全国美展，并刊登于第二次全国美展画刊。参加抗日游行，在日本领事馆前呼口号。夏天，参加浙江省大专院校军训三个月。

1937 年（民国 26 年　丁丑）21 岁

抗日战争爆发。9 月参加浙江中国青年励志会抗日宣传队，其中的队员有张枕江、程尚仁、黄世华、章西厓等。画宣传画，内容有"打倒日寇"、"抗日去"、"皇军的暴行"及抗日故事等；唱歌，内容有"大刀进行曲"、"义勇军进行曲"、"游击队歌"、"工农兵学商"等；演戏有"张家店"、"放下你的鞭子"等。

1938 年（民国 27 年　戊寅）22 岁

1 月浙江中国青年励志会抗日宣传队改为浙江省抗敌后援会抗日第二宣传队，队长卢炘，副队长张枕江，5 月由金华出发到青田、温州、平阳一带的县城和乡下做抗日宣传工作，7 月到温州。8 月任浙江省文化教育委员会艺术干事。小诗《别了故乡》刊登于金华《东南日报》副刊。10 月接学校来信说"凡是在外参加抗日工作的时间都

1938年国立艺专绘画系合影

可以算学籍"（国立杭州艺专已于2月迁赴湖南沅陵，3月与北京国立艺专合并，改称"国立艺术专科学校"，由于迁校经费及学潮等问题，林风眠辞职返上海。约6月聘滕固为校长），即赴湖南沅陵。11月到湖南沅陵学习。因当时日寇轰炸了常德、桃源，有向沅陵来的趋向，而学校决定搬迁昆明。搬迁途中在贵阳参与张枕江等人组织的"高原"文学社，并出版社刊，所编社歌由集体填词、鲁野谱曲，歌词为："高原高，高原好，高原上的朋友肯向前跑；生活是痛苦和动摇，但我们要笑。谁能说黑暗永远不去，光明永远不到？我们凭着热血斗争呼号，要追逐失去了的自由，只有向前跑。"

1939年（民国28年　己卯）23岁

初春，背着行李从贵阳走到昆明，同行的有李霖灿、夏明。不久，学校开学，入国画专业学习。老师是潘天寿、吴茀之，课余跟潘天寿学诗词、学下围棋。

9月在国立艺专毕业。因昆明工作难找，就向潘天寿借了50元钱到重庆。在重庆"一心花园"看望从上海来后方的原杭州艺专校长林风眠。10月至12月任中华民国"教育部第四巡回戏剧教育队"队员兼研究组长。

临摹北宋郭熙、许道宁及南宋刘松年、马远笔意的山水画,临摹元代任仁发《秋水凫鹥图》。创作了人物作品《胡人牵马图》、《临古图·白马》、《临宋人画〈斗茶图〉》。

1940年(民国29年　庚辰)24岁

3月任"重庆国际反侵略大会中国分会"艺术干事(会长是邵力子),主要画反侵略战争的宣传画。因日寇轰炸重庆而写了诗作《炸》,刊于"重庆国际反侵略大会中国分会"会刊。7月为中华民国教育部西北艺术文物考察团成员兼研究组长。9月任四川成都南虹艺职教员。11月任四川成都西南美专教员。

临摹北宋郭熙、许道宁及南宋刘松年、马远笔意的山水画,临摹古画《芭蕉仙鹤》。

创作人物画《观音像》、《仙女飞天》。

1941年(民国30年　辛巳)25岁

2月任"眉山师资训练班"图画、体育课教员。9月任四川彭县成都女中图画、劳作课教员。创作人物画《访赵孟頫》。

1942年(民国31年　壬午)26岁

2月任成都师范图画课教员。6月任"华阳中学"图画课教员。10月任空军士校教育处绘图员,在关山月介绍下,为了饭碗参加了国民党。年底,因父亲重病而辞职。

1943年(民国32年　癸未)27岁

3月任重庆杨公桥妇女工艺社设计员。9月任重庆络绩国立女师图画课教员。父亲李松林病故。

1944年(民国33年　甲申)28岁

潘天寿在重庆接任国立艺专校长。9月被潘天寿聘为国画讲师,教工笔花鸟课。在重庆的国立艺专期间每周除上课外就是画画,常住在当时在沙坪坝的重庆大学任教的吴冠中那里。

1945年(民国34年　乙酉)29岁

3月在重庆开第一次个人展览会,共有40多张画,题材是工笔仕女、花鸟、山水。因出售了一批作品而坚定了继续创作的信心。又在成都、西安和张枕江一起举办了两次联展。

8月15日,日本宣布投降。

9月第二次重庆个展,内容为山水、人物、工笔花鸟。

1946年(民国35年　丙戌)30岁

在昆明开个展,内容为山水、人物、工笔花鸟。国立艺专迁回杭州,8月初飞回南京而去杭州。回到杭州后,住在丁家埠郭庄国立艺专的教职员宿舍,同住的有邓白、程尚仁等六七人。除了上课教工笔花鸟外,就是画画或下棋。创作工笔花鸟《青莲》。

1947年(民国36年　丁亥)31岁

9月在杭州与汪采鸾结为伉俪。装饰画《箫声群鸟》刊于杭州《东南日报》的副刊版。潘天寿辞去国立艺专校长职务。

1947李长白夫妇与岳父合影于重庆

1948年(民国37年　戊子)32岁

汪日章接任国立艺专校长的职务。等到潘天寿发的聘书期满,离开国立艺专。8月到苏州岳母家,开始酝酿"子民艺术研究所"成立事宜。

1949年(中华人民共和国1年　己丑)33岁

1月回杭州,建立"杭州子民艺术研究所"。自任导师兼教务,同事者有连枝、俞乃大、郑迈、沈涛、张伯安、金秋、张君川等12人。设立西画、国画、图案、音乐、语言文学五个系,总干事和总务由连枝担任,西画由连枝负责,国画由李长白负责,图案由金秋负责,音乐由俞复堂负责,语言文学由张君川负责。国画系聘请潘天寿等为名誉导师,学生最多时近30人,中华人民共和国建国前开过一次实习画展,建国后,历史改变了,"杭州子民艺术研究所"结束。8月参加杭州市中等学校教师学习班。9月在杭州初级中学任图画课教员。

11月21日长子李小白出生。

1950年(中华人民共和国2年　庚寅)34岁

在杭州初级中学任图画教员。12月次子李采白出生。

1951年(中华人民共和国3年　辛卯)35岁

3月在"浙江干部学校"第五期学习班学习。8月在杭

1949年李长白夫妇合影于杭州

州初级中学图画教员的任职结束。9月在杭州女中任制图、图画课教员。

创作人物画《幸福》。

1952年(中华人民共和国4年　壬辰)36岁

住上海高阳路进行绘画创作。时与林风眠往来。

1953年(中华人民共和国5年　癸巳)37岁

住上海高阳路进行绘画创作。时与林风眠往来。

1954年(中华人民共和国6年　甲午)38岁

2月任无锡华东艺专国画讲师。3月女儿李莉白出生。创作人物作品《女人坐像》。

1955年(中华人民共和国7年　乙未)38岁

参加"反胡风"学习。创作人物画《海边小憩》、《男人白描》、《戏剧人生》、《收获》。

1956年(中华人民共和国8年　丙申)40岁

担任无锡华东艺专国画教研组组长。创作工笔花鸟画《鸽子牡丹》,人物画《打渔帘》、《男子头像》、《西厢记系列一至十一》。

1957年(中华人民共和国9年　丁酉)41岁

教育部决定无锡华东艺专迁往西安,因大多数教职员工不愿意去西安而没有迁成。人物画《喂小鸡》刊登于《江苏文艺》。创作工笔花鸟画《水仙》。

1958年(中华人民共和国10年　戊戌)42岁

2月无锡华东艺专搬迁南京,改名为"南京艺术学院"。学校筹办了染织专业,任代理教研组长,办印染工厂,并在专修科织绣专业教课。作品《昙花》刊登于《新华日报》。任教工笔花鸟画课,开始酝酿工笔花鸟画教材的编写思路。创作工笔花鸟画《牡丹飞碟》、《月季》,人物画《老农》。

1959年(中华人民共和国11年　乙亥)43岁

任织绣专业教研组长。

1956年长白、莉白父女合影

1957 全家与外婆吴如璋合影

1960 年（中华人民共和国 12 年　庚子）44 岁

在织绣专业教工笔花鸟。作品《山茶绶带》（又名《祝寿图》）被江苏省立美术馆收藏。

创作工笔花鸟《牡丹绶带》、《水仙》、《玉兰》、《牵牛花》、《舞春风》、《樱花小鸟》，其中《牡丹绶带》、《舞春风》个人风格开始显现。

1961 年（中华人民共和国 13 年　辛丑）45 岁

在织绣专业教工笔花鸟。创作工笔花鸟《牵牛螳螂》、《碧桃花》、《蟹爪兰》，画白描《盆菊》。

跟广陵派琴家刘少椿先生学琴。

1962 年（中华人民共和国 14 年　壬寅）46 岁

在织绣专业教工笔花鸟。

创作工笔花鸟《两只黄鹂》、《牡丹》、《玉簪花》、《松鹤图》、《仙鹤朝阳》等，画白描《大丽菊》、《曼陀罗》、《盆菊》等。

指导助教朱修立进修工笔花鸟，至 1964 年结束。

李长白 1962 年游长城

1963 年（中华人民共和国 15 年　癸卯）47 岁

受浙江美术学院潘天寿院长邀请去浙美主持工笔花鸟画教学。浙江美术学院想调李长白去任教，南艺未同意。

创作工笔花鸟《绣球花》、《月季（春意闹）》，白描《鸡》等。

1964 年（中华人民共和国 16 年　甲辰）48 岁

6 月成为中国美术家协会会员、江苏美术家协会会员。10 月起参加农村"四清"运动，被分配在陈师公社刘洪大队胡庄生产队，具体负责生产方面的事情。创作工笔花鸟《绣球花》。

1965 年（中华人民共和国 17 年　乙巳）49 岁

7 月结束农村"四清"运动回到南京艺术学院。

创作工笔花鸟《蝶恋花》。

初步写出《花卉写生处理》、《花卉设色》、《翎毛表现》、《工笔花鸟画创作》四方面的论述，并积累了一定的写生图稿；但在文化大革命中遗失了很多。

1966 年（中华人民共和国 18 年　丙午）50 岁

文化大革命开始。接受政治审查，被造反派诬为牛鬼蛇神并强制劳动；与张道一一起做木工。

1970 年（中华人民共和国 22 年　庚戌）54 岁

创作工笔花鸟《芍药》。临摹傅抱石山水《雨花颂》等数幅，临摹宋人花鸟《八哥》、《枇杷小鸟》、《苹果小鸟》、《小

1969 年刘少椿弹古琴

鸡》、《杏花双鸟》、《竹子白头》、《鱼》等作品。

1971年(中华人民共和国23年　辛亥)55岁

临摹宋人花鸟作品《荷塘清趣》。创作工笔花鸟《春暖》、《浪里飞燕》、《盆花》、《蜻蜓》、《丝瓜蝈蝈》。

9月5日潘天寿辞世。

1972年(中华人民共和国24年　壬子)56岁

创作工笔花鸟《石竹花》(墨彩)、《烘晕》,白描《大理菊》、《菊花》、《月季》。

接受文化部的国礼任务创作《风竹锦鸡》、《牡丹绶带》,作为邓颖超第一次出访日本的国家礼品送给日本首相。后应国家博物馆要求复制《风竹锦鸡》一幅被收藏。

1974年合影:左起为李长白、张道一、钮永礼、王丽英、吴迎发、沈涛

李长白 1975 年留影

1973 年(中华人民共和国 25 年　癸丑)57 岁

创作工笔花鸟《流云弄月》,白描《菊花》,山水画《黄山松石图》等,写《昆虫画法》。

出席江苏省高等学校教师代表会。

1974 年(中华人民共和国 26 年　甲寅)58 岁

再次进行《花卉写生处理》等工笔花鸟教材的文字编写工作。

创作工笔花鸟《玉兰小鸟》,山水画《猴子观海》、《黄山》、《黄山云海》。

1975 年(中华人民共和国 27 年　乙卯)59 岁

创作工笔花鸟《茶花》、《灯花》、《郁金香》、《月季》,山水画《散花烟雨》。

1976 年(中华人民共和国 28 年　丙辰)60 岁

《白描花卉写生》由南京艺术学院、南通工艺美术公司出版。

创作工笔花鸟《石蜡红》、《月季》、《墨荷》、《粉蛾》、《百合花》、《白紫藤花》、《蝴蝶染法》、《平涂(红叶)》、《石竹花(接染)》,山水画《黄山》。

1980 年画前留影

1977 年(中华人民共和国 29 年　丁巳)61 岁

感文化大革命结束而创作工笔花鸟《晴空》、《山茶绶带》,白描《月季》。其《晴空》自题:"晴空一鹤排云上"。创作山水画《黄山(春光云影)》、《黄山(石上清流)》、《雨雪霏霏》、《云间送客》。5 月起指导助教李小白,10 月起指导助教张晓星、江宏伟,另外苏州丝绸工学院的助教张桂徵也前来进修工笔花鸟;至 1980 年 2 月结束。

1978 年(中华人民共和国 30 年　戊午)62 岁

创作工笔花鸟《芙蓉》、《茶花》、《绿梅》、《水仙》、《石竹花》、《先铺后染》和山水画《壮志凌云》、《秋林》、《黄山》、《黄山秋》。

1979 年(中华人民共和国 31 年　己未)63 岁

创作工笔花鸟《白茶》、《大理花》、《杜鹃》、《腊梅》、《芍药》,白描《水仙》。

1980 年南艺留影

1980 年（中华人民共和国 32 年　庚申）64 岁

6 月南艺建立新中国以来全国艺术院校开设的第一个工笔花鸟班，李长白担任工笔花鸟班导师，张晓星任助教，学生七人：徐利明、孔六庆、徐南、曹建宁、胡承华、康卫东、张承志。

7 月至 8 月放大临摹《八十七神仙卷》。

9 月作品《壮志凌云》编入上海人民美术出版社出版的《江苏国画选》。《新华日报》刊登作品《秋林》、《新晴》。

创作工笔花鸟画《白牡丹》、《百合花》、《春风》、《石蜡红》、《蝶恋花》、《茶花》、《黄杜鹃》、《秋菊》、《荷包牡丹与热带鱼》、《月季》、《杏花小鸟》。重画 1960 年创作的《山茶绶带》。创作写意花鸟画《秋色》。

10 月至 12 月给工笔花鸟班上课。

1981 年（中华人民共和国 33 年　辛酉）65 岁

3 月至 5 月给工笔花鸟班上课。

指导湖北轻工业学院讲师璇风、苏州刺绣研究所设计员黄河、丁一萍进修工笔花鸟。

1981 年贺同事沈涛画展

1981 年工笔花鸟班在南艺门口合影

1981年与夫人合影于古林公园

10月至12月给工笔花鸟班上课。

创作工笔花鸟《灯笼花》、《金钟花》、《春兰》、《牡丹》、《荷包牡丹》、《茶花》、《墨竹》。

《山茶绶带》发表于《金陵书画》。

1982年（中华人民共和国34年 壬戌）66岁

3月至5月间带领工笔花鸟班赴广州华南植物园写生进行毕业创作。

7月起指导助教孔六庆、张承志进行工笔花鸟画备课与上课，至1984年结束。

创作工笔花鸟《白荷》、《映山红》。创作写意花鸟《艳阳》、《幽香带路开》。

编写完成《花卉设色图谱》的文字。

1983年（中华人民共和国35年 癸亥）67岁

2月指导苏州丝绸工学院助教李采白进修工笔花鸟画备课，至1984年结束。

3月《花卉设色图谱》由上海人民美术出版社出版；该书两次印刷发行了4万册。

4月带领助教孔六庆、张承志赴山东菏泽写生牡丹；李小白带领的中国画专业学生同行写生。

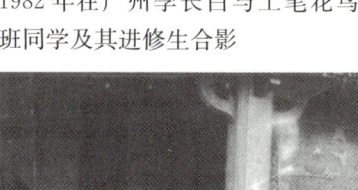

1982年在广州李长白与工笔花鸟班同学及其进修生合影

1984年全家乐

1984年(中华人民共和国36年 甲子)68岁

作品《白荷》刊于《中国画》第1期,《墨荷》为北京出版社出版。指导助教孔六庆、张承志的工作结束。

创作山水画《武夷月色》及写意花鸟画《幽香度竹来》。

1985年(中华人民共和国37年 乙丑)69岁

作品《绶带茶花》、《昙花》由香港美术出版社出版。8月16日中央人民广播电台以"李长白艺术人生"为题作了专访广播。8月21日—23日江苏人民广播电台以"李长白艺术人生"为题作了专访广播。山水作品《又一峰》、《飞瀑》、《雨霁》、《云涛》、《骤雨》刊登于香港《美术家》第四十七期。

创作工笔花鸟《风竹锦鸡》、《牡丹》。创作山水画《黄山(云漫天都)》、《山在虚无飘缈间》、《松鼠跳天都》、《黄山松》。创作写意花鸟画《芭蕉樱桃》、《画到淡处方赏味》、《映日荷花别样红》。

1986年孙女李平看爷爷画画

1986年(中华人民共和国38年 丙寅)70岁

评为教授。

创作工笔花鸟《白玉兰》、《二月春风》、《蝶恋花(月季)》,山水画《双龙入海》、《武夷山》,写意花鸟画《风霜不改春》、《千年柏树系列》、《竹》,与李小白合作《金鱼》。

作品《绶带月季》被苏州刺绣研究所绣出。

进行《翎毛表现》的编写工作。

1986年与儿孙在一起

1988年桂林采风

1987年(中华人民共和国39年　丁卯)71岁

8月退休。创作工笔花鸟《蝶恋花》。

1988年(中华人民共和国40年　戊辰)72岁

创作写意花鸟《竹林风雨色》。

1989年(中华人民共和国41年　己巳)73岁

1月在英国的格拉斯歌举办"李长白、李莉白父女国画展"。创作山水画《观海图》、《西海云峰》,个人山水画特色初步形成。创作写意花鸟《春风又绿江南岸》、《一夜浓春雨》、《雨雪霏霏》。

1990年(中华人民共和国42年　庚午)74岁

3月《荷花》刊于《当代著名中国画家作品精选》。4月在英国的格拉斯歌举办"李长白、李莉白父女国画展"。

创作四尺五联屏工笔花鸟《风动绿荷香满溪》及与汪采鸾合作《蝶恋花》。创作山水画《双剪晨姿》、《雨后黄山》。创作写意花鸟《春风》、《兰竹》、《月传神》、《兰》、《幽香度竹来》、《月光曲》、《春风和煦》、《春兰》。创作人物画

《观自在菩萨》、《济公活佛》。

1991年（中华人民共和国43年　辛未）75岁

继续创作四尺五联屏《风动绿荷香满溪》，创作工笔花鸟《白牡丹》，创作山水画《黄山（浩波荡漾）》、《松映祥云》、《千山云起》、《雨霁》、《宿雨初收水绕滩》，创作写意花鸟《皓月淡竹影》、《一夜浓春雨》、《秋声》、《喜雨》等，创作人物画《布袋和尚》。

8月12日林风眠辞世。

1992年（中华人民共和国44年　壬申）76岁

创作工笔花鸟《白荷》、《春韵》、《红梅白头》、《树梅绶带》、《双栖》、《野趣》。创作山水画《风回云转》、《观海图》、《清凉云变》、《山走云飞》、《云海茫茫》、《云涛一》、《松映祥云》、《幽谷风云》、《玉屏月冷》、《云飞谷底》、《云涛二》、《风云幻变》、《漓水清清齐月明》、《漓江月》。创作写意花鸟《风竹》、《兰竹图》、《两小无猜》、《青梅竹马》、《喜雨》、《学步》、《竹系列》、《竹花风雨色》、《竹雀图》、《幽兰》、《竹荫听鸟声》等，人物画《晨》、《济公图》、《梦蝶》、《生与死》、《坐看云起时》。

1993年（中华人民共和国45年　癸酉）77岁

1月底赴美国。2月6日美国纽约圣约翰大学中正美术馆举办"李长白、李小白、李采白父子三人联展"。4月2日美国纽约黄河画廊举办"李长白山水近作展"。《白牡丹》等10幅作品在纽约被私人收藏。7月赴台湾。"李长白、李小白父子画展"在台湾台北远东画廊、台中文化艺术中心展出。与蒋纬国、郎静山等聚会一堂。《山茶绶带》等8幅作品在台湾被私人收藏。10月台湾出版李长白、李小白父子画集。

创作工笔花鸟《并蒂莲》、《牡丹双飞图》，山水画《彩浪滔天》、《风回云转》、《观海图》、《云蒸霞蔚》、《山雨欲来风满楼》、《烟雨蓬莱》、《艳阳》、《云飞天都》、《云涌莲台》、《大黄峰日出》、《天籁》。创作写意花鸟《绿竹助秋声》、《秋兴摇苍翠》、《竹》等。创作书法作品《墨云翻天》，人物作品《看你横行到几时》。

1991年时的李长白

1992年在南艺家中画室

1993年美国纽约个展接受记者采访

1993年台北个展与蒋纬国先生

1993年台北个展与同乡摄影大师郎静山先生

1993年台中个展与参观者合影

1993年台中市文化艺术中心个展

1993年游美国费城广场

1993年在美国新泽西州长木公园花房

1993年在南艺家中

1994年忆往昔青年足球队

1994年中国美术学院母校同学聚首

1994年（中华人民共和国46年 甲戌）78岁

《花卉写生构图》由中国纺织出版社出版。作品《风竹锦鸡》编入《江苏花鸟画集》。

7月在英国爱丁堡举办"李长白、李莉白父女国画展"。10月"李长白、李小白父子画展"在台湾高雄文化艺术中心展出。

创作工笔花鸟《母与子》，山水画《风起云涌》、《观海图》、《晨曲》、《落日奇观》、《迷茫的山谷迷人的太阳》、《蓬莱三岛》、《神龟渡海》、《雨后林间》、《云海》、《云漫千山》、《排山倒海》、《千山云起》、《云涌峰浮》、《桂林山色》、《江风拂面送归鸟》、《桂林山水（细雨蒙蒙）》、《山山画秀辉》。创作写意花鸟《山禽枝上乐》、《喜雨》、《雪竹》、《一夜浓春雨》、《雪竹》、《风竹系列》等，人物画《空山松子落》、《钟馗图》、《醉仙图》、《顽石点头》。

1995年（中华人民共和国47年 乙亥）79岁

《华山》等10多幅作品被香港私人收藏。作品《浪卷放飞任自由》为江苏电视台收藏。

1994年中国美术学院老同学聚首
（前排左二为刘开渠）

4月《花卉设色技法》为台湾雄狮美术出版（在1983年上海人民美术出版社出版的《花卉设色图谱》书稿基础上增加了图例）。

5月《云之外——李长白水墨画展》在香港一画廊展出并出版画集。

创作工笔花鸟《春暖》（又名"桃花斑鸠"）、《松鹰图》，山水画《飞来石》、《晨》、《黄山云海》、《月光曲》，写意花鸟《墨竹》、《百草千花日夜新（兰竹）》、《春风和煦》、《春江水暖》、《翠竹》、《满林秋露香》、《清品（兰竹）》、《竹》等，书法作品《林景熙·咏荷花》、《难得糊涂》、《水一重》、《知足常乐》、《宋徐积咏白荷》，人物画《不可一日无此君》、《海蟾图》、《寒山拾得》、《南海观音》、《偶来松树人》、《拾得图》。

1996年（中华人民共和国48年　丙子）80岁

7月23日兰溪电视台首播"兰溪籍著名艺术家李长白山水画作品欣赏"。

创作工笔花鸟《绿牡丹》、《鱼乐图》、《舞长空》，与李小白合作《荷花双鱼图》、与李采白合作《香满溪》。创作山水画《彩浪滔天》、《飞瀑》、《观海图》、《黄山云海之奇观》、《黄

1995年于南艺

1995年在家中

1996年三代人戏雪

1996年雪天遐想

1997年父女情

1997年与孙女李平

1998年李长白在南艺
家中与家人

山云雾一》、《黄山云雾二》、《黄山云雾三》、《黄山云雾四》、《黄山云雾五》、《梦笔生花》、《山色空濛雨亦奇》、《山在虚无缥缈间》、《松下问童子》、《云涌峰浮》、《云雾玉屏》，创作《火山风云》与《雪山风情》，并开始创作《高原风情组画》。创作写意花鸟画《风竹系列》、《兰竹图》、《细雨含香送风暖》，书法作品《孟浩然·春晓》等，创作人物画《傲子御风》、《但愿人长久》、《布袋和尚》、《一叶渡江》、《一落叶》、《醉仙图》。

1997年(中华人民共和国49年　丁丑)81岁

作品《白牡丹》入选5月现代中国画名家研究论集。

创作工笔花鸟《春趣》、《叶硬经霜绿，花肥映雪红》，创作山水画《云雾》和《高原风情组画》，写意花鸟画《风竹》、《兰竹(亭亭月下)》。

12月定居苏州。

1998年(中华人民共和国50年　戊寅)82岁

7月22幅白描入选《当代中国线画》。《莲花峰》、《水仙图》入选"江苏当代国画赏析"。作品《黄山飞来石》入选《金华书画作品选集》。12月《山茶绶带》入选《周积寅美术文集》。

创作工笔花鸟《白牡丹》，与李小白合作《山茶绶带》。创作山水画《高原风情组画》十五幅，这是山水画达到高峰的标志；又创作《春到武夷》。

1999年(中华人民共和国51年　己卯)83岁

9月《山茶绶带》编入《江苏美术五十周年》。12月《黄山烟云》入选澳门《"99'回归"中国名家书画集》。创作工笔花鸟《荷花鹭鸶》。

2000年(中华人民共和国52年　庚辰)84岁

6月"李长白父子画展"在美国纽约法拉胜美术馆展出。与李小白合作工笔花鸟《玉兰绶带》。

创作写意花鸟画《清风》。

2001年(中华人民共和国53年　辛巳)85岁

构思巨幅工笔画《风动绿荷香满溪》，创作写意花鸟《墨竹》。

1998年与南京艺术学院1978级同学合影

2002年（中华人民共和国54年 壬午）86岁

全家合作巨幅工笔画《风动绿荷香满溪》。创作写意花鸟《墨竹》。

2003年（中华人民共和国55年 癸未）87岁

全家合作巨幅工笔画《风动绿荷香满溪》。

10月《花卉设色技法》由山东画报出版社出版（在前二次出版基础上增加了部分新作品）。

创作《荷塘清趣》。

2004年（中华人民共和国56年 甲申）88岁

全家合作的巨幅工笔画《风动绿荷香满溪》完成。

12月苏州大学艺术学院成立"李长白中国画艺术研究所"。名誉所长吴冠中、张道一、李小白，所长李采白，副所长黄艾；学术委员会主任张道一，副主任廖军，委员周积寅、黄惇、黄鸿仪、孔六庆、诸葛铠、张朋川。

2005年李长白家人在完成十张荷花前留影

2005年（中华人民共和国57年　乙酉）89岁

5月21日在苏州辞世。

7月"李长白个人画展"在北京中国美术馆展出。作品《黄牡丹》为中国美术馆收藏。

李长白逝世后的影响
2005年

5月《李长白中国画风》由北京工艺美术出版社出版。

5月《中国花鸟画》杂志介绍"李长白和他的子女们"。

第5期《画廊》杂志介绍李长白作品，周积寅教授发表了介绍李长白及其作品的文章一篇。

6月15日第二十九期《花鸟画研究（特刊）》介绍中国工笔花鸟画大师李长白作品11幅，周积寅教授撰文《中国工笔花鸟画大师》。

6月18日《人民日报》海外版发表李超德文章介绍工笔花鸟画家——李长白。

2005年苏州大学李长白中国画研究所部分成员合影

7月李长白个人画展在北京中国美术馆开幕，展出作品58件。

8月《收藏界》介绍"中国著名工笔花鸟画大家、美术教育家——李长白"。

10月北京《画廊》杂志社介绍李长白及其子女的作品。

10月南艺学报《美术与设计》"南艺校史上的名师"栏目专题介绍李长白，孔六庆教授发表研究文章《至人无法——读李长白教授〈高原景色〉山水画》。

11月，第三十一期《花鸟画研究》出当代花鸟画大师李长白师生画展专刊，11月17日《金陵晚报》介绍李长白：《大师画展引出尘封往事》。文章称：琼瑶曾把李长白写进《几度夕阳红》。

11月28日《金陵晚报》介绍李长白巨幅工笔画《风动绿荷香满溪》。

11月李长白师生画展在江苏省美术馆展出。

2006年

《李长白中国画》6月由天津杨柳青画社出版。

2007年李长白故里，李小白陪孔六庆到兰溪采访

4月15日李长白父子画展在南京云上文化艺术沙龙展出。

2006年第4期《中国美术馆》介绍李长白作品13幅，周积寅教授撰文《李长白的中国画特色》。

李长白作品《雨花颂》8月1日在《扬子晚报》"艺术欣赏"登载。

11月举行"李长白中国画风"邮票首发式。

2007年

《艺术品鉴》介绍李长白作品。

《世界艺术·中文版·国画卷》第3期介绍中国工笔画大师李长白工笔花鸟作品。孔六庆教授撰文《一代宗师，独领风骚——论李长白教授的工笔花鸟画》。

9月28日—10月14日《李长白中国画风》画展在常熟美术馆举行。

2008年

江西美术出版社出版孔六庆著《中国画艺术专史·花鸟卷》（该书是横跨九五至十五两个五年计划的国家重点图书出版项目）。李长白除了被重点记载外，还被评："现代中国工笔花鸟画复苏的开派者惟于非闇、陈之佛、李长白三家也"。

2009年

1月天津人民美术出版社出版《李长白山水画集——黄山情〈云之恋〉》，孔六庆作《序》评：作为工笔花鸟画大师的李长白教授晚年画出了一批前无古人的山水画，是当今中国画坛应该瞩目的事情。

5月天津人民美术出版社出版李长白《鸟禽工笔写生设色技法》。孔六庆作《序》评：该书与已经出版的《花卉写生构图》、《花卉设色图谱》一起，是李长白工笔花鸟画教学体系与教材建设的重要组成。该教学体系的特点，是将自古以来工笔花鸟表现的"共性"东西抽取出来，在理论上牢牢把握"外师造化中得心源"的精旨，以渗透了自己认识论的"写生处理"观，循序渐进地引导学生。

附录二：回忆李长白

云 之 外

李霖灿

李长白教授和我，都是国立西湖艺专的学生，对日抗战开始，我们由象牙之塔中滴落红尘，从贵阳返校昆明开始，且携手同行脚踏实地背负行囊一步一个脚印的丈量过祖国河山。

毕业之后，各奔前程，长白兄继续沉醉于艺术创作钻研之中，在各艺校中教课著书作画，造成了他现在大师级的崇高地位。在我们艺专学生的心目中，这才是第一等人。

李长白教授致力最勤功力最深的是他的工笔花鸟画。说者谓现下当今，行世的工笔花鸟画可分为于非闇、陈之佛及李长白系三派，而以李派最有特色。

黄山亦李长白教授爱画的题材，人谓："石涛得黄山之灵，梅清得黄山之影，渐江得黄山之质。"又人曰："李长白氏得黄山之情"。

李长白教授对云彩法别有新意，许多人觉得中国画画云缺少层面流动感，杜工部的"水流心不竞，云在意俱迟"，指的正是此等要紧之处。

李长白氏有见于此，在画云时除了注意其意境之美外，更着眼于其白云苍狗之变化流动感，而且也达到了令人心喜的境地，值得特别欣赏与推荐。吴冠中先生回忆往事时常提到他与师母及李长白教授夫妇同甘苦的一段年青人的生活。因此虽于李教授素未谋面，但却有亲切的感觉；见到李教授的工笔花鸟曾被印制成千万件中国百姓喜爱的年画；驰名中外的苏绣织品也常用教授的作品作图案。

教授晚年变法，以独特手法给山水画彩云，《云之外》是对山河的无限情，是次展出四十余件作品相信会给观众带来意外的惊喜。

李霖灿

纪念我的老师

朱修立

朱修立

1957年秋,我考入南艺美术系中国画专业,随后又留校任教,在国画教研室与老师们一直相处至1976年,后调至安徽工作。光阴荏苒,现在我已经年逾七十,回首往事,老师们对我的教育和培养仍难以忘怀。在南京的二十年里,我受到南艺老师如俞剑华、李长白、罗尗子、陈大羽等先生的教育,又有幸参与了以傅抱石先生为首的两万三千里写生的历史性活动。在安徽,曾陪李可染先生上黄山、九华写生,朝夕相处,聆听教诲,又得到赖少其先生的提携与扶持……我一生中每一步的成长,都是老师们辛勤劳动的结果。然而,在众多老师中,在为人与业务上对我影响最深的人,却是我的启蒙老师李长白先生。

人说"第一口奶是非常重要的"。的确如此,在我二十年的艺术生涯里,乃至今日,仍有许多社会上的"学生"来讨教时,我仍以李先生为楷模,恪尽职守、全力以赴,认真负责地"诲人不倦"。李先生教学认真;讲稿细致入微,示范作品一丝不苟,辅导学生亲切感人,爱护学生不亚于子女,又刻苦钻研教学方法,总结出一套完整的工笔花鸟画教材。迄今为止,我尚未见有过之者。他可以无愧地担当"清清白白做人、认认真真教书、踏踏实实做学问"这几句评语。这看似平淡却并不平凡的背后,是因为他非常淡泊名利。所以,他生前并不像其他画家那样热衷于社会活动、张扬知名度。但他这种淡化了名利的"平常心",却绝非其他画家,尤其是当下许多画家所能望其项背的。这是一种人生高境界,因为说起容易"放下难"。虽然李先生不追名逐利,但对于社会责任决不推卸,苏州刺绣研究所时常来约他设计画稿,他从不推卸,也不计报酬。虽然他以"平常心","放下心态处世,但决不无原则苟同"。在大是大非问题上,他甚至舍得生命坚持原则。文革中,年青无知的造反派,听从坏人的调唆,对老师进行无端的、残酷的迫害,从精神到肉体折磨他们。造反派多次又打又骂威逼李长白先生诬咬别人,都被他严词拒绝,体现了一位中国知识分子的铮铮铁骨,为此,他没少吃苦头,最后被罚去木工间做木匠。即便如此,李先生仍以积极的人生态度对待之,几年里,学会了一手好木工活。使我不禁想起宋代苏东坡那种豁达的人生态度,令人敬佩。

1961年我毕业时,学校领导决定将我留校任教,为深入培养,让我跟从著名画家陈之佛校长学习工笔花鸟。恰逢陈老被调往北京编撰教材,尚未回校。于是我暂时仍随李长白老师学花鸟。李先生对我的教育仍一如既往地负责,制定了一套长期而有远见的教学计划,他让我每天坚持练书法、读诗词,又规定了严格的技法训练步骤,光是画树枝穿插就用了近半年。时至今日,我虽然因为种种原因,未能继续画工笔花鸟而改画了山水画,但这种严格而枯索的训练,造就了我在山水画中画树的强项。在山水画创作中,我很自然地融入了花鸟画中的暮色法,成为我山水画的又一特色。每至此时,我都会想起我的老师给予我的艺术生命而心存感激!而今,我也学习他老人家,将自己的心得体会、技法特点传授给"后学者"。我想这也算是对老师的一种无言的回报吧。

为人平和而不事张扬,乐于助人而不图回报,钻研业务而不计名利,提携后学而视作责任,这是作为一名教师的高贵品质,李老师都做到了。或许这与今天社会不相融合,但我却视之为社会的灵魂。

天下不嫉妒别人成功的只有两种人,一是父母,二是教师。父母把子女的成功视作荣耀;老师把学生的成功当作自己的成就。当今社会太过重物质的向往,心态浮躁。对于人生的理想,事业的追求,弃之如敝屣,像李长白老师这样平淡而不平凡的人生道路,恰是我们应当提倡的。今天南艺重视对已故老师的回顾与总结,正是社会良知的回归。

我们纪念前辈,应记住他们曾经为我们所付出的一切。

2008年3月19日

画音传说

李小白

李小白

我理解你画里的旋律
我领悟你绘画中的笔墨
我明白你作画中的理念
我怀念你给了我们生命、智慧和力量

过去你爱画莲,你的一生就如莲花一样散发出知性与禅意的出尘气质。你那份悠然自得、乐天知命的人生态度,潜移默化地影响着我们。

你爱我们但从不溺爱,你对我们生活中的点点滴滴要求都很严格。你并没有运用你的"父权"强迫我们继承你的画艺,而是因为对你的崇拜,让我们对美术充满了无限憧憬与热爱。在学习中,你始终用我们的方式与我们沟通和交流,也一直在我们心中扮演着好父亲的角色,你的爱是无声的,是洁净的,是伟大的……

对于自己的作品,你在不同时期风格总在不断地变化,你追求的是从内心由感而发,精益求精。"外师造化,中得心源"、"学习古人,借鉴西洋"是你学习、作画和教学的宗旨。你对自己的作品从未满意过,因为你说只有永远不满足才能进步,使自己成为更有个性、有特色的艺术家。由于你对琴、棋、诗、画的掌握和理解,你在艺术上有你自己的理念和风格,你的艺术观和别人不一样才能在不同时期创作出不同的艺术作品,培养出一批有个性的艺术家。耳畔常回荡你说过的话语:"画画是要用心画的,看见要表现的对象不要用技法去套对象,而要根据对象的特点和自己的理念用一种新的技法去表现对象,这样画出来的作品才能感人肺腑。"

对父亲的敬重与崇拜是一种未成曲调先有情的凝重,无声胜有声!

李小白《莺歌》，1979

回忆父亲

李采白

李采白

父亲在中国画教学的艺术园地里辛勤耕耘了一辈子。工作中他一贯勤奋扎实,一丝不苟,真诚不懈地追求艺术的最高境界。生活中他是位身体力行、勤俭真诚的好父亲。对大自然父亲情有独钟,他畅游过黄山、泰山、武夷山、峨眉山等。大自然的博大精深陶冶了他的情操,升华了他的审美,鼓舞着他创作美的欲望,更给了他开朗豁达的胸怀。老人家经常谆谆善诱地教导我们要遵循千百年来的古训:"外师造化,中得心源"。要在生活中发掘心灵的美感,追求由心而发的创作热情。这种信念是父亲一生执着与追求的动力,并且将之自然而然地融化在平凡的生活中,使我们能耳闻目染,身受感动。

记得在浓春季节,父亲已六十五岁高龄,还亲自带领我们去菏泽写生牡丹,去泰山曲阜写生松柏、山石,感受大自然的景观。在他老人家身体力行的带领下,我们早出晚归,风餐野露,午饭仅是馒头和白开水,每天要完成写生作品十多幅。晚上回到住处父亲与我们年轻人一起享受三菜一汤,一瓶二两五的红星二锅头,父亲身心放松,自得其乐,边吃边看我们一天来的写生作业,共同探讨美的表现,感受美的自然和真情,享受天伦之乐。这时候的父亲俨然是一个"天真的老顽童",自然、随意而激动,情感和个性自然地流露出来。这段与父亲共同的写生体验,使我的艺术表现与精神感受获得了难忘的收获。我牢记他的教诲,体验生活是艺术创作的唯一方法。大自然万物的变化才是我们艺术创作的源泉,有感受才有真情,作品才能感人。

父亲做任何事情都和他作画一样,专研认真,精力旺盛。这与他年轻时喜爱运动有关。他曾告诉过我们,在国立艺专读书时,每天早上为了锻炼身体把英语都跑掉了,然而却跑出了校运动会环西湖长跑的第一名,还得到了林风眠校长的一幅小品作为奖励。因此父亲对我们从小注重体育锻炼。小时候他经常带着我们兄妹三人到南京小红山矿井去游泳,那时他已是五十多岁,带孩子到三四十米深的野外游泳,在当时还是很少见的,而且一游就是四五千米,一游就是二三小时。父亲一边和我们游,一边还

李采白《满天星》

  不断地鼓励我们要坚持坚持再坚持。告诉我们身体强壮了精力才旺盛,才能做好任何事情,运动能培养吃苦耐劳的精神,能培养人的毅力与胆量,胆大艺才能高。父亲的身教言教使我们得益匪浅,至今回想起来是多么亲切和珍贵,让我们一生受用。的确,在今后的艺术追求中是毅力与胆量给了我创作的激情与动力。

2008 年 7 月

忆父亲教画点滴

李莉白

李莉白

表现"美",是父亲在绘画创作和教学中一直坚持的观念,在他的作品中张张都透露出灵透、干净、精巧的唯美气质。

记得父亲给我上的第一节课就是让我在自家的小院里采上一枝冬青树叶,一朵红红的月季花插在玻璃瓶内。无论是一片叶子,还是一朵花蕾都要细细地观察,先看清对象的形状、色彩、结构,再从不同的角度观察它的变化,发现其最能反映基本特色的特征,体会它的美的所在。他对我说:"我们开始画画就是要反映对象最亮丽的那一面,画一定要美。"就是从这简单观察开始,我踏上了学画的历程。像大多数初学者一样,孩时的我心里想的就是快快掌握技巧,一门心思就放在认真勾线,仔细染色上,但越画却越感到困难重重……。"画一定要美","去自然界看看,那里有你最好的老师",父亲总是用这句话开场和我交谈,他常用生活中的点滴实例启发我发现美,感受美,和我讨论画画和创作方面问题,教会我解决问题的方法,纠正我观念上的偏差。让我逐渐地明白技法只是表现对象的手段,而"画"是要表现的画者心中的一种感动,一种奋发向上的激情。父亲常常对我讲:"作画人除了必备扎实的基本功外还必须具有真善美的高尚情操。当我们具有爱自然、爱人类、爱社会的大爱之心时,才能从自然界领悟到那万态千姿、千情万意的真情,捕捉到那一幅幅动人的美丽画面,而我们画画时就是要把自己融入画中,把感动自己的美表现出来,传递给大众。心中有美,画才会美。只有自己被感动,你的画才能感动别人。"

父亲的开导为我的学画之路打开了一扇光明而宽阔之门。从此感受美、传递美成为我画画的最大动力和目标,用精美的线条,漂亮的色彩,时代的美感向人们展现工笔花鸟画那空灵、秀美、精细的魅力,成为我努力的方向。

李 长 白  **217**

李莉白《乐》，2000

淡泊人生　丹青永驻

——回忆李长白老师

张晓星

张晓星

我七十年代进入南艺,学的专业是装潢设计。那时工笔花鸟是装潢设计专业的基础课,由李长白老师担任这门课的教学。其中有八周临摹、写生课。白描花卉临摹范本是李老师根据自己的写生稿整理绘制的,当我看到那些形态生动、构图严谨、线条流畅的白描作品时,立刻被深深吸引,每张画都是那么完整、精练,脑海中立刻闪现"字正腔圆"几个字。看着画稿,我爱不释手,除了完成布置的作业外,又忍不住多临了几张,但仍意犹未尽。记得最后的作业是根据写生稿整理一张完整的白描作品,我画了一组月季花,李老师看了立刻给我修改,改后的画我满意极了,深深叹服李老师白描造型功底的深厚。李老师上课时认真、严谨、循循善诱,大家听课都聚精会神,那略带沙哑的浙江口音至今仍回响在我的耳畔。班上有几个调皮的男同学没少让李老师操心,但李老师总是不厌其烦,一丝不苟。有的同学善意地学李老师讲话,和李老师开玩笑,李老师从不介意,在大家眼里,李老师不仅是学识渊博、技艺高超的老师,也是一位慈祥的长者。同学们都从心底里喜欢他,尊敬他。

留校后,我被分配跟李老师学习工笔花鸟,一起学习的还有江宏伟,另一外校老师张桂徵。李老师为我们制订了两年的进修计划。内容进度都很详细。记得第一年的学习内容是白描花卉写生,一年四季能入画的花卉、植物都是写生对象,初开始,一朵花、一片叶,然后一小枝,再小构图,从易到难,循序渐进。李老师每个星期都要检查作业,指出存在问题,并提出新的要求,我们不能有半点马虎。李老师说学习工笔花鸟,临摹和写生都是学习手段,但是写生更重要,因为它是进入花鸟画创作的根本途径。李老师在白描写生教学中非常强调有感而发和艺术处理。他认为写生并不是照搬自然,而是主客观结合,要取舍要处理,使画面尽量完整。所以每张白描花卉构图写生的过程,同时也就是小品创作构图的练习。这一点,使他的每一个学生都受益匪浅。白描花卉造型,李老师主张中西结合,就是心中要有中国画的球形观念,入手则用整体到局

张晓星《白荷》

部直线造型的方法。用了这种方法,上手快,画面造型严谨、耐看。在李老师有计划、有步骤、独到的教学方法引导下,我们通过两年学习,打下了较坚实的工笔花鸟基础,为日后的花鸟画教学和创作做了很好的铺垫。

李老师用毕生精力建立了他特有的工笔花鸟教学体系,出版有《花卉写生构图》、《花卉设色图谱》等教材。我给学生上课时,经常采用这两本教材,学生学得既明白又见效。以上两本教材出版社曾再版多次,但仍供不应求,在社会上也产生了较大的影响。

在我的印象中,李老师为人淡泊、低调,生活非常有规律。打太极拳、爬山、看书、下棋也是他的业余爱好。谈起人生,李老师说他追求的是平静、平淡、知足常乐。在物质方面,他没有过多的要求,因此生活上既简朴又有节奏。他对人世间的纷争得失、金钱荣誉,看得很轻,淡然处之。而他最倾心、最投入的是他对人生,对自然的感受,并把其心得感悟通过笔端凝聚在画纸上。他说:世界上最久远的快乐就是创造,大自然是我们艺术创作取之不尽的源泉,自然和心绪融为一体并有感而发,创作出清新、富有个人特色的作品,是自己的追求。

有一次,我和张桂徽去看望李老师,聊得兴起,李老师拿出几张近期画的山水画让我们欣赏。猛一看,我俩大吃一惊。因为以前我们看过李老师的一批山水画了。黄山的烟云变化无穷:有青云缭绕的山峰、有气势磅礴的云海、烟云中的山峦、树丛忽深忽淡,层次无穷。每张画都那么有变化、有韵味,色彩明快、纯净,处理体现了单纯中求变化的规律。李老师说,作画要追求意境、情趣。只有这样每幅画才会出现千变万化的构图、面貌,才会使人有新鲜感。而眼前的几幅画,只见画面血红的色调,突兀的块面,一反往日的温蕴儒雅,使人联想到现代绘画作品的张扬和狂热。李老师说这是他在美国感受到的由于地域不同感觉不同的景象。并说作画不能墨守成规,要敢于突破自己、敢于追求、敢于创新,这样绘画才能获得新的生命。此时,李老师已是八十多岁高龄了,但他依然耳聪目明,充满活力。

我庆幸在求学的路上受益于李长白老师的指点,他不仅给我指引了一条宽阔、绵长的艺术之路,他的为人处世也给我留下了深刻的印象。如果人生也能像李老师那样平静、平淡、知足常乐,那必定处处能体会、享受到人生的美好。

2008年5月

乐观的精神，通达的人生
——回忆我的老师李长白

张桂徵

张桂徵

1977年我于苏州丝绸工学院毕业留校，作为工笔花鸟画教师，被送到南京艺术学院进修工笔花鸟画，我非常幸运与张晓星、江宏伟一起作为李长白老师的学生，跟李长白老师学习工笔花鸟画。先后近四年时间，那是我一生中最美好、最值得留恋的学习阶段。也是决定我人生观念的阶段。李长白老师的人格魅力、高尚情操，潜移默化地影响着我，使我体会到的是人与人之间的爱，师友之间的爱，人与自然间生灵万物的爱，悠悠三十年，白头皆老，在这种爱意笼罩中，我感到生活的幸福与美好；李老师的谆谆教导，使我懂得了为人做事的道理，这一点使我心境平和，人与我善；李老师诲人不倦教授我们绘画理论与技法，那些比较全面的比较扎实的功底，是我们日后各自发展的先决条件。

在榴花正红的季节，我与我们学校的一位国画老师初到住在丁家桥的李老师家，阳光穿过窗外荫翳繁茂的树木倾洒在李老师的画室内，闷热中透着宁静幽雅。李老师答应接受我这外校学生。李老师真诚、爽朗的话语解除了我略带紧张的感觉，汪采鸾老师为我们沏好茶水，手持拳头大的宜兴茶壶听李老师与客人讲话，神情娴静而典雅。

芙蓉花开放的时候，我来到环境清幽的黄瓜园——南艺美术系。李老师教学经验丰富，条理清晰，他为我们制定了一套完整的学习计划。按我们学校原来的计划，我在南艺的进修时间是半年，但我在南艺先后呆了近四年，进修费只交了半年的。因为当时的特定条件，我是"现买现卖"，学一单元，回苏州学校上给我安排的教学课程，上完课，再来南艺继续学习，如此循环，而在南艺呆的时间要比苏州呆的时间长。有人戏谓我是从娘家到婆家，从婆家回娘家。当然，那种宽松的、自由的、愉悦的生活和学习环境是李老师为我们创造的，因为他像母鸡护小鸡那样呵护着我们，一视同仁，我们师生之间、同学之间都没有芥蒂，有的是理解与真挚的关爱，快乐的学习。

李老师的一生很幸福，这不仅是因为他有美满的家庭和孝顺的子女，也是因为他的宽宥性情和乐观的人生观念。在他教授我们的这些年中，主要讲的是他乐观的人生,讲艺术,讲绘画,对于其他,他很少提及,至于社会的不平,人们之间的是非,从未从他的口里听到过,评论某个人的时候,他所讲的总是这个人的优点。心无杂芜,以美好度人度事,所谓"海纳百川,有容乃大",只有这样广阔胸怀的人,才能体会出人生的"三乐"、"三平",即"乐天知命,知足常乐,自得其乐"和"平淡,平静,平安"。这也是他的真正的幸福所在。

这"三乐"中最难做到的就是"乐天知命",这是需要有多么大的定力才能顺从周围环境的变化。李老师做到了。不论是在雨顺风和的顺利环境中,还是在风云诡谲的恶劣环境中,他都是解心释神,畅然待之。李老师与我们讲他以前是画人物画,且极爱之,是因为教学需要,后改画工笔花鸟画,既如此,便培养对花鸟的兴趣,这一改变,他不仅创作出大量的优秀花鸟画作品,而且还系统地编写了从写生到创作的一整套完备的有独特教学效果的教材。文革期间,李老师被关进了"牛棚",他没有因此而沉郁,而是利用当时的条件,向木匠师傅学习木工活计。他打造家具,打造了红色的既是画案又是裱画台的案子。在指给我们看他的作品时,仍掩抑不住劳动给他带来的快乐。

"乐天"是李老师的一种积极的生活状态,是达观的人生态度,在不论怎样的艰苦环境中,都能变不利因素为有利因素。

李老师平静地给我们讲述他在华盛顿大学办画展,转机时发现行李不在。若是丢失,那是倾其一生心血的画作,任何人都难以承受。李老师说,在转到另一架飞机上时,已经平静了自己的情绪,那是身外之物,不能为身外之物而自伤其身。然不能失信于主办方,决定在展前的几天时间里,抓紧时间画写意画。这不仅说明李老师重诚信的高尚人格,同时也是李老师经常与我们讲的"不要有太多的奢望"、"平淡"、"平静"、"平安"。这样的处世,乃乐在其中。

2002年夏,我怀着忐忑的心情去看望久病中的李老师,想近九旬的病中老人会是什么样子。心里难受,眼泪忍不住落下。当我进门时,迎接我的是两位老人灿烂的笑容,李老师虽然清瘦,但那孩子般发自内心的纯真的笑容,是我对李老师的最后的记忆,也是李老师最后送给我的最珍贵的礼物。

小白告诉我,李老师临行前一天,目视天花板,说"不玩了"。原来,在寂寞的病房中,他一直在娱乐中,他意念

张桂徵《牡丹》,2009

在天花板上画棋盘,自己与自己对弈。李老师真的是"知命",且终其一生"自得其乐"。

李老师在他八十五岁的时候,给我和我爱人寄赠一幅书法,书的是老子的《道德经》一章。听了小白的话,我想李老师一生的思绪是以天地作棋盘,在宇宙中运转,与"道"相从。

在我写这篇文章时,我又在翻看李老师给我的信件,其中有对我与我们家人的关心与祝福,有介绍他的身体与工作状况的,也有赠送给我们的纪念品。这些纪念品有李老师与汪老师在家中的合影照片,照片中的二位老人面带笑容,他们互敬互爱,健康,幸福,自得其乐。

有李老师的绘画照片,照片的背后写着:"幽谷烟云,这是我八十岁后画的黄山";1998年我拟出版一本《白描花卉集》,请李老师写前言,李老师回信:"前言总算写好了,……三个多月没画一笔,天凉快后,当要拿起笔来,多少每天画一点,你说对吗。我手也有点不听话了,只能画点山水。想来你一定很用功,年轻时多画一点,老来就不能多画了。"想来这"幽谷烟云——黄山"是1998年后的作品了。还有我前面提到的那幅书法作品。

我很珍视这些信件,于此抄录几段,请大家与我共享。

1986年我调入北京的一家企业单位,李老师信中说:"现在一切都比较安定了,如将来觉得工作还好,就安下心画些画,把工作做好,不然,如有机会,可向学院方面活动,教书虽然经济上清苦些,但能在精神上有更多的时间充实。我们一切都好,我近来画山水画比较有兴趣。孩子大了要注意他的健康,他的好的生活习惯的培养。我想他一定长得非常可爱的。我们全家都好,小白在美国也很好。"

我的孩子上初中时,李老师信中说:"初中的孩子都还小,还必须父母关心着,到高中就好了,一舸喜欢看自然科学的书吗?买几本有趣的这类书看看,会充实一个人的全面修养,使感情与理性容易得到平衡,一个人感情多了容易苦恼,理性多了会失了人生乐趣,所以要平衡,不知意为如何?"

1997年我设计的中国与新西兰联合发行的《花卉》邮票发行当日,给李老师寄去首日封,李老师回信说:"你上月寄来首日封一信上,朵花很美,可惜里面没有信,也没有封口,不知是否这样,你们全家都好吗?念念。我们一切尚好,人老了,老年人的病也不断发生,我的手写字有点不便。"

最后收到的便是2000年春节时寄给我们的那幅书法作品，并附一信："从去年起，因手不大听话，不画了，每天只写写字，一年多了，看，老来还有一点进步，也还有一点自己的风格，寄一张给你们，以博一笑，请正之。"

睹物思恩师，我的心情很沉重，一是因为作为李老师的学生，我各方面应做得更好，尤其于绘画，但我没有，心里时时会涌出愧疚感。二是李老师终因其年老体弱，于书于画有力不从心的感觉，这种感觉他自己会"平静"的"知足常乐"，而我却感觉李老师于绘画艺术一生都在孜孜以求，此时的无奈，使我隐隐作痛。还有使我感到难过和遗憾的是，我曾请李老师与汪老师来北京，他们总是说有机会的，会来的，但终未成行。他们多年未来北京，如果给我陪他们在北京玩的机会，该有多好啊！

李老师在培养学生方面不是一家之言，一己之法，而是高瞻远瞩，注重学生的全面发展，在制定和执行的教学方案中，不仅有工笔花鸟画课程，还有写意花鸟画、文学欣赏、史论、外语等课程，并安排外出参观学习、写生等。

文学欣赏和史论课程不仅听本院老师的课，还到南京师范大学听课。写意花鸟课，是李老师亲自给我们请的高冠华老师和李亚老师。李老师亲身体会过外语对他的影响，所以，十分强调学习外语的重要，他为我们请来日语教师，因为那位教师年事较高，到学校授课有些不便，我们每周一次集中在李老师家中听课，李老师便忙着为我们准备饭食。这段学习对于我当时似乎没有什么效果，但是非常重要，是它把我领入学习外语的门槛，在我们学校评定职称时，我就是凭借日语过关的。

李老师将他当时尚未出版的所有白描花鸟、设色花鸟的课徒原稿借给我们临摹，将文字原稿供我们抄写，现在回想起来，他的心地是多么的纯净，对学生是多么的信任与无私的关爱啊。我常问自己，你现在能做到吗？我做不到。所以，我更加敬重和感谢我的老师，是那些文字与图稿使我很好地完成本校的教学任务，还得到了院领导的表扬。

李老师非常重视我们基本功的训练，要求严格，我在进修之前写生概念，旧习难改，李老师要求我一星期只画一张冬青叶，要求我用直线打轮廓，以"写实"的方法，画准确对象正、反、侧各个角度，各种透视关系，他拿着冬青叶，对照写生逐一检查，待我基本解决了存在的问题后，强调"白描花卉写生处理"，这样的教授，我们在很短的时间就取得了明显的进步。从而，我们几位同学都具备较好的

"花卉构图写生"功力。

中国有句古语:"宇泰定者,发乎天光"。"发乎天光者,人舍之,天助之"。李老师就是这样德高泰定者,他的"三乐"、"三平"映发的自然之光,辉映着我们,辉映着后学者,使我们徜徉在幸福与美好之中。人们敬重他,天亦助他,他虽病得那么久,仍以九十高龄平静地终其天年。

李老师给我们留下独具风格的绘画作品和独特技法的绘画教材,这些作品和教材随着时间,影响越来越深远。参观李老师在中国美术馆举办的个人画展,和参加李老师的师生画展,我都是很感动,也很自豪。我再次向我的老师——李长白老师表示衷心的谢意。

轻轻地推开窗

——忆长白老师

江宏伟

江宏伟

伏案有些倦意,抬头望起窗外的景致。

靠玻璃是新竹,细长的抽条散散的生长,沿墙悬着蔷薇。粉红粉白的花朵在浓浓的绿叶映衬下,成团成簇,明晰亮丽。枫已不似初发时那么深红,开始泛赭色了,与稍后的梅叶相杂,协和而悦目。一只小粉蝶像碎绒片似的忽上忽下地晃动。随着粉蝶的晃动,我的思绪零星地浮现三十年前的旧事。

那时我刚毕业留校,也刚满二十岁。学校指定我从事工笔花鸟画教学,指定我随李长白老师进修,为期两年。

二十岁的年龄,对艺术、对未来有着许多的憧憬。青春的梦,如同云朵在蓝天间浮来飘去,以工笔花鸟画种来说,在当时是无法承载一个少年所起的那种飘飘然的梦想。

但在那个年代,组织决定是取代个人选择的。也好,没有像当今选择度的自由与多元却伴随了困惑与烦恼。

所以,长白老师一开始就说:"你们是包办婚姻,先结婚,接下来要好好恋爱,培养感情。"形容的贴切,收起很多非分之念,好好过日子吧。

我们的进修课是与备课基础教材联系在一起的,一切从最基础开始。而长白老师的口头禅是略带浙江口音的"蛮有味道"。可以说,这"新婚"并不浪漫,而是地地道道的平凡,在平凡中体会其"味道"。

当时的我,虽幼稚,但也气盛。理想中的绘画是油画,而心目中的"帅气"是色彩、笔触、光影变化。拿支铅笔在花花草草之间修来改去,有点无奈,更有点不甘心。于是自以为可以将心目中的"帅气"移植到花草丛中,其表现方式是用求得的素描速写知识,草草的描绘,似乎可以显露自己的才气。

当然,长白老师并未用"表面"、"浅薄"等言辞来指责,而是要我细细地品味。品味什么呢?一朵花、一片叶的各种形状,这些形状在不同的角度所呈现的变化。确实,一朵花、一片叶随着视线的移动,幻化出各种姿影,也呈现了多种线形。这些姿影与线形,从追踪到显示得花大力气才能得以明确。因为是做备课教材,所以只能在一张纸上,以一支铅笔、一块橡皮,将许多时间用来追踪与记录。这一过程渐渐地将一颗少年特有的盲目的心得以收拢。

长白老师定期来检查作业,也用他特有的略带沙哑却顿挫分明的语气,很具体地分析我们的画面。他总是那么切实,切实到修正画面一处非常细微的转折。如此的要求,我们必须以更细腻的目光投射自然,以更敏感的笔调来传递自然信息。

记得七十年代末秋天的一个下午,长白老师评讲一幅折枝画稿时谈到画枝的情趣,他轻轻地推开窗,一阵凉风拂来,他说:"这就是情趣,情趣是用身心去感受,是一种会心的体验。"

顺着长白老师的暗示,在瞬间吹拂身心的愉悦中,我注视着窗外的景色;初秋的法国梧桐略带黄意,广玉兰肥硕的叶面油油的发绿发黑,耸立的棕榈展开扇形的叶面,在晴朗的天色映衬下处处一片生机,美无处不在,在于用心去体验、去感受、去领悟。

人生的轨迹有各种机缘,有时连自己也无法预料。我居然能安下心了,是自觉地、心甘情愿地在花叶丛中徘徊。显然当时并没有画出像样的作品,但得到了一种感受与体验的方式。那是在平凡之间以单纯而朴素的目光来关注物态。以平和的心境细细咀嚼自然万物,它会给你带来一种滋味,也能理解生活的本质。接纳长白老师的关注方式的同时也影响了我以后的人生道路。以一种真切细致的目光看自然,在反复修正中调和感受与传达的合一,逐渐让内心与自然求得一种交融,让内心存有一个接纳万物的空间。

步入八十年代,这是一个全新的开放时期,纷至沓来的各种思潮、各种图文信息,使得观念与价值的标准呈现多元的倾向。这也促使对以往的标准进行一番重新认识,重新选择。而体现自我价值成为一种时尚。我在注视接纳的同时仍徜徉在自己目光中的自然里,但在感受的过程中逐渐渗入了一些个人的色彩。也许,后来我并没有完全按长白老师的思路向前伸展。"师其心,不师其迹",甚至并没有意识到心在师承。很多事是需要时间方能领悟。为何至今仍能并且兴趣不减地对自然物态津津有味,关心草木盛衰,惦念花事兴荣成了生活中不可缺少的部分,这与长白老师当年的引导有关。我的记忆里长白老师没有使用煽动性、制造狂念的词语,他始终平和而真切,真切到你可以记不住他太多的言辞,因为他可以消融自己,以一种不易察觉的真情感化你进入属于你自己的自然中,他也悄然地让你在平凡中体会其中滋味,就像他的艺术,将自己

江宏伟《梅花双雀》,2010

的身心完全融入自然界,不张扬地使你沉浸在充满生机的时序之中,他的味道,似新茶需要细品,用心掂量。

如今我也到了当年长白老师的岁数了。生命毕竟有限,善待时间,善待万物,不要执著妄念。细细品味一朵花、一片叶,他能传达生命的本质,更能带来心灵的纯静。

窗外树色随光线转暗变得越发浓郁,粉蝶早已悄无踪影,远处偶尔传来几声清脆的鸟鸣,我点燃一支烟,走到窗前,将窗轻轻地关上。

2008 暮春于东湖丽岛

最后的微笑

孔六庆

孔六庆

2005年3月20日,本该春寒穿羽绒服的天气却热得只要穿衬衫。这天,我去苏州看望住在医院里颇有时日的恩师李长白教授。

因为知道我要去,李老师的家人以及苏州大学艺术学院已经安排好一切,并特别保证了让我和李老师单独见面的氛围。到了病房,护工出来告诉我李老师正在睡觉,让我坐在李老师的床前等候醒来。"老师瘦得有些变形",我端详着恩师,一下感到"风烛残年"与"人生无常"这两个词的内涵,心中自然起念"南无阿弥陀佛",默默地为老师祈福。

孔六庆《田间采摘》

题写释文:"余之所谓画法,是指在思想境界中对于造化自然理解的一种表达。其所流露的自然真趣与笔头灵气,以入恬淡为上的道途静境者为上。古人云画无定法,法无定相,要注意在思想境界高低决定了层次高下分别的层面上去思考。只有深刻思辨这一点,画法表现才能不落俗。认识文人画,此亦为要旨。庚寅无事居主人作并题。六庆。"

2005年在苏州李采白家
（右起采白、师母、孔六庆）

大约一小时后，恩师醒了，我喊了声"李老师"，他见了我，一下子露出了笑容，缓缓地要从被窝里伸出手来，见状我赶忙在被子外摸着他的手，怕太费了他的精力，同时转达了学校的领导、同事对他的问候，他颔首致谢。接着我又转达了我们全体工笔花鸟班同学的问候，此时他的眼光望着天花板有些凝注，用他那沙哑但有力的声音慢慢地一个一个报姓名并说着印象："张承志，很聪明；徐利明，写书法；曹建宁，班长，后来搞服装设计了；康卫东，蛮老实的；徐南，在宜兴"，然后问"胡承华呢？"，我答说"在新加坡"。只见他沉思了一会儿，带着不胜感慨的语气说"真快啊！"，于是，一起回忆了20多年前他给我们工笔花鸟班教学的情景，怎样地在玄武湖写生，怎样地在教室的阳台上养鸟，怎样地在广州华南植物园写生以及在山东菏泽写生的过去，我还说了他原先不知道的一些班里趣事，说到高兴时他笑得非常灿烂。不过很多事情李老师都记得，我真佩服他的记忆力。然后，我汇报了《中国画艺术专史·花鸟卷》即将出版的情况，他听我读了我刚发表在《花鸟画研究》中介绍李老师的文章，翻看了我刚出版的学术专著《中国陶瓷绘画艺术史》，又仔细看了我新出的画册，看时，他一页一页地抚摸画面一边郑重地点头说："你画出了自己的风格了。"

我深知，与年迈虚弱的恩师说话时间不能太长。将近半小时，便请恩师休息。我起身告辞要带上病房的门转身时，老师的目光中充满了依依惜别的神情。

那次去苏州有个想法，就是为写《李长白研究》收集资料，故拜访师母和苏州大学艺术学院李长白中国画研究所的同仁并听取他们的意见，也是我的计划，所以直到第二天午后才离开苏州。而上午，天气突然冷风飕飕寒流来袭，一时间昨天"炎夏"中的我在"寒冬"里冻得直哆嗦，幸亏在采白那里穿了件厚绒球衫才抗了过来。下午到南京时约四点半左右，天空黑沉沉的，西北风呼呼地刮，沙粒似的小冰雹打在脸上生疼生疼的，接着飘起了越来越大的雪花，我在南艺门口下车后跑回家才几分钟，头发上、身上却已积了一层白白的雪。

两个月后的5月21日凌晨，李老师与世长辞。追悼会上瞻仰他的遗容时，仿佛仍是两月前的音容笑貌。

2008年7月19日
写于南京艺术学院无事居

2005年李老师最后的笑容之一

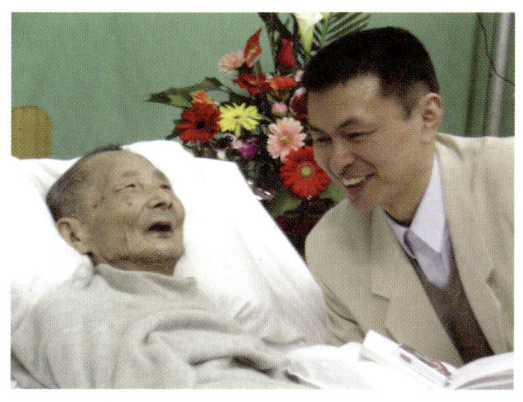

2005年李老师最后的笑容之二

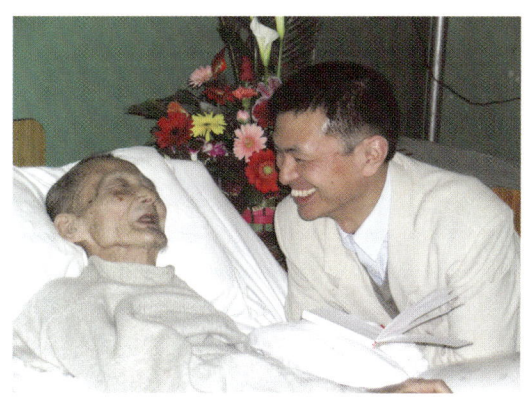

2005年李老师最后的笑容之三

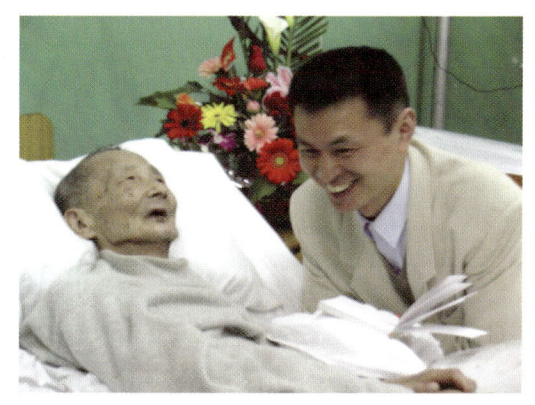

2005年李老师最后的笑容之四

2005年李老师最后的笑容之五

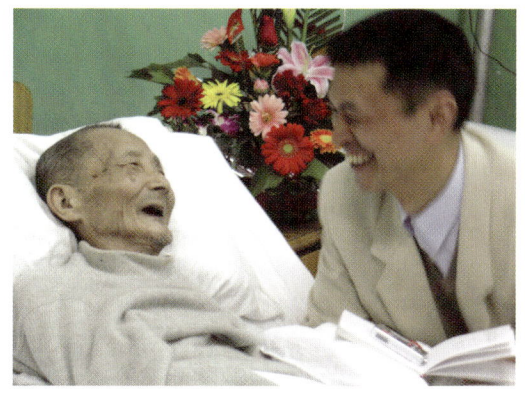

2005年李老师最后的笑容之六

李长白和他的画

章西厓(著名版画家)

章西厓

李长白学名寿清,1916年出生在浙江兰溪,而今将是古稀老人了。1933年考入国立杭州艺术专科学校。1937年抗日战争开始,他爱国心切,自发与同学数人组成抗日救亡流动宣传队,辗转浙南穷乡僻壤,跋山涉水,白天绘制大幅抗日宣传墙画、刷写标语,夜间演唱抗日歌曲和活报剧,激发人们抗日爱国之心。继去内地国立艺专完成学业,毕业后,先后任教于西南美专、国立艺专、华东艺专,一度在杭州创办过"孑民艺术研究所"。

长白现在南京艺术学院任教工笔花鸟画,虽届高龄,仍不辞劳累,带领助教、进修生同生活,同习作。近年来他奔走南北,先后到广州植物园、菏泽牡丹区、攀登泰山观日出、上黄山,洞悉生物态势、色泽、自然那景观气质,为工笔花鸟画培养新生力量。他治学严谨,认为学习上要重视写生。要见多识广,才能有艺术的活力。山水、花鸟、人物都要学,粗犷、工细的都要画,这样在表现手法上吸收各种画的长处。在修养上要重视文学和情操的培养,才能使境界上表现得更为深入。在创作上重视境界立意,他常说"艺术不是无情物,情要真诚感要深",认为写生、作画如没有感受,不得情趣不要下笔。四十多年来他比较完整地形成了工笔花鸟画的学习和创作上的一些理论与方法,编写了《白描花卉写生》、《花卉设色图谱》、《翎毛写生设色》、《创作》等四部教材,已经出版,不仅是美术院校和工艺美术部门所欢迎的教材,也深受工笔花鸟画爱好者的欣赏。

工笔花鸟画是一门比较艰苦的学科,要求对物想象有精微的观察,细致的描摹写生,要从神出发,记取各物的典型形状、生态、动势、色泽、气氛,在风、晴、雨、雪等不同自然界条件递变下反映特定的情况,必须具备扎实的写生工夫。进行创作时,还记得先起稿、定稿,再复稿、勾线、敷彩、晕染、加色等过程,中途出了差错,又会全功尽弃;虽顺利完成创作,如仅有物象的真实感就会陷于图解,了无神气;即使敷彩缤纷,也会流于甜美媚俗的下品而已。成功的花鸟画知识具有结构经营妥帖,用笔精练舒展,物象神态真切生动,彩色层次有序,晕染同意而趋和谐协调,达到情趣盎然的妙境,引观赏者心旷神怡,精神为之升华。当今图捷径者多,稍有所成,急功好利,无有深进摸索,从而就工笔花鸟画者日少,有成就者寥寥。长白数十年以来,对工笔花鸟画始终不懈,今天更为发奋在家与其夫人儿女,各居一室,朝夕埋首作画,诚如苦行僧参禅,平时少与人应酬交往,不抛头露面争图虚名,展览会也较少参加,不轻易售画。为此,招致来"怪"的名声,这样的"怪",我倒是举手赞同的。长白认为人生短促,在这有限的生命过程之间,总得为人民做点什么,才不愧自己人的一生。蜂群酿蜜,桑蚕造茧,尚且各尽天赋之能,造化于世,作为万物之灵的人,岂可无所作为于世人耶!

长白在艺术上遵循"外师造化、中得心源、借鉴前人、吸取西洋"的创作道路。在创作上认为有"景胜、情胜、意胜"之分别。景胜者,重于自然天趣的反映,如《江南春》一泓碧水,白鹅戏泳自如,桃花竞妍湖上,一派南国风光,暖洋洋的春意染人欲醉。情胜者,重于感受情趣之反映,如《牡丹绶带图》,玉洁冰清的牡丹花似如依偎的青春姑娘,悄悄地在细语比翼的绶带鸟,翩翩飞舞在绿阴之间,真是"花解语鸟含情",呈现出一片宜人的情景。意胜者重于托物寄意,如《晴空图》,万里晴空任凭云鹤翱翔,引人振奋向上之心,油然而起,好花不常开,美景不常在,惟有经过画家的高度思维,精湛的摄取,结合创作的激情和熟练的技法,将那易败的花草、禽鸟,瞬间消逝的美景,绘画到素纸上来,永远作为人们享受无穷的精神食粮。可喜的是知识分子现在重新得到尊重,老骥伏枥,童心尤在,长白不仅一幅继一幅地创作了《旭日东升》、《昙花》、《悬铃花》、《层林尽染》、《虞美人》等清新完美的工笔花鸟画,同时还创作了不少气氛浓郁、景物生动的风景山水画,挺拔清丽、挥写自如的兰竹图。长白的画不是磕巴的物象录写,不是历代工笔花鸟画、山水画食古不化的老把式,而是富有时代艺术语言的生机勃勃的创作。他的画鲜而不艳,艳而不俗,染而不腻,实而不涩,这不是旦夕可就的本领,而是几十年孜孜不倦地艰苦劳动的实践积累。但长白并不满足他既有的成就,他还要追求新的境界,要变法,要不断创新。作为一个画家,应该有这样的自我要求,不然,艺术生命就枯萎了。我们从事了几十年的美术工作,而今都是垂暮之年的人了,祝愿我们还有时间,还有活力,在这夕阳无限好的时光,为艺术园地开出不凋的秋英吧!以此共勉之。

李家样　李家人

许星（苏州大学艺术学院教授、博导）
廖军（苏州工艺美院院长、教授、博导）

许星

在当代工笔花鸟画坛，已故南京艺术学院教授李长白先生无疑是一位卓尔不凡的代表人物。准确地说，他是工笔花鸟大家和美术教育家。因为他的一生中不但创作了大量的优秀作品，而且还培养了一大批优秀的美术人才。虽然先生在世的时候精于创作，勤于教学，乐观处事，低调做人，但他对于繁荣和发展我国工笔花鸟画事业所作出的贡献却是巨大的。长白先生的清丽文雅的绘画艺术风格，随着时间的推移将会产生出越来越大的影响。

认识长白先生及其家人已有近40年的历史，那时我（许星，下同）还是个孩子，刚从北京来到南京的外公臧云和家，住在南艺的教工宿舍——丁家桥的劝业村，和长白先生是邻居。那些青砖的二层小楼是上世纪初在南京开南洋劝业会所修建的。当时在劝业村居住的还有许多南艺的著名教授，如陈之佛先生、蒋仁先生、孙文林先生和曾以鲁先生等。

李长白先生一家共五口人，先生和夫人有三个子女，他们是长子小白、次子采白和女公子莉白。给我的印象是李家的男性多热情开朗，喜欢运动，而女眷们则比较内敛，显得温文尔雅。

李长白先生是浙江兰溪人。在兰溪，李姓是个大族，如今在浙江金华兰溪夏李村李氏宗祠里，我们还可以找到飞将军李广和戏剧家李渔的名字。先生天资聪颖，早年就读于西子湖畔的国立艺专，跟随潘天寿、林风眠、李苦禅、吴大羽等大家学艺，同窗好友中最著名的有王朝闻、赵无极、吴冠中、朱德群诸先生。据说，吴冠中先生与夫人朱碧琴女士的婚姻还是由长白先生与夫人汪彩鸾做的红娘。

长白先生秉性高洁，豁达大度，文人气十足，一生不图名利，教学之余如闲云野鹤一般，游艺于琴棋书画之间。尤其在工笔花鸟画方面，更是倾注了他毕生的精力和心血。在精研和继承古人优良传统技艺的同时，变宋化元，借古开今，与传统花鸟画相比，先生在线条与块面、光影与色彩、写实与装饰等表现技法方面都做了大量的有益尝试和创新，取得了十分可喜的成就。经过数十年的不断艺术

廖军

实践和经验总结,终于建立一套完整的由写生到创作、有理论有实践的工笔花鸟画体系,形成了格调清新、文雅秀丽的"李家样"。在丰碑林立的中国画坛,要形成"专家认可、百姓欢迎"的艺术风格不是一件很容易的事,方方面面的修养、机缘和努力,少了哪一样都是不行的。

先生所总结出来的白描写生方法,不但在国内的艺术院校中广为流行,还传播到了海峡彼岸。记得前几年我应邀访问台湾东海大学时,他们艺术系学生上国画课用的就是长白先生所著的教材,并按照先生总结的方法做线条的练习。

不少人甚至是圈内人提起李长白先生都只知道他是工笔花鸟画家,开始时我也是这样认为的,其实长白先生笔下所表现的物象是宽泛的,除了花鸟画之外,山水、人物方面也都有所涉及,并且有很深的造诣。1996年我在香港理工大学做访问学者时,一次陪朋友去中环游览,不经意间走进了一家颇有规模的画廊。该画廊当时正在举办《李长白黄山风景作品展》,起初我以为是同名的画家,因为我并未听说过长白先生画山水,但很快我就发现这个画

廖军《竹趣》

展的作者就是我所熟悉的李长白。清雅的画风、细腻的笔触将画家眼中的黄山和心中的黄山表现得淋漓尽致。特别是画面上先生那独到的题款书法，都是那样的让我感到亲切。画廊里不少观众都为长白先生笔下描绘的景色所倾倒，为先生的艺术成就所折服，纷纷在作品的镜框上贴出了准备购买的红纸条。

长白先生处事乐观，做事认真，不仅表现在教学与创作上，在其他方面也是这样。据长白先生的好友、著名民艺学家张道一先生回忆，文革期间，他们曾经一起被关在牛棚里干木匠活，其主要任务是制作战备所用的木箱。结果他俩做的木箱不仅外形美观，而且还相当的结实，从三楼扔下去都不会变形。为此在那个年代里还得到过令人羡慕不已的每天三角钱的加班津贴。

长白先生生活中另一件不可缺少的事情就是下棋。用他的话说下棋不但可以锻炼思维，还可以交流艺术。常与他对弈的有著名美术史家刘汝醴先生，他们往往一面动手、一面动嘴，手谈的是棋艺，口论的是画理。

长白先生一生寄情于画，极少人际应酬，但凭着他的艺品和人品，还是与不少名人大家结下了深厚的友谊。我国著名的楚辞大家文怀沙先生就是其中之一。他俩的友谊长达半个多世纪之久，直到长白先生弥留之际，文先生还专程赶到苏州医院探望，两人见面，如孩子一般相拥而泣，文先生还不停地用嘴亲吻长白先生的额头，令在场的医务人员无不潸然泪下。

夫人汪彩鸾女士是先生在重庆国立女师任教时的学生，系出名门，为我国近代史上洋务运动先驱者李鸿章的哥哥、两广总督李瀚章的后人。亦画得一手好丹青，尤其擅长渲染，在长白先生的许多作品上都留下过她的笔迹。但李夫人从来不事张扬，而是默默地相夫教子，协助着丈夫的事业。可以说在李家，汪彩鸾是一位无名英雄。

李小白是长白先生的长子，风度翩翩，极有艺术天赋。年少时，小白足球、舞蹈样样在行，但在家学的引导下，他还是选择了绘画作为终身的奋斗目标。他接受过正规的学院派美术教育，改革开放以后又赴美多年，受到过西方现代绘画和理念的熏陶，加之从小潇洒开朗，喜欢音乐、舞蹈和运动。因此在小白的作品中，除了表现出明显的李家风格外，还给人一种阳光的气息和韵律感。他的不少画作取象单纯，主题突出，格调清新，寓兴抒情，在继承传统的同时又显示出一定的时代特征。用他自己的话说叫做"背靠传统，面向现代"。小白现在美国、中国两边跑，担任着大纽约地区艺术家协会会长、南京艺术学院客座教授、苏州大学艺术学院李长白中国画研究所名誉所长、南京云上文化艺术沙龙艺术总监等众多职务。整日里穿梭在演艺与美术两界，家里常常是高朋满座，星光灿烂，许多著名的演艺明星如朱时茂、王伯昭、成方圆、陶泽如、郑绪岚等都是他的好友与学生。国内、国外，小白社交、创作，忙得不亦乐乎。在这不停的忙碌中，他享受到了人生的快乐。

李采白走上绘画的道路，除了家庭的影响外，还有一段鲜为人知的故事。40多年前，采白初中毕业后来到江苏苏北洪泽农村插队，繁重的农活让大城市来的教授公子有点吃不消了，当他看见已在当地工艺美术厂画彩蛋的哥哥不但比他在地里干农活儿轻松，每天还有6毛钱的收入时，便萌发了也要画画的念头，这一画就是40多年，也将他从洪泽农村画到了大学的讲堂。采白的工笔画也明显地烙有李家的印痕，无论是花鸟还是鱼虫，都表现得清丽、雅致，让人一看便知是李家嫡传。近来采白又致力于写意墨竹的创作，无论是鸿篇巨制还是小品斗方，都画得气韵生动，神采飞扬，颇具板桥遗风。和他的父亲与兄长一样，采白也具有豪爽的性格，喜欢运动、围棋和交友，遇上知己就要开怀畅饮，是个性情中人。采白现任苏州大学艺术学院副院长、副教授、硕士研究生导师。

与两位兄长相比，李莉白则明显地沿袭了母亲的性格，文静而含蓄。莉白的画作在秉承家学的同时，更多的融进了女性细腻的柔情和对大自然的热爱，无论是轻拂柳梢的雪花还是相互依偎的归鸟，都表现得惟妙惟肖，令人爱不释手，过目难忘。莉白的作品是唯美的，用她自己的话讲就是"画是美丽的事业，我要为美而画"。画家袁牧先生是这样评价莉白的："在画的殿堂里，画者可以沐银河荡明月，着霞帔饮甘霖。在这里，美妙的灵光只是其表象，云端上的清寒只有为艺术殉道者才能守得住万籁的空寂，这座寂静的艺术殿堂里的花园中，一位默默的守望者——李莉白，日无尽日地耕耘着自己的花圃，培育着美丽的心花。"我以为袁牧先生的话讲得十分确切。

画刊要出纪念长白先生的专集，小白兄嘱我写段文字。几天来，思来想去，往事历历。考虑再三，谨以"李家样 李家人"为题，将我所知道的李家事作些记叙，不知诸君以为然否。

2007-6-26
于苏州拙政园之东枕河小筑

琴音画魂

丁 方

丁方

长白老师的秀骨、清风、人格、艺术,在我们心中留下永久的记忆。

长白老师一生酷爱琴艺,并深得一代古琴大师——广陵派第十代传人刘少椿先生的亲传。20世纪60年代,长白老师在南京艺术学院结识刘少椿先生,在其指导下刻苦学习琴艺5年,能自如地演奏数十首琴曲。"琴、棋、书、画"乃历来所公认的文人必备之修为,长白老师亦全为也。他的书画艺术格调——形正色丽、飘逸高雅;他的为人处世风度——道禅守中、自珍洁爱……,皆源于此,不一而足。

缅怀上古时代,"高山流水"、"高山坠石"、"古月钩心"、"清泉听月"之音,体现了音乐对人格风度的约规,形成了中国文人自古以来所崇尚的内在品质。明人李贽云:"琴者,心也"。这一宗旨将《溪山琴况》为代表的虞山——广陵派的琴学理念,提升到融儒、道、禅于一体的精神境界。长白老师深究其中堂奥,于常年的孜孜勉力之中,将广陵派超凡脱俗的心境转变为工笔画清新淡泊的格调,把高雅飘逸的演奏指法转换为灵动多变的绘画笔法。这一从听觉向视觉的衍化,自视觉向听觉的还原,指导着他对古人的学习和领悟过程。长白老师的人物画,师法梁楷、石恪、白龙山人,山水画,师法郭熙、夏圭、石涛,这些前辈大师作品中所蕴含的道、释、禅之精髓,长白老师一一深谙,并回归到琴音的世界。

除此之外,长白老师喜好棋艺。他的棋风绵和中庸、棋理通达,与吴清源大师的"合和围棋"理念一脉相承,而与好勇斗狠、穷相毕现的棋风断然无缘。这种温雅平和的棋风,虽未提高他的"胜率",但使他的画作具有"雍容大度"的宇宙气象。

长白老师以"琴、棋"之修养来领衔"书、画"之作为,使近代几近绝迹的中国传统文化精髓得以延续,塑造了一代"琴音画魂"的典范。

在琴音画魂的汩汩历史长流中,长白老师不仅为我们留下了亘古清音的书画作品,更为我们留下了芳香四溢的精神遗产。

丁亥年秋于南京大学美术研究院

李老师弹过的古琴

附录三：评论李长白

李长白工笔花鸟画作品集·序

周积寅

李长白教授是我国当代卓著的老一辈工笔花鸟画大家和美术教育家。他以始终不渝的满腔热忱，笔歌墨舞，创造了许多艺术珍品；他为人师表，身教言教，桃李满天下。

1916年，先生生于浙江兰溪夏李村。从小喜爱书画，天资颖悟过人，早在中学时代，就能画大写意人物中堂，蜚声县邑乡里，传为佳话。1933年考入国立杭州艺专绘画系。和李霖灿、王朝闻是同班同学，与赵无极、吴冠中、朱德群是先后同学。其西画受业于林风眠、吴大羽、李超士；国画得潘天寿、李苦禅、张红薇、吴茀之指教，画艺益进。1937年全面抗战开始，先生"爱国心切，自发与同学数人组成抗日救亡流动宣传队，辗转浙南穷乡僻壤，跋山涉水，白天绘制抗日宣传壁画，刷写标语，夜间演唱抗日歌曲和演出活报剧，激发人们抗日爱国之心。继去内地国立艺专完成学业"（西匡《李长白和他的画》）。1939年毕业后，于1940年起先后在南虹艺职、西南美专、成都师范、国立艺专、华东艺专、南京艺术学院任教。其间，他还于1947年创办过子民艺术研究所，设立西画、国画、图案、音乐、语言文学五个系，培养了一批文艺人才。六十余年来，他辛勤耕耘，锲而不舍地从事中国画教学与创作。擅长人物、山水、花鸟，兼工诗词、书法，尤以工笔花鸟著称。在教学中，他主张"以培养学生独立思考能力和想象能力为主；学习前人，以理解前人作品之然与所以然为主。培养学生热爱生活、热爱自然，能从景物中发现情趣、意趣，从而能设想表现手法"。为加深学生如何正确写生、设色、创作的理解，经过长期的教学实践积累了一套完整的工笔花鸟画教学法，编写出版了《花卉写生构图》、《花卉设色技法》、《翎毛表现》等书，不仅可以作为美术院校优秀教材，也是广大工笔花鸟画爱好者的良师益友。

他的中国画创作是与其创作教学结合在一起的,创作出来优秀作品往往成为创作教学的示范。他走的是一条传统、生活、修养、创造之路。

他认为:"黄筌只要一个,石涛也只要一个,齐白石也只要一个。而今从形式上学他们的人遍天下,然而都黯然无光,绝不能超越,只有创造的境界,变化发展的活用形式,才能放光。"他立足于传统,而不为传统所囿;善于贯通中西,为我所用;坚持"外师造化,中得心源"的创作原则,努力探求独特的艺术语言,与古人、今人极力拉开距离,终于开拓出属于他自己的艺术天地,形成清新、超逸、秀雅、奔放、洒脱多变的绘画风格。先生说的好:"每个画家不但要有自己的风格,而这种风格将随着自己的思想感情、生活经历、学识修养、审美意识、艺术技巧的丰富变化而变化。一成不变者,必将陷入江郎才尽。"

中国工笔花鸟画于唐代独立成科,开始则是以工笔技法出现的,薛稷、边鸾、刁光胤是此期的代表人物;五代形成了黄筌富贵、徐熙野逸的两大风格流派,对后世影响深远;两宋由于帝王提倡,皇家画院昌盛,名家辈出,黄居寀、徐崇嗣、赵昌、崔白、赵佶、李迪、林椿等争奇斗艳,构成了中国花鸟画的鼎盛时期;元明清以后,写意花鸟画大兴,工笔花鸟画每况愈下。进入现代,中国工笔花鸟画开始复苏,并趋向繁荣,惟开派者于非闇、陈之佛、李长白三家也。李先生初攻大写意花鸟,从八大山人、齐白石、潘天寿变化而来。早在1937年学生时期,他的一幅《双栖图》就被入选"第二届全国美术展览",潘天寿大为赞叹,在画上题曰:"落墨草草,神情致佳,惟个山僧能为之,难得!难得!难得!"其后转入工笔花鸟,1944年,他在国立艺专任教时,渐渐感到"艺术必须做到雅俗共赏,方能为大多数群众接受,尤其在抗日宣传中感受至深"。这与他转入工笔或兼工带写不无关系;又有一种对民族文化的高度责任感,激励他去为挽救和振兴濒于衰亡的工笔花鸟努力奋斗。其专著《花卉写生》、《花卉设色》、《翎毛表现》、《创作》等,颇受读者的欢迎,公认为是学习花鸟的优秀教科书。他对宋人及恽寿平的花鸟画领悟颇深,所作工笔花鸟注重意境的创造,以情感人,乐于苦心经营,多而不乱,少而不疏,章法无一雷同者;勾勒精细、细巧求力,几乎不见笔迹;以轻色染成,薄中透厚,艳而不俗,淡而有味。在画鸟儿飞翔高空时,常描绘出不同时间里阳光照耀云彩所显现出来的特定色彩效果,或蓝天白云,或旭日东升,或秋高气爽,或……

使画面天真、自然,另有一番情趣。

李氏对工笔花鸟画致力最勤、功力最深、成就最高,是中国花鸟画苑中一枝奇葩,学者甚众,人称"李派"。其子小白、采白,女莉白自幼承父风而有所发展。

李小白,1976年毕业于南京艺术学院美术系,曾在镇江地区文化部门工作,后调入母校任教。曾当选为江苏省联合会美术家协会理事。其《竹雀图》赴德展出,被慕尼黑巴鲁特艺术馆收藏;《晨曲》参加了国际和平年之画展;《春江花月夜》、《牡丹燕子》、《万紫千红》、《胜似春风》、《葡萄熟了》、《莺歌》、《和平颂》等在全国和省画展上受到好评。1986年底,因获密西西比大学奖学金而赴美留学。在美国西部旧金山所作十余幅金门大桥,壮观宏伟,并参加了"金门桥五十周年庆祝画展",引起强烈反应,多幅作品被争购。定居纽约后,其画风大变,汲取众长,使色彩更加丰富,给人以洒脱、清丽、圆满、活泼之感。受到了许多大型画廊、美术馆之关注,为其宣传,举办画展。为弘扬中华文化,他创办了"小白画室",招收学生,教授工笔花鸟。

李采白,1982年毕业于苏州丝绸工学院工艺美术系。1983年在南京艺术学院随父进修工笔花鸟画教学与创作。现任苏州大学艺术学院副院长,从事中国工笔花鸟画教学与创作。作品《冬梅》、《满天星》、《春艳》、《秋趣》等六十余幅作品在国内外展出并获奖。其作能得其父之神韵,而背景底色之渲染上则略深之。

李莉白,毕业于南京大学企业管理专业。但其志趣仍在工笔花鸟画,现为专业画家。多次在英国格拉斯哥、爱丁堡等美术馆、画廊举办"李长白、李莉白父女画展",并作示范讲座。其画较其父更为隽秀,尚具有朦胧之美。

在其弟子中,成就突出的有:

张晓星(1951—),江苏常州人。1977年毕业于南京艺术学院美术系,留校师从李长白教授学习工笔花鸟。现任南京艺术学院副教授。花鸟画入选"首届中国工笔重彩小幅作品艺术展"获铜奖。

江宏伟(1957—),江苏无锡人。17岁考入南京艺术学院美术学院染织专业,20岁毕业留校专攻工笔花鸟画,现为南京艺术学院教授。已出版个人画集、个人画稿、文集20多种。

孔六庆(1955—),江苏无锡人。1982年毕业于南京艺术学院,留校任李长白教授助教,1987年之前一直跟随其进修工笔花鸟。现为南京艺术学院教授、博士生导师,江苏省花鸟画研究会副会长。出版画册有《四季花开——孔六庆工笔花鸟作品集》、《孔六庆工笔花鸟作品集》,更有学术专著《中国画艺术专史·花鸟卷》、《继往开来——明代院体花鸟画研究》、《黄筌画派》、《徐熙画派》、《中国陶瓷绘画艺术史》等,发表学术论文70余篇。

张承志(1961—),江苏苏州人。1982年毕业于南京艺术学院工艺美术系绘画专业。现为南京艺术学院教授、博士,中国美术家协会会员、中国工艺美术学会漆艺专业委员会常务理事、江苏省建筑壁画协会副会长。第十届全国美展参展获银奖。出版画集有《张承志·李树漆画选》,编著有《中国古漆器》等。

周矩敏(1953—),江苏苏州人。1982年毕业于南京艺术学院工艺美术系绘画专业。现为江苏省建筑壁画协会副理事长、苏州市文化广播电视局副局长、苏州国画院院长、苏州美术家协会副主席。作品多次参加全国展览并获奖。出版有《周矩敏画集——散淡人生系列》、《周矩敏作品集——漫游三十年代的上海》、《姑苏情韵——百俗图》、《艺术的朝圣——西藏作品系列》等。

廖军(1957—),江苏南京人。1983年苏州丝绸工学院工艺美术系毕业后留校任教。曾任苏州大学艺术学院院长、教授、博士生导师、校学术委员会委员,教育部艺术教育指导委员会委员。现任苏州工艺美术职业技术学院院长。独著、主编、副主编及参编出版的学术著作、画册20余种,发表学术论文50余篇。中国画、书法多次参加国内外各类展出并获奖。

弟子们遵照老师关于"黄筌只要一个……"的教导,学习的是他的高尚的人格魅力和艺术创造的精神,体现在他们的作品中,或淡逸、或高古、或清新、或雄厚、或高迈、或朦胧,没有一位画得像老师的,皆自立门户,独树一帜。

李氏的人物画学梁楷、石恪、白龙山人,仕女画学唐寅、改琦,亦颇精彩。五六十年代多工笔,以描绘现实生活题材为主。90年代多兼工带写,以道释神仙题材为主。其作品极力歌颂真、善、美,贬斥假、恶、丑,展示人生的价值,追求宁静、平和、光明、向上、奋进的意境。强调人物性格特征、神情气质的刻画,喜用铁线、钉头鼠尾描,下笔顿挫有致,刚中有柔,含蓄深沉。他临摹的《朝元仙仗图》卷,是依照武宗元稿本《朝元仙仗图》卷(现缺最前一名神将)绘制而成,不仅保持原作精神,且补足所缺神将形象,可谓天衣无缝,成为一件完整的本子。其人物面部与衣纹线条的映衬配合上,较之流传下来的两个本子更为和谐、更有精神。

20世纪80年代以前,我多目睹先生之花鸟、人物,而罕见其山水。80年代之后,先生画兴大发,画起山水来。喜用皮纸,以水墨为主,工写结合。所作殊不与人同,令我大为惊叹。其山水画取法郭熙、夏圭、石涛,而更热衷于石涛。笔墨遒劲苍润,特爱写黄山。清代石涛、梅清、渐江得黄山之质,而长白先生则兼而得之,尚得其情与理。他仔细观察,体验黄山阴晴明灭、烟云变幻、寒暑交替的虚虚实实,千情万态,捕捉那雄、奇、险、秀的瞬间姿容,目识心记,尽收毫端,使画家与黄山"神遇而迹化",情与景、意与境、形与神交融在一起,创造出比自然中黄山更美的艺术形象。特别是对变幻莫测的各种云海,娴熟地运用不同的笔、墨、色、水加以表现,并从西洋画色彩中获得启示,渲染适宜,气势夺人,大有入仙境之感。中国传统文人山水画,画云彩多留空白,倘若拘于此法,是怎么也画不出李先生笔下这种神奇的云彩来的。李霖灿先生说的好:"李长白教授对云彩画法别有新意,许多人觉得中国画画云缺少层面流动感,杜工部的'水流心不竞,云在意俱迟'指的正是此等要紧之处。"李长白氏有见于此,在画云时,除了注意其意境之美外,更着眼于其白云苍狗之变化流动感,而且也达到了令人心喜的境地,值得特别欣赏与推荐。所论精辟,正道出其山水画之真谛。

长白先生作品,经常参加全国性美术展览,并在国内不少城市和日本、加拿大、德国、法国、英国、美国以及中国台湾地区举办个人画展及李家父子(女)联展;其人物画《打渔爷》,花鸟画《风竹锦鸡》、《山茶绶带》分别为国家和省级美术馆收藏;十余幅人物、花鸟画曾被美术出版社印制成千万张中国老百姓喜爱的年画;他的工笔花鸟画《昙花》、《山茶绶带》、《树梅》等多幅作品还被苏州刺绣研究所用来作为苏绣之样稿,其绣品曾出国展出并常年外销,经久不衰。

"老骥伏枥,志在千里,烈士暮年,壮心不已。"跨入耄耋之年的李教授并不满足自己过去取得的成就,谦称自己所作"没有一张画是完美的,都有它的不足之处",紧接着他又说:"有这种不完美的,正是前进的动力。"充分体现了一个艺术家虚怀若谷、上下求索、不断创新的可贵精神。

是为序。

体验与表现的双重超越

——李长白中国画衰年变法及其根源辨析

聂危谷

一

将近半个世纪以来，李长白先生以工笔花鸟画创作和教学享誉画坛和美术教育界。他的花鸟画或淡逸而不失醇美，或浓艳而益见温雅，格调清新自然而雅俗共赏。业内有识之士，有将其艺术与陈之佛、于非闇相媲美者。正因有了这样的先入之见，过去我一直以为李长白先生仅以工笔花鸟画见长。直到数月前与由美返国的李小白先生（李长白长子）一席谈，方知李老多才多艺，在人物、山水画方面所取得的成就绝不在花鸟画之下。而小白所示其父晚年的彩墨山水，尤为令人心为之振奋。统揽画面的壮气，与时尚山水画委靡琐屑的小家气不可同日而语，而融合中西的光色幻化、墨彩淋漓的渲染手法，更加透露出炉火纯青之底蕴。足以显示耄耋之年的李老，在艺术上有着非同寻常的突破——堪称无古、无今、无我。

传为唐代李昭道所作《明皇幸蜀图》的云雾缭绕，给人留下了十分难忘的印象。但传统中国画表现云气有两大缺憾，即要么是以装饰性的如意纹线描，过分程式化而显得虚假和矫饰；要么就是以留白意会，清人笪重光所谓"实景清而空景现"，即以实显空，以墨托白，画中云彩只是极度简化的空洞符号。尽管中国画以空灵飘逸为最高审美追求，但由于过分依赖留白，而放弃了对于最能营造灵逸境界的云气的研究，故前人在画云方面始终都未能在小李将军之后再迈前一步。甚至如米元章父子那样倾心于烟云幻变的江南山水，大胆创造了以湿墨落茄点代替皴法的米家山水画，也并没有解决如何画云的问题。米友仁那幅墨戏《潇湘图》，在水晕墨章中，却以线描云气，显得与整个画面的氤氲气氛很不协调。

李长白却偏求"我于难处夺天工"，敢碰古人软肋，悉心探索多种表现云海风势和云光时空（云随风动，光随时移，既占有空间，又暗示了时间，故称云光时空）的画法，从而攀登超越古人的新境界。他晚年的彩墨山水主要为黄山、高原风情两大系列。不管是写主峰兀立，或写半边一角,皆以变幻多端的大面积云气相掩映,造成了云光明灭、如飞如动、扑朔迷离的视幻效应,形成了李长白云山独特的形式语言。

如果说,黄山系列中《云封翠谷》的层云涌动,《猴子观海》的云雾升腾,《山色空濛》的云蒸霞蔚,《风回云转》的云雾缭绕,均以云彩流转、气韵生动而使画面全局皆活,迷离意境油然而生;那么,在高原风情组画中,腾飞之云如大鹏展翅,冲浪式云似排山倒海,火山之云奇光闪烁,黑山白云(甚或黑云白山)壮怀激烈,而天际抹红的火烧云更是惊天地、泣鬼神,得天地之大美!勃发的生命张力,凝重而激越的悲剧审美气息足令观者屏息凝神,竟难以正视创造如此华彩乐章的耄耋老人,胸中澎湃着怎样不可遏制的生命激情!有心人不免要追问:是什么样的动力,使得一位人到古稀的画家敢于发动否定古人的"云彩夺目"的视觉革命?

作为早年就读于杭州国立艺专的学生,李长白是否受到了林风眠的影响?在林风眠山水画坚实而深雄的山体和凝重的云层中,承载着深沉的悲剧情怀。李长白晚年的山水画同样有着沉雄渊深的气象,与林风眠山水画气息相通。并且两者都同样具有浓墨重彩营造的视觉张力。即使不了解双方渊源的人,也能通过画面的比较而在彼此之间产生联想。

其实,李长白的山水画却与林风眠的异曲同工:师生二人画风的共同点是以小见大、以安造险、光色粲然、沉郁雄壮;而不同的审美趣味是:李画以薄见厚、以静弩动、以巧求拙、以精求犷、以光显彩;林画则是厚薄相成、动静互生、以拙求巧、以犷求精、以彩见光。画法上也有较大区别,李画渲染,林画堆涂;李画以工求写,林画以写求工。

总体来看,李长白山水画醇正而深沉的气象,主要是在精神层面上传承了林风眠;而在技艺层面,李老则别出心裁,他将其几十年"百炼钢化作绕指柔"的工笔花鸟画法,转换为构筑其山水画用笔和敷色风格的看家本领;以透明敷色法层层烘染出层次微妙的云雾气象,配合骨法用笔塑造昂首挺立的山石树木之形,而成就了李长白以薄见厚、以光显彩、以工求写的艺术特色,从而与乃师林风眠的画风拉开了关键性的距离。林风眠绘画在现代中国画画史上独树一帜,而李长白在林风眠旗帜下自我张目,就使其衰年变法,起步甚晚的彩墨山水,超越当今山水画坛绕不出黄宾虹模式的怪圈,而终成老当益壮的一家之体。

在模古积习不改,而流行风尚日盛的当代画坛中,与古人、今人面目殊异已属难能可贵。而更难的是敢于否定自我。一个画家一旦成熟往往意味着作茧自缚,这几乎是世界性艺术家的通病。而李长白却对此有深刻的反思:"我所画的画,没有一张是满意的,总是在探索中。"

李长白晚年彩墨山水的突破,并不在于他涉足了自己以前没有接触过的题材,而是借助这一题材开创了于古、于今、于自我一贯画风皆为殊相的新风格。更重要的是,在其云山明灭的表现中,蕴涵着一位古稀老人丰富的内心世界:在"逝者如斯夫"的苍凉感悟中,憧憬着"满目青山夕照明"的彼岸世界,展开了搏击风云的思想羽翼,让自由精神扶摇直上九重云霄……,毕生的酸甜苦辣、悲欢离合凝结而成的生命体验,化作汹涌奔腾的笔底波澜,在其生命的最后十年排山倒海,决堤而出。其形式的大开大合,画境的宏阔壮美,难道不是来自于内在精神的深雄悲壮!

当然,李长白几十年的工笔花鸟画也有用心的体验和动情的表现,但那体验和表现却包含着更多的人心和人情共相,而在彩墨山水中,他的体验则饱含着丰富而深刻的心灵自语和个性独白,迥异于风花雪月的寻常言笑,而与人类深沉的悲剧审美精神一脉相承。于是由花鸟画的和谐秀丽而一超直入山水画的悲壮崇高,从而达到精神体验与艺术表现的双重超越。

二

李长白晚年变法是其多年人文、艺术修养综合积淀的厚积薄发。早年他在杭州国立艺专读书时,与吴冠中、赵无极、朱德群、李霖灿同学,其时适逢林风眠推行中西画合并教学,他在绘画系主攻油画,兼修国画,得到了兼容并蓄的训练。西画教师有林风眠、吴大羽、克罗多、蔡威廉,中国画教师有潘天寿、李苦禅,艺术史教师有林文铮[①]。当

[①] 吴大羽,国立杭州艺专教授,民国著名油画家,油画长于色彩表现,解放后湮没无闻,晚年探索抽象油画。克罗多,法国油画家,1928年受聘于杭州国立艺专任教授。蔡威廉,蔡元培女儿,国立杭州艺专教授,民国著名女油画家,擅长油画肖像,英年早逝于抗战期间。林文铮,国立杭州艺专教授,民国著名西方美术史学者、文学翻译家,1957年反右被诬陷而关押二十年。

年的杭州艺专洋溢着由人文主义艺术家和学者营造的浓郁的人文氛围。学校有大量的法文书籍。林风眠一贯引导学生多读书,以至李霖灿后来回忆道,由于听从师说而读了太多的书,最后没有当成画家而变成学者(著名语言学家和艺术史学者,曾任台北故宫博物院副院长)。80年代赵无极归国省亲时,还专门向当年的老师林文铮致谢,感谢林老师曾劝说自己应向一流大师学习,而不要效法气局不大、画法病态的莫底格利阿尼。由此可见当年杭州国立艺专师资的学术水准和艺术眼光之高超,而李长白的同学少年也非等闲之辈。在这种浓郁的人文风气熏陶下,李长白十分注重画外功夫和人文修养。毕业后,他在继续向潘天寿学习水墨花鸟画的同时,还向他学围棋。后来在南艺教书时,又向古琴大师刘少椿学琴。

40年代李长白客居陪都重庆,以工笔人物画知名。举办展览时人物画被藏家搜求一空,一时声誉竟超过潘天寿。60年代前,李长白一直从事人物画创作。1958年,他所在的华东艺术专科学校(南京艺术学院前身),因缺乏工笔花鸟画教师而动员多面手李长白任教。从此他40年如一日主攻工笔花鸟,创作了大量优秀作品。直到90年代退休后又向山水画进军并取得重大突破,从而为其艺术生涯画上了完美的句号。

李长白晚年变法更为重要的原因是,他的少年之心早就受到了来自世界艺术之都巴黎的现代艺术之风的吹拂。吴冠中曾经回忆道,在杭州艺专的学生时代,通过大量的法国画册,他们早就对毕加索、马蒂斯等现代艺术大师耳熟能详。当年林风眠的教学体系是一个自由和开放的人文空间。林风眠历来鼓励学生大胆探索表现方法,寻求个人的艺术语言。为了激发学生艺术探索的胆量,他甚至采用禅宗"棒喝"式,鼓励"乱画"。尽管笼统地看,李长白的花鸟画中似乎并不具有现代绘画的风格倾向。但只要悉心辨析,就会发现其中十分与众不同的构图:作于1960年的《昙花》,画一枝倒悬的折枝花,画面左下垂着造型饱满的白花,而右上则为白色的满月,上下两者以S形流转的茎叶相贯通,具有简洁而鲜明的形式感,令人联想到太极图。再以宝蓝底色与白花相映衬,产生了十分单纯美妙的形式美感。诸如此类作品,很难说没有现代绘画的潜移默化。

李长白读本科期间,从战前的杭州到战时的重庆,和吴冠中等人一样,曾深受林风眠开放的教学体系和艺术思想的雨露滋润。他终身不忘师恩,解放后常去上海探望林风眠,并一直以老师为榜样,常在子女面前激赏林风眠的人品和艺术。而他对子女的忠告,也与林风眠兼容并蓄的艺术理念完全一致:"艺术修养不是仅仅从画中来,是从方方面面的修养中来的。还要会下棋、弹琴、舞蹈、体育,甚至与绘画看似无关的东西,都可以吸收。只要你能吸收的,都要吸收。不管他是哪个门派,只要是有营养的。"①李长白反对画家以现成的技法和风格套用于对象,而十分强调要从对自然的感受中寻找画法。而这与林风眠主张要记住达芬奇的名言"到自然中去,做自然的儿子"②如出一辙。因此,尽管李长白人到耄耋之年才开始大张旗鼓地探索现代彩墨山水画,但这并非是没有阶梯的空中楼阁。

三

要追问李长白为什么直到晚年才返回林风眠开辟的现代艺术之旅上来,对于经历过 20 世纪后半叶中国社会现实的知识分子来说,这个问题几乎不言而喻。即使是坚持形式语言探索的吴冠中,也曾坦言:解放后为避免冒犯政治,他只好对景写生,于是成就了以风景画为主的创作方向;而他的艺术之所以不能像赵无极、朱德群走得那么远,是因为身在中国,必须考虑让"专家点头,群众拍手"。改革开放后吴冠中才逐渐成熟其现代风格,而近年来的抽象水墨风景却还被人讥为步波洛克后尘。即便是林风眠,虽然于 20 世纪 50 年代以来孤军奋斗,从未停止现代彩墨画探索,但他也不得不退守于不会"触电"的古典题材。他在台湾的学生席德进于 70 年代末在香港探望老师的时候,曾问林风眠为什么要画"古装美女,京剧人物呢?照说,你是中国画的革新家,不应该回头恋古"③,林风眠只得笑而不答。直到林风眠寓居香港的晚年,才能尽情表达郁结于心头几十年的大喜大悲,画出了比其青年时代所作更为激奋人心的追问人类命运的悲剧作品,也画出了充分表达其放飞心境的更为婀娜曼妙的女性题材。

---

① 根据李小白先生对其父亲艺术言论的辑录。
② 林风眠《徒呼奈何是不行的》,《西湖论艺——林风眠及其同时艺术文集》(上册),中国美术学院出版社,1999 年,第 59 页。
③ 席德进:《改革中国画的先驱者》,雄师图书股份有限公司,1979 年 10 月版,第 9 页。

在相似的时空中经历了相似的遭遇,李长白衰年变法就十分容易理解了。首先,只是到了这把年纪,李长白才遇上了改革开放的千载良机,他才有可能以自由探索的艺术表现去自由地释放自我的心灵。其次,他才能获得机会在频赴海外举办画展的同时,参观纽约大都会等各大博物馆,实实在在地去感受少年时代就曾从画册中初知眉目的现代艺术真迹。而正是眼中所见的现代艺术,成为在他心中激活青春梦想而斗胆变法的助燃剂。一个有力的证据是,李长白晚年出国后画出的"高原风情",就比他变法之初的黄山系列更具视觉张力和现代感。

通常认为,老年人会丧失继续学习的需求,思想趋于保守。在中国这一有着守旧文化传统的国度,似乎更加天经地义。但从人生发展心理学视角来看,僵化与顽固并非老年人的特性。"幼态持续"的老人,仍然如青少年一般拥有"探索、学习、思考"的热情,和"灵活性、开放性、实验态度",以及"想象力、创造性、好奇心",继续葆有青春般的活力和创造性的意识和能力。① 李长白显然属于这一类型。人到耄耋之年,他对自我艺术创作的要求在常人眼中近乎苛刻:"当你画得很顺的时候,你在退步,画得痛苦,睡不着觉时,你就有希望,就有风格变化的可能。"②

归根到底,李长白的变法进一步证明了林风眠体系巨大的精神传承力量。有一位在艺术创作方面足以和李长白构成互证的艺术家彦涵,使我更加坚信这力量的存在。众所周知,彦涵是从延安时代就享有盛誉的革命现实主义版画家,与古元齐名,解放后又在徐悲鸿现实主义体系的中央美院任教。因此,当我在20世纪80年代,第一次见到他的表现主义风格的版画时,简直不敢相信那是出自彦涵之手。此后,他在版画和中国画两方面,不断向现代艺术语言冲刺,最终形成了很有视觉冲击力的几何化的抽象表现风格。当了解了他曾是国立杭州艺专的学生,再读到他晚年那些与林风眠艺术观念不谋而合的画论之时,你就不得不信服林风眠体系坚韧顽强的生命力,竟然能够如此历久弥新地渗透到受益者的记忆深处,并有着催促老树发芽的旺盛力量。有趣的是,在经历了各自不同的生死磨难之后,林风眠体系的艺术家们,往往在享有高寿(90岁)的

---

① 参见[美]詹姆斯·O·卢格:《人生发展心理学》第962—970页。
② 根据李小白先生对其父亲艺术言论的辑录。

同时,生命不息,创新不止。以其最后一点余热散发出最为灼热的光华,极大地丰富了艺术史物质与精神的双重财富,并留下了值得艺术史学者研究的非物质文化遗产。于是,当此文行将结束之时,我愿对李长白这一代与我心神交、使我感动和悟道的前辈,在内心深处默默地致以最崇高的敬意。

2006 年 12 月 26 日完稿

站在巨人的肩上
——林风眠、潘天寿对李长白艺术的影响

吴 东

李长白是20世纪中国工笔花鸟画坛上与陈之佛、于非闇齐名的艺术大家,李长白高超的艺术造诣是与林风眠、潘天寿两位艺术大师的教育方法和艺术主张分不开的。

李长白1933年考入杭州国立艺专,林风眠教授油画,潘天寿教授写意画,赵无极、朱德群、刘开渠、李可染、李霖灿、吴冠中等人是前后同学,当时正值林风眠推行中西画合并教学,他在杭州国立艺专时绘画系主攻油画,兼修国画。

众所周知,林风眠是主张"中西合并",希望借用西画尤其是西方的现代主义绘画来改良中国画。而潘天寿则坚决主张要与西画拉开距离,站在民族主义的立场上,借古开今,弘扬中国文化的优秀传统。因此林、潘二人的艺术主张也是当时中国美术教育长期争论的焦点问题。李长白从杭州到重庆,一直跟随他们两位学习,深受林风眠和潘天寿艺术思想的影响,在这学习的过程中李长白超越了所谓中西的藩篱的束缚,对两位老师所倡导的艺术精神从更高层次上去领悟和发挥,将两位的艺术教育理念在自己的艺术实践中完美地融合并呈现出来,在中国画人物、山水和工笔花鸟画领域中创造了中西美术的美学观点皆予认可的艺术成就。

林风眠在杭州国立艺专提倡自由和开放的教学思想,他鼓励学生大胆探索表现方法,寻求个人的艺术语言。林风眠是留法归国的,他从法国购回了大量的法文书籍。通过大量的法国画册,当毕加索、马蒂斯等人的艺术在西方国家还处于上升阶段时,李长白等杭州国立艺专的学生已对这批现代艺术大师耳熟能详,对西方现代艺术的特点了然于心了。上世纪80年代中期,有一次李长白在学生孔六庆的宿舍看到了其用碎纸拼贴的一批现代主义风格作品,非但没有提出批评,反而对其用称赞的语气说:"你是真正进入到了现代艺术里面去了,多尝试、多感悟在绘画中才能有自己的风格和面貌"。李长白工笔花鸟画吸收了很多西方现代主义艺术与日本画的元素,画面具有平面性与装饰因素,构图布局极具形式美,打破了传统的工笔花鸟画构图千篇一律、呆板保守、陈陈相因的积弊。

林风眠一贯引导学生多读书,多学习其他艺术的表现形式,丰富自己的创作思路,以至原台北故宫博物院副院长李霖灿后来回忆道,由于听从师说而读了太多的书,最后没有当成画家而变成学者。在这种浓郁的人文风气熏陶下,李长白十分注重画外功夫和人文修养,他除了跟潘天寿学习国画外,还向其学习诗词、围棋,到南艺任教时,又向古琴大师刘少椿学琴,其说"我是陶渊明弹琴"只能意会,不能音传。琴声可以使人的思想感情深入到很细微的境地,还可以起到调剂精神的作用,正如白居易在《听琴》一首诗中写到"一声来耳里,万事离心中"。李长白每样都学得颇有造诣。

林风眠主张:艺术要沟通中西新学,师法自然与基础训练并重。李长白继承了林风眠这一思想,他是反对画家以现成的技法和风格套用于对象,而是强调要从对自然的感受中寻找画法。因此他生前每年都要到大江南北去写生,从大自然中获取灵感。数十年来,每年从春天到冬天,或在南京玄武湖畔、紫金山下,或在祖国各地鲜花盛开的景区,总有李长白不倦的写生身影。

林风眠一生追求艺术的"唯美"倾向,人格追求的道心幽隐,大象无形,超然物外,对李长白有着深刻的影响。李长白为人性情醇厚,一生淡泊名利,心无旁骛地专注于他的绘画事业。李长白中国画人物、山水尤其是工笔花鸟画内在沉潜的那种清心,是当下画坛急功近利而浮躁情绪普遍的人们所望尘莫及的。

潘天寿作为一代文人画大家,他发展中国绘画艺术的主张是建立在其对东西方绘画艺术的比较之上的。他坚持接受外来文化必须与固有的民族精神结合,而不是取代甚至消灭民族精神。因此他特别主张中西艺术教育要拉开一定的距离,不能生搬硬套地用西画来改良中国画。

李长白前后亲随潘天寿学习十余年中国画,深得其艺术精髓,是潘天寿艺术思想忠实的实践者。虽然李长白将许多西方现代艺术的形式美融入自己的绘画之中,但是他始终走在纯粹的唐宋传统工笔画的框架内,既着重客观细节自然生动变化,同时强化与图案表现本质的不同,而风格明显地迥异于陈之佛、于非闇,表现出别具个性的创作心境。

李长白在创作工笔花鸟时候心境更为纯净,唯美的倾向更占主流地位。在他的作品中,画的构图、势态、造型、色彩等本体要素往往呈精锤精炼状态,工笔花鸟画特定技巧的"染"功也更得宋人三昧而显得深厚。李长白画中的结构险中求平衡,形能精简而意远,构图清新苍秀,气势磅礴,趣韵无穷,画面灵动,引人入胜,都是受到了潘天寿的影响。

此外,李长白深入宋元自出深沉静韵而独出了一种"静美妍丽,空灵清新"的风格,是其绘画的主要特点。李长白是悟领了宋元花鸟画"格物致知"的审物精神,将宋人花鸟造型、笔墨、色彩之美的精髓,臻于"静心精到"的创作境界。这对于塞实、郁闷、过于追求技巧创新和快速制作而显得既俗丽又繁乱的当代工笔花鸟画追求倾向来说,明显的另具雅致而脱俗的格调。

李长白不仅在工笔花鸟画上成就了一代宗师的名位,也将林风眠和潘天寿两位艺术大师的艺术主张,与自己的艺术实践和体会完美融合,系统地编入了教材,不仅薪火相传,而且形成了独具特色的李长白工笔花鸟画教学体系。

李长白编写的《白描花卉写生》、《花卉写生构图》两本书于上世纪70年代发行以来,已经数次翻印,发行量高达十余万册。而其《花卉设色》一著更为海内外多家出版社出版,为李长白赢得了国际声誉。

难能可贵的是教材中的每一幅图,都是李长白从写生中创作出的作品。教材中每一句话、每一幅图都凝聚着李长白含辛茹苦的研究心血。2009年3月天津人民美术出版社出版并发行了李长白工笔花鸟教育体系全集《白描花卉写生》、《花卉设色技法》、《鸟禽工笔写生设色技法》。

李长白站在了潘天寿与林风眠两位大师的肩上,是以林、潘为首的杭州国立艺专教学体系下缔造出来的又一位艺术大师,为中国工笔花鸟画开辟了新的纪元。"于非闇对于现代工笔花鸟的复兴有醒神之功,陈之佛将传统工笔花鸟画导入了现代,那么李长白对现代工笔花鸟画所起的筑基作用,无人可替代!"(孔六庆教授语)。此语评价李长白在中国绘画史上的地位当是恰到好处。

吴冠中与李长白

尹苏桥

当年吴冠中全家

2010年6月26日艺术大师吴冠中先生与世长辞,人们在无限悲痛和怀念中追思吴老生前的点滴,许多尘封已久的往事逐渐浮出,吴冠中与著名艺术家李长白教授几十年间传奇般的友谊,却鲜为人知!

1936年李长白刚读完艺专的预科升入本科,吴冠中则从浙江大学工程系转入杭州国立艺专,他们与赵无极、朱德群、李霖灿等同随林风眠学习油画。当时的国立艺专在林风眠和潘天寿等名师的领导下,生机勃勃,可谓:"同学少年,风华正茂"。吴冠中在《林风眠与潘天寿》中写道:"少数偏爱国画的同学因国画课时少,往往晚上在宿舍里用亮灯泡自习,我记忆中印象较深的如朱德群、李霖灿、李长白、高冠华、朱培均、黄继龄等等"。

抗战爆发后李长白与吴冠中都随校辗转迁移到重庆,继续在国立艺专读书。1939年李长白毕业后在国立艺专教授工笔花鸟,吴冠中则到了重庆大学做水彩助教。

李长白在国立艺专任教时迫于生计,经常到沙坪坝做兼职,顺便看望在中大附小做老师的爱人汪采茑,国立艺专与沙坪坝相距较远,李长白便住在沙坪坝的吴冠中家中。两人经常在一起讨论艺术、时局和人生。

吴冠中对与李长白在重庆时期的生活非常了解,有着深刻的记忆。《林风眠与潘天寿》中写道:"四十年代,在重庆磐溪,潘天寿当校长期间,林风眠住在重庆南岸一间仓库的小屋里,贫穷,孤独,整日画彩墨画,因当时完全没有作油画的条件。我没有去过他那小屋,李可染和李长白去过。李可染说林老师用几条线表现马,一天竟画了90张。李长白在林老师处吃了一顿饭,饭是食堂里买的,林老师自己煮了一锅豆腐,作为加餐菜。"

李长白在文革期间写"交代"材料,其中1943—1944年在重庆的各项活动证明人就是吴冠中。虽然吴冠中早已经批判为"资产阶级反动学术代表",被管制起来。但李长白仍然将吴冠中视为能够可证明其"清白"的人,两人彼此的了解和信任由此可见一斑。

李长白住在吴冠中家中时见吴一个人,每天除了教课,大部分时间都在画画,生活没有规律。李长白便有意将他的学生也是他爱人的同事朱碧琴介绍给吴冠中。但此时吴冠中的家人已经给他介绍了一个女朋友，是女师的学生。比吴冠中大，人也很能干，但两个人交往了一段时间彼此都不"来电"。可李长白也不好直接"说媒"，他就让朱碧琴给吴冠中送东西，间接地让他们认识，互相了解。朱碧琴的美丽、纯朴、善良，待人特别宽厚，一下子吸引住了才华横溢的吴冠中，而朱碧琴也为吴冠中的热情与真诚所打动。经过四年相恋，他们终于在1946年结为终身伴侣。

朱碧琴顶住了家庭的压力嫁个了吴冠中，婚后半年，吴冠中考取全国仅有的两个绘画名额，公费赴法国留学。她忍痛卖掉母亲给她陪嫁的金镯子，为吴冠中买了一块手表。送走吴冠中后，她放弃工作，带着身孕回到吴冠中在江苏农村的老家，为他照料双亲。在农村一住3年，她是全家人交口称赞的"贤惠儿媳"。

50年代后期，吴冠中的艺术观点被贴上"资产阶级"的标签而横遭批判。此后直到文革结束，20多年里，他一直在坎坷中度日，政治上压抑，经济上拮据，"倒霉"的事情接二连三。朱碧琴毫无怨言地忍受了这一切，抚育3个孩子和照料整个家庭的重担独自承担了起来。吴冠中感激她，心疼她，两人相濡以沫，共同品尝着生活的酸甜苦辣。朱碧琴为吴冠中这颗艺术巨星的升起无私奉献了自己的一生。李长白撮合成的这桩婚事是艺术史上最为成功、最伟大和最让人感动的婚姻之一。

李长白和吴冠中在文革中都经历了艰苦的磨难。幸运的是他们都活到了文革结束，并且开启了艺术、人生和友谊的新篇章，在各自探索的艺术领域都奏响了凯歌。

上世纪80年代吴冠中经常来南京讲学，每次到南京他都会到李长白家做客，朱碧琴就和李长白夫人聊家常。朱碧琴有一次说"吴冠中想要个女儿，在生了两个儿子的情况下，第三个又是儿子，而且三个儿子没一个是搞艺术的"。一个劲地感慨李长白命好，有儿有女，且都继承了父辈的衣钵。

李长白每次去北京也都要去吴冠中家里看望老朋友。李长白在吴冠中家吃饭每次都要加烧一个青菜，李长白餐餐不离青菜，吴冠中不喝酒，李长白每次要喝一小杯白酒或者喝点啤酒。

李长白和吴冠中在自己的艺术观念上都有自己独特

当年汪采鸢与吴冠中太太合影

的艺术理念。李长白的艺术重于形神兼备,而吴冠中讲究点线面的结合。他们从自己的绘画的内容角度去阐释不同的绘画理念,因为彼此都太有个性化,所以永远不可能意见相同,经常在艺术的探讨中各持己见,争个面红耳赤。但他们在艺术表现世界的真善美这个问题上的看法却是一致的。

李长白和吴冠中两位大师都在本世纪的头十年里走完了自己的人生历程,给后世留下了宝贵的艺术财富。

后　　记

　　常听世人评论李长白老师的两种声音，一是"李长白老师一生的建树真了不起，特别到了耄耋晚年还能到山水画领域中独创一路，真不愧为一代艺术大家也"；二是"李长白老师可惜了，生前没有好好炒作，画好是没话说的，但清贫了一生。我们要吸取教训，早早炒作自己"。听过后我在心中感慨：文化的纯粹性与市场的文化性虽都是文化，但犹如文人是人、商人也是人一样，类别不同而思路两样。文化的纯粹性让心灵去感受和创造不计财富与否，市场的文化性则以财富为中心而作品以实现财富为目标。两者区别大矣！前者往精神的深处走，那里是灯火阑珊的寂寞。后者往物质的市场走，那里是喧嚣折腾的热闹。前者是人类文化之所以强的重要人物，人类历史若缺少了像李长白老师这样的人物，无疑会庸俗好多。

　　市场的文化性之特征是以世俗的商业本质，使高雅的东西转化为最符合人欲望的物质与金钱。那种转化，虽带给了画家实实在在的物质与金钱，同时也被金钱限制了思想。画家的某些创造被市场接受而定格为一定元素的画法风格后，就此重复不疲如开小店铺张营业，于是在世俗的层面难有往学术深处走的可能了。

　　而文化的纯粹性之本质是深刻理解传统的无尽创造矣！传统的中国文化之连绵悠久而博大精深使可供总结的共性东西太多，特别需要人们以沉潜的精神去做。要知道传统共性的基础做得越扎实，个性发挥的创造会越厚实。因为共性基础所体现出的理法与规律，是创造力大厦的基石与框架。而能总结共性基础理法与规律并能阐之入微的，往往非大家不可，他们以微妙玄通之心所作的深入浅出之辨析与引导,既是所有受教者的福音,又是自己创造力发挥的厚积之处。李长白老师的于此发微,留给后人的思考颇深:文化的纯粹性,使他的学术与创作也无比的纯粹。从中,人们看到了他自觉的历史责任感与文化使命感。

2011年11月22日夜
记于黄瓜园无事居灯下